CURSO COMPLETO DE TARÔ
NEI NAIFF

14ª EDIÇÃO REVISTA E AMPLIADA, COM CINCO
LIÇÕES ADICIONAIS E COMPLEMENTARES AO CURSO

ALFABETO

Publicado originalmente em 2001 pela Editora Nova Era
Publicado em 2017 pela Editora Alfabeto

Direção Editorial: Edmilson Duran
Capa e Diagramação: Décio Lopes
Revisão de Textos: Luciana Papale

DADOS INTERNACIONAIS DE CATALOGAÇÃO NA PUBLICAÇÃO (CIP)
Odilio Hilario Moreira Junior CRB-8/9949

Naiff, Nei

Curso Completo de Tarô / Nei Naiff – 14ª edição revista e ampliada – São Paulo: Editora Alfabeto, 2022.

ISBN 978-65-87905-40-2

1. Tarô 2. Arte divinatória 3. Oráculo I. Título.

Todos os direitos reservados, proibida a reprodução total ou parcial por qualquer meio, inclusive internet, sem a expressa autorização por escrito da Editora.

Siga Nei Naiff nas redes sociais:

E-mail: livro@neinaiff.com
Site Oficial: www.neinaiff.com
Escola de Tarô: www.tarotista.com.br
Facebook: www.facebook.com/escritor.nei.naiff
Instagram: www.instagram.com/neinaiff
Pinterest: www.pinterest.com/neinaiff
Youtube: www.youtube.com/neinaiff

EDITORA ALFABETO
Rua Protocolo, 394 | CEP: 04254-030 | São Paulo/SP
Tel: (11) 2351-4168 | editorial@editoraalfabeto.com.br
Loja Virtual: www.editoraalfabeto.com.br

Ofereço esta obra aos que desejam estudar o tarô em busca do autoconhecimento ou das práticas oraculares. Amor a todos!

Sumário

Prefácio à edição comemorativa de 20 anos 9
Apresentação 13
Como estudar as lições deste curso? 13
Lição 1: História 15
Lição 2: Classificação 19
Lição 3: O que é o Tarô? 25
    Avaliação 1: Lições 1, 2 e 3 29
Lição 4: Estrutura Geral – Parte 1 33
Lição 5: Estrutura Geral – Parte 2 39
    Avaliação 2: Lições 4 e 5 44
Lição 6: Caminho da Vontade 49
Lição 7: Caminho do Livre-Arbítrio 61
    Avaliação 3: Lições 6 e 7 64
Lição 8: Caminho do Prazer 69
Lição 9: Caminho da Dor 81
    Avaliação 4: Lições 8 e 9 92
Lição 10: Caminho da Esperança 97
Lição 11: Caminho da Evolução 101
    Avaliação 5: Lições 10 e 11 112
Lição 12: Metodologia – Parte 1 117

Lição 13: Metodologia – Parte 2 123
        Avaliação 6: Lições 12 e 13 128

Lição 14: Técnicas – Parte 1 133

Lição 15: Técnicas – Parte 2 137

Lição 16: Técnicas – Parte 3 145
        Avaliação 7: Lições 14, 15 e 16 151

Lição 17: Estrutura Geral – Parte 3 157

Lição 18: Primeiro Degrau – Ter 161

Lição 19: Segundo Degrau – Ser 171
        Avaliação 8: Lições 17, 18 e 19 180

Lição 20: Terceiro Degrau – Estar 185

Lição 21: Quarto Degrau – Ficar 195
        Avaliação 9: Lições 20 e 21 204

Lição 22: Metodologia – Parte 3 209

Lição 23: Técnicas – Parte 4 215

Lição 24: Técnicas – Parte 5 217

Lição 25: Técnicas – Parte 6 221
        Avaliação 10: Lições 22, 23, 24 e 25 226

Lição 26: Técnicas – Parte 7 231

Lição 27: Técnicas – Parte 8 237

Lição 28: Técnicas – Parte 9 243

Lição 29: Técnicas – Parte 10 247

Lição 30: Técnicas – Parte 11 251

Lições Complementares 257
Gabarito das Avaliações...297
O Autor 301
Créditos...303

Prefácio à edição comemorativa de 20 anos

• • • •

Sinto uma gratidão enorme que não cabe no peito quando começo a escrever este prefácio para a edição comemorativa do *Curso Completo de Tarô*. Fecho os olhos e relembro cada momento da trajetória do livro e da carreira do autor com muito orgulho.

Os originais da obra chegaram pelo correio no departamento editorial da empresa onde eu trabalhava, o selo Nova Era, depois parte da Editora Best Seller e hoje Grupo Editorial Record. Li em dois dias e me encantei com a didática da proposta. Levei a ideia para o *publisher* Sergio Machado, presidente da empresa, que aprovou a contratação e a produção com cartas. Ah, foi uma conquista e tanto! O ano era 2001, não havia *decks* de tarô produzidos no Brasil. Os estudiosos precisavam importar ou comprar em viagens ao exterior. Convidei o autor para um café, assinamos o contrato e começamos a pensar em como viabilizar a produção das cartas.

Além de todo o diferencial do texto, composto por 25 lições, dividido de modo que o leitor pudesse ser autodidata, com explicações e leituras complementares direcionadas, ter o baralho completo, colorido, no formato tradicional 8,5 x 13 cm, seria a cereja do bolo. As cartas foram ilustradas pela artista plástica Thais de Linhares, sob orientação do autor Nei Naiff, criação inspirada nos antigos tarôs produzidos na Europa entre os séculos 16 e 19. Contamos com a ajuda primorosa de Danielle Machado, que dividiu comigo as etapas de edição e produção do livro, principalmente nos meses finais, quando entrei em licença-maternidade. Foi muito gratificante todo o processo.

Tínhamos então o livro impresso, a caixa menor com as 78 cartas (os 22 arcanos maiores e os 56 menores) e uma caixa maior para embalar o kit livro + *deck*, com o objetivo de proteger o produto que seguiria para o canal de venda. Uma logística desafiadora, pois não poderia chegar amassado na loja nem na casa do cliente. Fizemos alguns ajustes ao longo das primeiras edições para manter todo o conjunto bem compactado, em segurança e sem avarias. Os créditos para as melhorias gráficas vão para José Jardim, gerente de produção que acompanhou as escolhas de papel e acabamento. De início, o livro foi bem vendido na rede de livrarias Saraiva, que era bem capilarizada, com cerca de 100 lojas no Brasil. A distribuição contava também com as livrarias independentes, as vendas nos cursos que o Nei organizava e nas inúmeras palestras que proferia. Nas palavras do saudoso Sergio Machado, o Nei é "autor-atleta", percorre uma maratona para divulgar e fazer a obra acontecer. Deu certo. E muito!

Ao completar 10 edições vendidas do livro, a Avon – sim, esta mesma, que vende cosmético e hoje faz parte da Natura – selecionou o livro para entrar no seu catálogo Moda & Casa. As revendedoras faziam um trabalho de formiguinha, porta a porta, visitando as clientes e reunindo amigas para tomar um chá, e ofereciam os produtos do catálogo (eram dois catálogos, na verdade, um de cosméticos e outro para produtos de decoração para o lar, utensílios domésticos e... livros). Foi nesta categoria que *Curso Completo de Tarô* entrou. Providenciamos uma edição econômica que, em vez da caixa com livro e cartas, trazia um encarte com as cartas impressas dentro do próprio livro, cada página com quatro cartas, que poderiam ser recortadas e serviriam bem para o estudante inicial. Foi um projeto vencedor. Vendemos neste canal 110.000 exemplares! Um número bem expressivo considerando um produto segmentado. Mérito também dos amigos Vânia Abreu e Ivo Enoc, que abriram caminho para que o livro fosse contemplado na Avon.

A Editora Record brindava os autores que tinham vendas superiores a 100 mil exemplares com o troféu Prêmio Recordista, ofertado em um evento da empresa com todos os funcionários, amigos e familiares do autor. Nei Naiff foi agraciado com esta premiação em 2011. Os outros escritores da casa premiados naquele ano foram Luiz Antonio Aguiar, com *Prometeu/Alceste*, e Eduardo Spohr, com *A Batalha do Apocalipse*.

Quando Nei publicou seu Curso em forma de livro ele já tinha mais de dez anos de estudo e prática, era conferencista internacional, tarólogo membro da International Tarot Society (EUA), e seu curso on-line "Academia de Tarô Nei Naiff" – hoje "Academia Virtual de Autoconhecimento Nei Naiff" – contava, na época, com cerca de 6.000 alunos, além dos 1.200 formados em cursos regulares presenciais. Seu método estava sendo validado há anos, uma evolução da sua apostila *Tarô, uma fonte inesgotável de estudos*, que depois se transformou no *Curso Completo de Tarô* com as lindas cartas. Destaco também o pioneirismo do Nei com os cursos a distância, via internet, desde 1992. No que diz respeito a edição de vídeo, recursos de didática e marketing digital, Nei estuda e aplica tudo em seu método.

Vinte anos depois, com meio milhão de exemplares vendidos, há bons motivos para celebrar. Nada melhor do que esta edição comemorativa lançada pela Editora Alfabeto em 2022, que mantém sabiamente tudo o que deu certo nas edições anteriores e otimiza ainda mais os detalhes das cartas, incluindo explicações de cada elemento ilustrado. Para quem estuda e se aprofunda no tema, uma edição completíssima. Vale cada centavo e cada minuto dedicado ao conhecimento da técnica apresentada nestas páginas.

A você, estimado leitor, desejo que esta obra possa ser um estímulo para mentes férteis e novas possibilidades. Um oráculo para dar ordem ao caos em que vivemos nos tempos pós-pandemia. E aproveito para reproduzir, neste outubro de 2021, os votos que o amigo Nei Naiff colocou na dedicatória do meu exemplar no lançamento da 1ª edição:

"Que a luz do Arcano XIX, o Sol, traga-lhe todo sucesso, amor e paz".

Gratidão, Universo!

Sílvia Leitão
Editora

APRESENTAÇÃO

Como estudar as lições deste curso?

• • • •

Esta é uma experiência nova na literatura de tarô – estou transportando a didática de minhas aulas e palestras para um livro. Esta obra é um resumo da trilogia sobre os estudos completos do tarô – *Tarô, simbologia e ocultismo* (vol. 1); *Tarô, vida e destino* (Vol. 2); *Tarô, oráculo e métodos* (Vol. 3) –, com foco nas principais dúvidas dos participantes em cerca de 350 palestras e em cursos ministrados para mais de 1.200 alunos em salas de aula na cidade do Rio de Janeiro (até 1999). É resultado, também, da maravilhosa experiência que obtive com os cursos on-line (www.neinaiff.com e www.tarotista.com.br) para mais de seis mil alunos (1998-2000). Tudo isso me possibilitou elaborar uma didática clara e objetiva, visando ao aprendizado rápido do conteúdo do tarô. Tenho certeza de que o aspirante a tarotista ficará muito satisfeito quando terminar de estudar este livro.

Esta obra contém lições com didática progressiva, em cada uma o leitor vai encontrar explicações, resumos, indicações de leitura suplementar e de pesquisas em dicionários. Elas estão estruturadas para um aprendizado gradual, técnico, elucidativo e prático: o estudante será preparado, desde as primeiras lições, para entender o que é o tarô, sua história e estrutura, bem como para ler qualquer tipo de tarô. *Para que atinja os meus e os seus objetivos no aprendizado do tarô, é muito importante que siga todos os passos solicitados*. Não despreze as pesquisas, mesmo pensando conhecer o assunto ou a palavra, pois elas o ajudarão a compreender melhor o significado dos arcanos ou de alguma situação que esteja sendo explicada. Ainda no âmbito das pesquisas, sugiro que sejam feitas em bons dicionários ou via internet. Evite os dicionários resumidos; peça emprestado a alguém, dirija-se a uma biblioteca, mas não deixe de pesquisar!

Para facilitar o estudo, a partir da Lição 6 seria desejável que o aspirante acompanhasse o aprendizado com as cartas do tarô (um baralho a sua escolha), colocando-as junto à lição quando fosse lendo e estudando cada arcano. Já a partir da Lição 14, o uso das cartas será imprescindível, pois estaremos na parte prática do curso, ou seja, seus jogos e orientações. É bom que reserve um caderno para fazer um resumo de cada aula, anotações de dúvidas, avaliações e, principalmente, de suas pesquisas em dicionários. *Leia, estude, releia.*

Desejando se aprofundar mais na didática deste livro, matricule-se em nossa Escola de tarô on-line – Academia Virtual de Autoconhecimento Nei Naiff – www.tarotista.com.br

Um conselho: evite ficar lendo partes do livro antes de estudar as lições anteriores, faça passo a passo, lição a lição – avance somente após responder à avaliação de cada conjunto de lições; elas foram estruturadas para um aprendizado gradual. Errando mais de quatro perguntas da avaliação, volte e reestude toda a lição! *Seja seu próprio mestre, tenha disciplina para estudar!* Por favor, não se iluda verificando as respostas do gabarito antes de responder, porque desejo que aprenda e não que copie; anseio que entenda, não que se engane.

Vamos fazer um trato? Mesmo quando errar uma única pergunta na avaliação, anote em seu caderno e estude novamente a lição correspondente; somente depois avance para o próximo bloco de lições.

Seja um bom aluno, pois tenho me esforçado para ser um bom professor. Boa sorte e sucesso em seu novo caminho espiritual!

≫ LIÇÃO 1 ≪

História

• • • •

A pesar do empenho dos estudiosos e da boa literatura existente sobre o assunto, a origem do tarô permanece na obscuridade. As civilizações egípcia, chinesa, indiana e hebraica, entre outras, foram indicadas como as que teriam, em tempos remotos, concebido o tarô como um legado divino. Há os que situam sua invenção na Europa Medieval, com o intuito de servir de diversão à corte real, e outros que o conceituam como uma nova arte de expressão. Teorias e crenças à parte, ninguém sabe ao certo de onde veio ou, exatamente, o porquê de sua invenção. Um fato inquestionável é que os mais antigos tarôs e documentos referentes a esse jogo datam do final do século 14. Não há nenhum registro, pintura, literatura ou qualquer coisa que se assemelhe ao tarô, ou a jogos de carta em geral, muito anterior à época da Renascença.

Atualmente existem dois museus exclusivos sobre o tarô, com um acervo de mais de 25 mil tipos de cartas e documentos: Museu Fournier (Vitoria-Gasteiz, Alava, Espanha) e o Museu da Cidade (Marselha, França); também encontramos documentos e uma coleção variada de tarôs nos principais museus do mundo: Louvre (Paris, França), Metropolitano (Nova Iorque, EUA), Britânico (Londres, Inglaterra), entre outros; ou em importantes bibliotecas, tais como a Nacional da França (Paris) e a Pierpont Morgan (Nova Iorque).

Fazendo um pequeno resumo da história registrada do tarô, observaremos uma evolução, tanto no aspecto simbólico quanto no literário.

Visconti-Sforza Tarot
(Biblioteca PierPoint Morgan, EUA)

As cartas dos primeiros tarôs de que se tem notícia não continham *nome, numeração* nem o *quantitativo* como conhecemos atualmente, somente sua expressão *simbólica*, tal como o tarô de Visconti-Sforza, produzido por volta de 1440, em Milão, na Itália. Entre 1500 e 1650 começaram a surgir nas cartas de alguns tarôs a *nominação*, como no tarô de Catelin Geofroy, ou só a *numeração*, como no tarô de Jacques Vieville. Alguns tarôs da Renascença continham 97 cartas, como o tarô de Minchiate; outros tinham 50, como o tarô de Mantegna; ou 37, como as cartas de Sola Busca. Por volta de 1690, em toda a Europa, os tarôs obtiveram a formação definitiva de 78 cartas tal qual conhecemos, similar à do tarô de Marselha – também não existem registros ou um consenso de como ou por que se chegou a essa estrutura. Os jogos de tarô permaneceram isolados no continente europeu desde a sua presumida origem, entre 1369-1397, até por volta de 1870. Sua chegada aos Estados Unidos ocorreu entre 1870 e 1920, e aos demais países da América do Sul, entre 1930 e 1980.

> RESUMINDO: entre o final do século 14 até meados do século 17 o número de cartas do tarô variou de 37 a 97. A partir do final do século 17 o tarô passou a conter 78 cartas, com numeração e nominação específicas. Durante aproximadamente quinhentos anos (!) esteve nos países da Europa continental. Chegou à América do Norte no final do século 19 e à América do Sul em meados do século 20.

Outro dado histórico interessante é que as cartas não se chamavam *tarot*, tampouco cada unidade era denominada *arcano*. Vejamos: nos primeiros registros históricos sobre o tarô, no final do século 14, o conjunto de cartas se chamava *ludus cartarum*; por volta de 1400 até 1450 foi denominado *naibis* e num período que compreende entre 1450 e 1590, foi classificado de *tarocco* ou *tarochino*. Foi precisamente em 1592, na fundação de uma associação de artesãos franceses, que a palavra *tarot* surgiu. Contudo, a região da Itália continuou utilizando o termo *tarocco*, enquanto a França e demais países, na mesma época, usavam a designação *tarot* – ninguém sabe ou conhece a etimologia dessa palavra, que é tida como a "estrada da vida" por alguns, mas trata-se de um termo genérico e coloquial. Cada país escreve a palavra de acordo com sua regra ortográfica; assim, na Itália é *tarocco;* no Leste Europeu, *taroc* ou *tapo;* nos países germânicos, *tarok* ou *tarot;* nos países de língua inglesa, francesa e espanhola, *tarot,* e no Brasil, *tarô*. Cada carta, entre o final do século 14 e o ano de 1450, era chamada de *naibis;* por volta de 1450 a 1850, de *trunfo;* somente entre 1850 e 1900 surge a palavra *arcano*.

RESUMINDO: do final do século 14 até 1450 dizia-se: os *naibis* do *ludus cartarum* ou os *naibis* do *tarocco,* ou simplesmente as cartas dos *naibis* ou as cartas do *tarocco*. Entre 1450 e 1850, dependendo da região, dizia-se: os trunfos do *tarocco*, os trunfos do *tarot* ou os trunfos do *tarok*. Finalmente, a partir de 1850, as unidades passaram a ser denominadas *arcanos.* Em língua portuguesa não escreva *tarot* ou *tarôt*, o correto é TARÔ.

Quanto à sua literatura propriamente dita, registros nos mostram que por muitos séculos o tarô foi utilizado, simultaneamente, tanto de forma lúdica quanto espiritual. É importante observar esse aspecto, pois na Europa ainda se utilizam as cartas do tarô para torneios de jogatina. Por isso, em francês, para se definir a forma de utilização das cartas, diz-se: *tarot a jouer* (tarô para brincar, jogar) ou *tarot divinatoir* (tarô para adivinhar, ler). O mesmo acontece nos Estados Unidos, onde se diz: *cards to play* (cartas para brincar, jogar) ou *cards to read* (cartas para adivinhar, ler). Em toda a América do Sul e Central, onde não há a cultura de "brincar" com o tarô, algo parecido com o famoso jogo do buraco, não se faz essa distinção, pois ele é tido como algo intocável e sacralizado. Contudo, tanto na Europa quanto nos Estados Unidos, quem faz uso da jogatina não utiliza o oráculo e vice-versa. É tudo uma questão de crença e cultura.

Por esse aspecto confuso (lúdico-adivinhatório) de sua utilização nos séculos anteriores, o tarô não foi muito bem aceito pelos esotéricos; praticamente não temos nenhuma obra de ocultistas renomados até o final do século 18 se reportando ao tarô, ao contrário do que ocorre com qualquer outra área mística. Foi com os livros de Antoine Court de Gébelin (1775), Etteilla (1783), Éliphas Lévi (1854), MacGregor Mathers (1888), Papus (1889) e Arthur Edward Waite (1910), um se baseando no outro, que o tarô entrou definitivamente no círculo esotérico. Em qualquer história anterior a esses verdadeiros patronos do tarô encontramos apenas conjecturas insólitas que se perdem no devaneio místico. Um fato curioso: somente os homens podiam ilustrar e produzir as cartas de tarô, as quais só utilizavam em sua forma lúdica, enquanto as mulheres as jogavam também em sua forma oracular. Podemos assegurar que o tarô adivinhatório

Cartaz do torneio de cartas na França (1998)

(oráculo, espiritualidade) era essencialmente uma arte feminina e, talvez, por estar inserido em uma sociedade misógina, os ocultistas tenham se recusado a estudar sua rica simbologia. O primeiro homem a jogar o tarô em sua forma oracular foi o parisiense Etteilla, por volta de 1780, e Pamela Smith, a primeira mulher a desenhar um tarô (Rider-Waite), em 1910. Da mesma forma, não existe literatura do gênero ocultista escrita por mãos femininas antes do final do século 19.

> RESUMINDO: desde seu aparecimento na Europa, no final do século 14, até o final do século 18, as cartas eram vistas de forma lúdica e mística; nenhum ocultista deu importância ao seu significado simbólico e oracular até 1775. Somente a partir do século 19 o tarô começou, definitivamente, a ser estudado pelos grandes ocultistas e, no século 20, por todos os esotéricos e exotéricos.

COMPLEMENTO DESTA LIÇÃO

1. Estude o texto "Curiosidades históricas" – Aula eletiva 1, página 257.
2. Qual o significado de...? Pesquise as seguintes palavras:
   - Esotérico
   - Exotérico
   - Ocultismo
   - Magia
   - Holismo
   - Símbolo
   - Arcano

OBSERVAÇÃO: somente leia as aulas eletivas quando for solicitado, e tome nota de todas as palavras pesquisadas e seus respectivos significados. Jamais deixe de estudá-las.

Anotações:
_____
_____
_____
_____
_____

LIÇÃO 2

Classificação

• • • •

Uma das grandes dificuldades iniciais do estudante é saber com qual tipo de tarô deverá aprender ou jogar. Porém, antes de responder a essa questão, faz-se necessário conhecer um pouco do universo artístico das cartas. Precisamos fazer uma classificação do que existe ao seu dispor para que possa escolher o tarô que mais atenda à sua necessidade. Antes de continuarmos, entenda que estou ensinando você a conhecer o tarô e não um tipo único de cartas.

Em função da simbologia, podemos denominar todos os tarôs desenhados entre 1400 e 1900 (e alguns publicados atualmente) de *clássico* ou *tradicional*, pois todos são ilustrados no mesmo padrão; há centenas de tarôs que levam o nome do autor ou do editor: Jacques Vieville, Jean Noblet, Claude Bourdel, Jean Payen, Giuseppe Lando, entre tantos. No final do século 19, com o avanço da tecnologia e a Revolução Industrial, foi possível editar o tarô com melhores imagens e com maior sutileza de cores, o que mudou sensivelmente sua forma artística, mas não o simbolismo. Desse período, temos o tarô de Jacques Burdel, Joseph Rochias, Oswald Wirth, Falconnier, Antonio Piedmontesi, entre outros. Em 1925, Paul Marteau, editor e diretor da Casa Grimaud em Paris, França, redesenhou os padrões dos tarôs antigos da região de Marselha, sul da França, editando, em 1930, o famoso tarô de Marselha. Assim, todos os tarôs que seguem o padrão simbólico do tarô de Marselha são considerados *tarôs clássicos*. Ainda hoje encontramos diversos tipos que seguem idêntico padrão simbólico, entre os quais: Spanish Tarot (1970), Classic Tarot (1972), Fournier Tarot (1980), Angel Tarot (1983) e Old English Tarot (1997).

> RESUMINDO: os tarôs clássicos contêm simbologia similar à do tarô de Marselha. São altamente recomendáveis para se iniciar os estudos. As cartas que ilustram esta obra (Tarô Clássico de Naiff) foram baseadas nesta classificação.

No início do século 20, o advento de novas tecnologias de cores e de impressão, os conceitos evolucionais do homem e a abertura do esoterismo possibilitaram grande expansão no processo editorial de cartas, surgindo tarôs denominados *modernos* ou *estilizados*. Essa nova categoria é instaurada em 1910, por Arthur Edward Waite, a partir do lançamento do primeiro tarô com desenhos e traços livres, modernos e ricamente coloridos – uma novidade à época. Foi também naquele ano que, pela primeira vez, os arcanos menores ganharam ilustrações completas com o tarô de Rider-Waite. Alguns tarôs modernos: tarô dos Boêmios (1919), Thoth Tarot (1940), Calhiostro Tarot (1955), Aquarian Tarot (1973), Zigeuner Tarot (1975), New Age Tarot (1982) e Cosmic Tarot (1990).

> RESUMINDO: os tarôs modernos também contêm simbologia semelhante à do tarô de Marselha, porém com estilização artística, cadeia simbólica ou símbolo análogo. De qualquer modo, também poderiam ser classificados de "clássico". Esses tarôs são recomendáveis para se iniciar os estudos.

Por volta de 1970 surgiu o que podemos classificar de *tarô transcultural* ou *étnico*. A partir do significado de cada arcano do tarô clássico o autor buscou, em determinada mitologia ou fábula, um significado análogo ao atributo escolhido. Assim, o arcano Mago (símbolo de iniciativa, criatividade, destreza, possibilidade, especulação) já foi representado em alguns tarôs pelo mito grego Hermes, em outros pelo deus egípcio Osíris, entre tantas figuras mitológicas possíveis e análogas. Diferentemente do que ocorre com os tarôs surrealistas (última classificação), em que o autor usa da livre expressão para retratar um tema, nos transculturais utiliza-se apenas o recurso de desenhar o mito de forma parecida com os tarôs clássicos ou modernos. Alguns tarôs transculturais: Kier Tarot (1970), Xultun Tarot (1972), Native American Tarot (1982), Celtic Tarot (1985), Tarô Mitológico (1988), Merlin Tarot (1990), Tarô dos Orixás (1992) e Goddess Tarot (1998).

> RESUMINDO: os tarôs transculturais estabelecem uma analogia entre os tarôs clássicos e determinada mitologia. Suas imagens não remetem às dos tarôs clássicos, porque estão baseadas apenas em sua significação. Requerem o conhecimento das estruturas clássicas e da mitologia para a compreensão dos símbolos desenhados. Não aconselho iniciar os estudos por esse grupo. Contudo, é excelente quando se conhece bem a estrutura do tarô.

Por volta de 1975 começaram a surgir tarôs que foram baseados tanto nos clássicos e modernos como nos transculturais, porém, deixando de lado a tradicional forma simbólica, buscando a livre criação artística dentro do contexto de significação de cada arcano. Assim, apareceu o que podemos denominar de *tarô surrealista* ou *fantasia*, que requer do estudante o conhecimento da *estrutura dos tarôs clássicos* para que possa compreender o que foi desenhado. Nesse grupo, cada um dos tarôs é visualmente diferente do outro, eles não têm nada em comum; contudo, todos remetem claramente aos significados simbólicos dos tarôs clássicos e modernos. Alguns tarôs surrealistas: Tantric Tarot (1976), Tarot Mystique (1983), Tarot Universal Dali (1984), The Enchanted Tarot (1990) e Osho-Zen Tarot (1994).

> RESUMINDO: os tarôs surrealistas ou de fantasias não se parecem visualmente com os tarôs modernos e clássicos, as imagens são diferentes, mas remetem ao significado (atributo) original dos arcanos. Requerem o conhecimento das estruturas clássicas para a compreensão dos símbolos desenhados. Não aconselho iniciar os estudos por essa classificação, que, contudo, é excelente quando se conhece a estrutura do tarô, tanto dos clássicos quanto dos transculturais.

Como vimos, existem muitos modelos de tarôs. Ressalto aqui a importância de qualificar as cartas para melhor entendimento futuro. Atualmente, devido à grande quantidade de tarô que são oferecidos e ao expressivo número de obras de literatura básica e avançada que se misturam, o iniciado e o estudante tendem a se confundir na hora de escolher o seu tarô. Assim, poderá perguntar: – Bem, qual é o melhor ou com qual devo jogar? – Eu responderei: – *Não existe um tarô melhor que o outro*. Tudo é uma questão de gosto e de prazer visual. Escolher um tarô é como comprar uma roupa: vamos ao shopping no setor de camisas e escolhemos um modelo que nos agrada; contudo, camisa é camisa e não calça! Assim como tarô é tarô, e jamais um tipo de tarô. As cartas do tarô seguem a cultura artística e utilizam os recursos tecnológicos de seu próprio tempo, consequentemente, sempre existirá um tarô que podemos chamar de "moderno"; até o tarô de Marselha foi moderno para a sua época. Tudo é mutável na criação humana! Assim, ocorre o mesmo em sua literatura, pois com o avanço dos tempos novas ideias e parâmetros vão sendo associados ao tarô.

Quando um conjunto de cartas não obedece de alguma forma ao padrão estrutural de 78 arcanos, e ao padrão simbólico de cada arcano, então não é um verdadeiro tarô! Por exemplo, o que chamam de *tarô cigano* (36 cartas com simbologia diferente da que estamos aprendendo), na realidade, é uma estilização do baralho de Mlle. Lenormand (1815). O mesmo ocorre com os tarôs dos anjos, xamânico, das pedras, astrológico, das flores, dos animais, entre tantos que seguem outra simbologia e estrutura. No verdadeiro tarô há sempre uma cadeia simbólica comum a todos. O tarotista nunca encontrará, por exemplo, o arcano Mago representado por um velho ou sem os objetos representativos dos quatro elementos nos tarôs clássicos; da mesma forma, nunca verá o arcano Eremita retratado por um jovem ou sem o cajado e a lanterna – *salvo* nos tarôs transculturais e surrealistas, que são desenhados por analogia e não por cadeia simbólica.

Ninguém inventa os símbolos do tarô, todos seguem um padrão; contudo, o que realmente faz os diversos tarôs existentes parecerem tão diferentes à primeira vista é a criatividade do autor (estilo, cor, traço, expressão). Cada artista tem sua forma particular de observar e ilustrar uma figura ou situação. Não importa quem o desenhou, a mensagem oracular será sempre a mesma! Por exemplo, jamais alguém vai ler em um livro ou aprender em algum curso que o arcano Sol tem atributos de tristeza, transformação, lentidão, possibilidade, rupturas, lágrimas; sempre vai ver que essa carta tem significados de sucesso, felicidade, expansão, consciência, alegria, evolução, verdade e paz... ou algo análogo!

> RESUMINDO: podemos jogar/estudar qualquer tarô que obedeça à estrutura de 78 arcanos com a nominação e/ou simbologia específica que veremos durante o curso. Existem diversas expressões artísticas sobre o mesmo símbolo e todas as literaturas são idênticas nos atributos dos arcanos; algumas podem explicar ou utilizar novos conceitos, mas sempre no mesmo sentido. Da mesma forma, todo tipo de jogo oracular poderá ser analisado por qualquer conjunto de tarô. Nenhum tarô é melhor que outro, nenhum jogo é exclusivo para um determinado tarô; pois o tarô é um alfabeto simbólico que se adapta à evolução dos tempos e a novas descobertas. Durante nossas lições os arcanos serão ilustrados com o Tarô Clássico Nei Naiff; contudo, todas as informações serão válidas para qualquer tipo que exista ou venha a existir. Tarô é tarô, pense nisso.

Compare nas cartas a seguir a classificação dos tarôs, suas imagens e/ou cadeia simbólica; no caso, a carta número 1, arcano Mago – os atributos são iguais: *iniciativa, princípio, vontade, expectativa, criatividade, possibilidade, ter condições, ser capaz, estar apto.*

CLÁSSICO

Ancient Tarot de Marseille
(Grimaud, França)

MODERNO

Rider-Waite Tarot
(U.S. Games Systems, EUA)

TRANSCULTURAL

Egípcios Kier Tarot
(Kier Editorial, Argentina)

SURREALISTA

Hoerig Tarot
(Star System, EUA)

Classificação | 23

COMPLEMENTO DESTA LIÇÃO

1. Estude o texto "Tarô é tarô" – Aula eletiva 2, página 264.
2. Qual o significado de...? Pesquise as seguintes palavras:
   - Filosofia
   - Doutrina
   - Dogma
   - Livre-arbítrio
   - Microcosmo
   - Macrocosmo

Anotações:

LIÇÃO 3

O que é o Tarô?

• • • •

Por enquanto, não pense como vai "jogar", como funciona o sistema, o que é preciso ter ou fazer; apenas estude as lições como são apresentadas, passo a passo, e não despreze qualquer pesquisa solicitada. O estudo das ciências ocultas e do esoterismo, de forma geral, leva ao autoconhecimento. Quem pesquisa o assunto tem grandes chances de entender a complexa vida humana e espiritual, mas observe: isso se dá por meio de seu estudo e não somente dos jogos. Posso assegurar que quem estuda o tarô, ou qualquer outro sistema, em sua estrutura e simbologia, tende a se autoconhecer e a descobrir novos horizontes pessoais. Porém, toda consulta oracular (jogos, mapas) apenas orienta sobre uma direção pessoal e/ou esclarece o momento da vida; entretanto, é impossível separar para o estudante, no início de seu contato com o tarô, o que é o autoconhecimento e o que são os jogos – somente com o tempo se percebe um e outro. Embora todos os oráculos levem ao autoconhecimento, no aspecto da *consulta* eles se subdividem e se qualificam para determinadas áreas da vida. É comum pensar que um jogo de tarô responderá a tudo e que todos os outros funcionarão para qualquer coisa... ERRADO! Cada oráculo tem seu limite de atuação, e sob um aspecto generalizado podemos fazer a seguinte classificação:

1. QUALIDADES DO SER – Os oráculos deste conjunto analisam a *tendência da vida* sem considerar o livre-arbítrio; expressam a potencialidade dos eventos, mas não determinam qual a reação do indivíduo perante o fato em si – astrologia, numerologia, quiromancia, fisiognomonia. *Qual a tendência de ter filhos? Qual melhor período para se casar? Quando encontrarei a luz espiritual? Qual minha aptidão profissional?* Estas são as perguntas mais bem respondidas pelos oráculos do SER – situações abstratas e subjetivas no tempo-espaço.

2. Qualidades do estar – Os oráculos deste outro conjunto analisam a *condição humana* sem levar em conta a tendência da vida; expressam a potencialidade dos eventos levando em consideração o estado do indivíduo perante o fato em si – tarô, cartas ciganas, I-Ching, runa, geomancia. *Vou comprar um carro este ano? Vou namorar o João? A religião que professo é meu caminho? Vou ter um filho no próximo ano?* Estas são perguntas mais bem respondidas pelos oráculos do Estar – situações objetivas e definidas na alma humana.

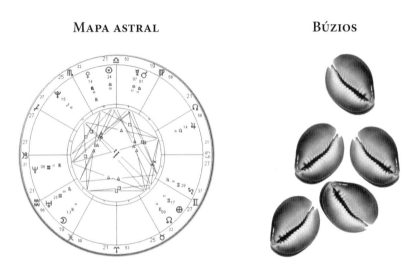

Mapa astral · Búzios

Por exemplo, um consulente desejou saber pela astrologia e pela numerologia sobre sua vida afetiva. O astrólogo e o numerólogo disseram que o período era extremamente favorável para iniciar um novo romance e que ele encontraria uma parceira maravilhosa. Porém, a astrologia, considerada a mãe de todos os oráculos, e mesmo a numerologia, não "observam" o estado emocional do indivíduo, como o passado foi vivenciado, o que há de ideias e vontades reais dentro do consciente humano... Bem, esse mesmo consulente também foi a um tarólogo e a um runólogo para confirmar a história. Tanto as cartas quanto as runas revelaram o seguinte: sim, haveria um novo romance, mas seu coração e sua alma estavam tão atordoados e amargurados com acontecimentos passados que o próprio consulente rejeitaria a promessa de felicidade. *Assim, os oráculos se complementam, cada um lê uma parte do todo.* A astrologia não responderá com eficácia e rapidez se João ficará com Maria, pois tal questão está qualificada para os oráculos do ESTAR. O tarô não responderá com maestria quando João vai encontrar alguém, pois essa pergunta está qualificada para os oráculos do SER.

RESUMINDO: o tarô pode ser usado como uma ferramenta para orientação pessoal (jogos, oráculo) ou para o autoconhecimento (estudo, meditação, filosofia). Nem o tarô, nem a astrologia ou a numerologia estão aptas a responder sobre qualquer assunto, todos terão um campo de atuação espiritual diferente (SER-ESTAR). Especificamente, em jogos, o tarô responde com eficácia a tudo o que for tangível, vivenciado e planejado; as cartas não servem a especulações.

Cada carta do tarô é denominada ARCANO, que significa: mistério, segredo. Assim, o tarô é constituído de 78 arcanos que estão divididos em dois conjuntos com estruturas distintas: 22 arcanos maiores (também denominado *principais*) e 56 arcanos menores (igualmente chamado de *auxiliares* ou secundários) – a metodologia de estudo é diferente entre os dois e a construção está baseada no princípio do macrocosmo (arcanos principais) e microcosmo (arcanos auxiliares), vejamos:

» Os 22 arcanos maiores compreendem 21 cartas numeradas e mais uma carta sem numeração. Os arcanos têm nomes distintos uns dos outros e funções diferentes. Seu conjunto é estruturado com símbolos evolutivos, caracterizando-se pela complexidade ornamental. Os arcanos principais se reportam à mente abstrata, ao mundo subjetivo e se relacionam com a formação da vida, a energia ou o potencial de uma situação – é como se tivéssemos o mapa de uma cidade à mão buscando um endereço, como se pensássemos em comprar um carro. Há sempre uma tendência generalizada nesses arcanos.

» Os 56 arcanos menores compreendem quatro conjuntos – ouros, espadas, copas, paus – que denominamos de *naipes*. Cada naipe contém 14 cartas: dez cartas numeradas (de 1 a 10) e quatro cartas da corte (pajem, cavaleiro, rainha, rei). Seu conjunto é estruturado com símbolos sinalizadores, caracterizando-se pela simplicidade ornamental. Os arcanos auxiliares se lançam à mente racional, ao mundo do objeto e se relacionam com a manifestação da forma (da vida), a realização do potencial – é como se estivéssemos andando nas ruas que vimos no mapa da cidade ou dirigindo o carro que compramos. Há sempre uma projeção efetiva nesses arcanos.

Podemos realizar uma consulta utilizando somente os arcanos maiores, porém haverá sempre uma tendência aproximada dos fatos, nunca a revelação ou a certeza. Os arcanos maiores norteiam melhor as orientações psíquicas e os avanços de situações existentes. Não podemos utilizar unicamente os arcanos menores, pois eles dependem da direção dos arcanos maiores, trabalham em conjunto. Quando utilizamos os dois numa consulta (aos pares), temos uma orientação precisa e objetiva de uma situação. O objetivo deste livro, no entanto, é fornecer os primeiros passos – verdadeiros – na leitura do tarô; se você gostar e se adaptar ao estudo do tarô, poderá aprofundar seu conhecimento com as outras obras de minha autoria (veja no final deste livro).

RESUMINDO: o tarô contém 78 arcanos que se dividem em dois conjuntos: 22 arcanos principais e 56 arcanos auxiliares. O primeiro grupo se reporta ao mundo subjetivo e idealizado, o segundo, ao universo concreto e formativo. A integração dos 78 arcanos está baseada na ideia do macro e microcosmo. Observe a relação: a intenção da psique ou do destino (arcanos maiores) em interação com seus objetivos (arcanos menores/naipe), manifesta-se em determinada personalidade ou situação (arcanos menores/corte), para realizar um plano de ação ou uma trajetória natural (arcanos menores/numerados).

COMPLEMENTO DESTA LIÇÃO

1. Qual o significado de...? Pesquise as seguintes palavras:
   - Tarô
   - Numerologia
   - Astrologia
   - Quiromancia
   - Oráculo
   - Vidência
   - Cartomancia

Anotações:
_____
_____
_____

AVALIAÇÃO 1

Lições 1, 2 e 3
Aula Eletiva 1 e 2

1. Qual o melhor tarô para se jogar?
   a. Tarô de Marselha e/ou tarô Mitológico.
   b. Tarô de Crowley e/ou tarô Nova Era.
   c. Tarô de Rider-Waite e/ou tarô Egípcio.
   d. Nenhum tarô é melhor que outro, todos são iguais.

2. Em qual dos seguintes períodos surgiu o tarô transcultural?
   a. 1980-90.
   b. 1970-75.
   c. 1910-35.
   d. 1960-70.

3. Qual a diferença entre esotérico e exotérico?
   a. Esotérico é passivo e exotérico é ativo.
   b. Esotérico representa o macrocosmo e exotérico o microcosmo.
   c. Esotérico é um aprendizado oculto e exotérico aberto ao público.
   d. Não há diferença, a grafia está errada.

4. O que é um símbolo?
   a. Uma figura que evoca o significado de algo subjetivo.
   b. Uma forma de expressar o pensamento.
   c. Um signo astrológico ou sinal de trânsito.
   d. Uma carta de tarô.

5. Qual o significado da palavra "arcano"?
   a. O segredo dos esotéricos.
   b. As cartas do tarô.
   c. Um segredo, mistério.
   d. Ciência oculta.

6. Quantos arcanos há no tarô?
   a. 22.
   b. 56.
   c. 36.
   d. 78.

7. Qual a diferença entre o arcano maior e o arcano menor?
   a. O primeiro é a expressão, o segundo a comunicação.
   b. O arcano menor é a negação do arcano maior.
   c. O segundo é o macrocosmo, o primeiro o microcosmo.
   d. O arcano maior é a idealização, o menor sua formação.

8. O famoso tarô egípcio da editora Kier foi...
   a. Descoberto na pirâmide de Quéops.
   b. Copiado dos antigos pergaminhos sagrados.
   c. Produzido em Buenos Aires, em 1970.
   d. Produzido pelos sacerdotes egípcios.

9. Qual a diferença entre dogma e livre-arbítrio?
   a. Um é a ordem religiosa e o outro é a ordem esotérica.
   b. Um é o dom do opressor e o outro é o dom do mais fraco.
   c. Um é a verdade incontestável e o outro a liberdade de expressão.
   d. Não há diferença entre os dois.

10. Qual a diferença entre o tarô e a astrologia?
    a. Um estuda a vida e o outro o nascimento.
    b. Um analisa o momento e o outro a tendência.
    c. Um observa o presente e o outro o passado.
    d. Os dois descobrem o futuro.

11. Quem instaurou o pseudoconceito de que o tarô surgiu no Egito?
    a. Éliphas Lévi, 1854.
    b. Papus, 1900.
    c. Antoine Court de Gébelin, 1775.
    d. MacGregor Mathers, 1888.

12. Quais são os oráculos que analisam a função ESTAR?
    a. Tarô, astrologia, runa, numerologia.
    b. Tarô, I-Ching, mitologia, quiromancia.
    c. Tarô, runa, I-Ching, geomancia.
    d. Tarô, geomancia, astrologia, runa.

13. Qual dos seguintes ocultistas foi o primeiro a relacionar o tarô à cabala?
    a. Antoine Court de Gébelin, 1775.
    b. MacGregor Mathers, 1888.
    c. Éliphas Lévi, 1854.
    d. Papus, 1900.

14. Como se chamou o tarô ao longo dos séculos?
    a. *Tarocco, naibis, tarot, ludus cartarum.*
    b. *Naibis, ludus cartarum, tarocco, tarot.*
    c. *Ludus cartarum, naibis, tarocco, tarot.*
    d. *Tarot, tarocco, ludus cartarum, naibis.*

15. Associe o nome do tarô à sua classificação.
    a. O tarô de Rider-Waite é um...   1) tarô clássico ou tradicional.
    b. O tarô Mitológico é um...   2) tarô moderno ou estilizado.
    c. O tarô de Marselha é um...   3) tarô transcultural ou étnico.
    d. O tarô de Osho-Zen é um...   4) tarô surrealista ou fantasia.

16. O curinga do baralho comum surgiu para...
    a. Disfarçar o jogo do tarô diante da Inquisição, em 1550.
    b. Alegrar a corte real de Veneza, em 1450.
    c. Complementar jogos lúdicos em Nova Iorque, em 1840.
    d. Assegurar que ninguém soubesse a origem do tarô.

17. Em que século se registrou a denominação "arcanos do tarô"?
    a. Século 20.
    b. Século 19.
    c. Século 18.
    d. Século 15.

18. Quem introduziu o tarô nas correntes esotéricas e nas fraternidades?
    a. Éliphas Lévi, em 1854.
    b. Papus, em 1900.
    c. MacGregor Mathers, em 1888.
    d. Antoine Court de Gébelin, em 1775.

    OBS.: veja o gabarito na página 297; se errou, estude a lição correspondente.

LIÇÃO 4

Estrutura Geral – Parte 1

A cadeia simbólica dos arcanos principais deve ser observada de forma circular ou como uma espiral contínua. A carta sem numeração (arcano Louco) é o elo entre a de número 21 (arcano Mundo) e a de número 1 (arcano Mago) em um aspecto sucessivo, como se terminássemos uma fase/situação/desejo e começássemos outra. A partir do século 20 alguns desenhistas têm enumerado o arcano Louco com o zero ou o 22, sendo esta a razão pela qual certas literaturas iniciam a instrução ora pelo Louco, ora pelo Mago. Bem, não importa, a função dessa carta permanece a mesma: conexão. O arcabouço dos arcanos auxiliares, por ser a manifestação dos principais, não possui sentido cíclico, mas fixo e limitado. Sua estrutura transcorre do pajem ao rei, seguido do 1 (ÁS) ao 10 e todos se desdobrando do naipe de ouros a paus.

Agora, observe a seguinte questão: cada arcano maior contém quatro interpretações – uma material, uma mental, uma sentimental e uma espiritual. Ou seja, dependendo da questão analisada, ele terá uma expressão. Com os arcanos menores é diferente: cada carta tem uma única avaliação! A sequência simbólica do tarô não é aleatória, existe um ritmo de valores entre acertos e erros até o ponto final, é como se planejássemos comprar algo e a sequência das cartas mostrasse em qual ponto da trajetória o processo se encontraria: no início, no meio ou no fim? O destino está contra ou a favor? As pessoas estão ajudando ou não? Sim, não ou talvez? Depende de mim, do destino ou de alguém? Estou namorando alguém com um valor sentimental (afeto), material (posse) ou mental (ciúme)? Enfim, cada arcano tem uma mensagem diferente que será aprendida ao longo das lições. Vejamos a apresentação dos 78 arcanos.

22 ARCANOS MAIORES (PRINCIPAIS)		
Número da carta	Denominação	Atributo
1	Mago	Aspirar
2	Sacerdotisa	Analisar
3	Imperatriz	Desenvolver
4	Imperador	Controlar
5	Sacerdote	Disciplinar
6	Enamorado	Escolher
7	Carro	Direcionar
8	Justiça	Ajustar
9	Eremita	Pesquisar
10	Roda da Fortuna	Alterar
11	Força	Dominar
12	Pendurado	Resignar
13	Morte	Modificar
14	Temperança	Reconciliar
15	Diabo	Desejar
16	Torre	Dissolver
17	Estrela	Harmonizar
18	Lua	Expandir
19	Sol	Triunfar
20	Julgamento	Transcender
21	Mundo	Progredir
Sem número	Louco	Revolucionar

56 ARCANOS MENORES (AUXILIARES)

Naipe	Denominação		Atributo
Ouros	Corte	Pajem	Especulação
		Cavaleiro	Praticidade
		Rainha	Preservação
		Rei	Sucesso
	Numerados	Ás	Realização
		2	Impasse
		3	Crescimento
		4	Retenção
		5	Prejuízo
		6	Opção
		7	Expansão
		8	Oportunidade
		9	Recompensa
		10	Êxito
Espadas	Corte	Pajem	Intrigas
		Cavaleiro	Ímpeto
		Rainha	Obsessão
		Rei	Vitória
	Numerados	Ás	Ação
		2	Discórdia
		3	Decepção
		4	Inércia
		5	Desperdício
		6	Negligência
		7	Cautela
		8	Perigo
		9	Sofrimento
		10	Finalização

56 ARCANOS MENORES (AUXILIARES)

Naipe	Denominação		Atributo
Copas	Corte	Pajem	Confiança
		Cavaleiro	Volubilidade
		Rainha	Dissimulação
		Rei	Progresso
	Numerados	Ás	Felicidade
		2	União
		3	Resolução
		4	Insatisfação
		5	Frustração
		6	Lamentação
		7	Devaneio
		8	Fracasso
		9	Soluções
		10	Plenitude
Paus	Corte	Pajem	Sinceridade
		Cavaleiro	Ousadia
		Rainha	Virtude
		Rei	Produtividade
	Numerados	Ás	Fertilidade
		2	Reflexão
		3	Inovação
		4	Harmonia
		5	Recuperação
		6	Benefício
		7	Vantagem
		8	Término
		9	Obstáculo
		10	Recomeço

Resumindo: as cartas do tarô obedecem a uma sequência simbólica que expressa o universo humano. Cada arcano contém em si um atributo essencial, uma chave que sintetiza todos os desdobramentos. Os arcanos principais contêm quatro interpretações básicas que, durante um jogo, somente uma será observada; os arcanos auxiliares, independentemente da questão, terão apenas uma única interpretação.

COMPLEMENTO DESTA LIÇÃO

1. Estude o texto "Confusão simbólica" – Aula eletiva 3, página 267.
2. Anotar e pesquisar as palavras do atributo é a forma mais rápida para entender/assimilar o significado da carta. Contudo, não precisa fazer tudo isso agora, mas no decorrer das próximas lições, de acordo com o estudo de cada arcano, observe cada palavra individualmente.

Anotações:

LIÇÃO 5

Estrutura Geral – Parte 2

A partir desta lição, finalmente o aspirante ao tarô estará apto a iniciar os estudos dos arcanos, tendo como base as diferenças entre os tarôs, um pouco de sua história, finalidade e estrutura. Entretanto, antes preciso explicar o último conceito para a compreensão das cartas e como iremos utilizá-las nos jogos das últimas lições. Esta lição é um pouquinho mais difícil que as anteriores, mas estudando com atenção é possível entendê-la perfeitamente. O leitor viu na lição anterior, que cada arcano maior contém quatro manifestações e cada arcano menor tem apenas uma – o que é isso? A interação dos quatro elementos: Terra, Ar, Água e Fogo – uma fórmula esotérica muito antiga que se reporta aos quatros planos do universo humano: MATERIAL, MENTAL, SENTIMENTAL e ESPIRITUAL; os elementos são como um alicerce no estudo e na aplicação do tarô. E você já deve ter ouvido falar nas palavras "holismo" e "holístico"; que se referem à interação dos quatro mundos humanos. Vamos analisar os elementos separadamente, mas na realidade eles estão interligados. Numa consulta de tarô, observamos qual mundo (elemento) está dissociado dos outros ou se estão todos em harmonia. É vital o entendimento dos quatro elementos (mundos, planos holísticos) tanto para o estudo dos arcanos nas próximas lições quanto para o momento de uma consulta. Observe e estude cuidadosamente a divisão da tabela a seguir:

Cada um dos 22 arcanos MAIORES se manifesta nos quatro elementos.
Cada naipe (14 cartas) dos 56 arcanos MENORES se manifesta apenas em um elemento.

QUATRO ELEMENTOS

TERRA	AR	ÁGUA	FOGO
Material	Mental	Sentimental	Espiritual
Refere-se a tudo o que é tangível, sensível e obtido pelo físico.	Refere-se a tudo o que é racionalizado, pensado e direcionado pela ação e expressão verbal.	Refere-se a tudo o que é sonho, esperança e aspiração da alma.	Refere-se a tudo o que é compreendido e aceito pela transcendência e que evolui por meio dela.
Verbo: TER	Verbo: SER	Verbo: ESTAR	Verbo: FICAR
Corpo	Alma/Psique	Alma/Emoção	Espírito
Forma	Ideia	Sonho	Inspiração
Realização	Planejamento	Desejo	Aspiração
Conclusão	Elaboração	Criatividade	Perfeição
Posse	Ciúme	Paixão	Serenidade
Retenção	Egoísmo	Orgulho	Compaixão
Dinheiro	Ambição	Vaidade	Filantropia
Comprar/vender	Anúncios	Criatividade	Vontade
Trabalho	Profissão	Habilidade	Dom
Namoro	Intenção	Sedução	Compreensão
Casamento	Relacionamento	Amor	Harmonia
Saúde física	Saúde mental	Saúde emocional	Saúde espiritual
Naipe de Ouros	**Naipe de Espadas**	**Naipe de Copas**	**Naipe de Paus**

Dúvidas? Óbvio que deve ter tido. "O que isso tem a ver com o tarô, não é só jogar as cartas?" – O leitor deve estar se perguntando. Aprender o significado de cada carta é fácil, a grande dificuldade do estudante ocorre durante a consulta: o que falar? O segredo se encontra na compreensão dos quatro elementos. Vejamos. O estudante vai aprender neste livro, ou ler em outros, uma série de significados para cada carta.

É importante classificar cada significado em relação a cada elemento, pois no momento de uma consulta, somente um dos elementos – material, mental, sentimental, espiritual – irá se manifestar. Opa! Como vou descobrir o elemento? Através da pergunta ou do significado da casa do jogo. Complicou? Vamos desenrolar. Como observamos na tabela anterior, toda situação humana pode ser classificada de acordo com os quatro elementos. Se pergunto sobre a compra de um carro, qual é o elemento? Terra – MATERIAL. Então, a resposta só deve expressar o significado material do arcano maior. Pergunto sobre o amor do parceiro, qual é o elemento? Água – SENTIMENTAL. Nesse caso, a resposta deve conter apenas o significado sentimental do arcano maior. O leitor vai perceber nos estudos dos arcanos principais que uma mesma carta é muito favorável num determinado plano e desfavorável em outro. Nenhum arcano é bom ou mau, a pergunta ou situação é que o classificará.

Já estudamos que é possível jogar o tarô somente com os arcanos maiores; para esse caso, o tarotista possui uma das chaves de interpretação que expliquei anteriormente – a escolha do elemento da carta em relação ao elemento da pergunta. Também vimos que quando jogamos com o tarô completo as respostas são mais rápidas e objetivas; contudo, isso requer maior grau de atenção e análise combinatória, pois estamos usando em conjunto uma carta do arcano maior e uma do menor. Estudamos que o arcano auxiliar é uma manifestação do arcano principal, certo? Então, o arcano menor mostra de que forma a situação principal (plano do arcano maior) vai se manifestar (naipe do arcano menor).

Difícil? Deu um nó na cabeça?

Vamos com calma, já estou preparando o raciocínio para que faça as análises de combinações dos arcanos se desejar utilizar o tarô completo. No momento, não se

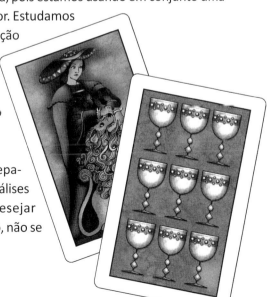

preocupe como o processo vai funcionar na prática, pois ainda retornaremos a esse assunto quando terminarmos de estudar os 78 arcanos (Lição 22).

Voltemos a esta lição antes que você desista do tarô 😊! O arcano auxiliar apresentará sempre apenas uma manifestação, independentemente da pergunta – o próprio naipe é um elemento único: material, mental, sentimental ou espiritual. Assim, seja a pergunta de cunho material, seja sentimental, o arcano menor será fixo em sua análise. Mas não se esqueça de que no tarô completo sempre utilizamos duas cartas em conjunto, um arcano maior e um menor. Vejamos um exemplo: uma pergunta de ordem material deve ser associada com o plano material do arcano maior e relacionada com o naipe do arcano menor que, sob um plano geral, vai indicar o grau da questão analisada. No caso, a situação de ordem material, independentemente da realização, estaria bem equacionada com os naipes de ouros ou paus, mas em desarmonia com os naipes de espadas e copas.

PLANO DO ARCANO MAIOR	NAIPE ARCANO MENOR	COMBINAÇÃO
Material	Ouros – material	Perfeita
Material	Espadas – mental	Discordante
Material	Copas – sentimental	Dissonante
Material	Paus – espiritual	Excelente
Mental	Ouros – material	Adequada
Mental	Espadas – mental	Desajustada
Mental	Copas – sentimental	Desarmônica
Mental	Paus – espiritual	Magistral
Sentimental	Ouros – material	Resoluta
Sentimental	Espadas – mental	Sofrível
Sentimental	Copas – sentimental	Harmônica
Sentimental	Paus – espiritual	Auspiciosa
Espiritual	Ouros – material	Tolerável
Espiritual	Espadas – mental	Inadequada
Espiritual	Copas – sentimental	Benéfica
Espiritual	Paus – espiritual	Magnífica

Resumindo: os quatro elementos são a base para classificar a questão consultada (pergunta) e o plano do arcano (resposta). Como regra geral, cada arcano principal se manifestará em quatro planos – material, mental, sentimental e espiritual; cada naipe do arcano auxiliar se manifestará em um único plano – material, mental, sentimental ou espiritual.

COMPLEMENTO DESTA LIÇÃO

1. Estude o texto "Degraus da evolução" – Aula eletiva 4, página 271.
2. Qual o significado de...? Pesquise e compare entre si as seguintes palavras:
   - Ter
   - Ser
   - Estar
   - Ficar

Obs.: estude bem os conceitos das lições 4 e 5, elas serão importantes para as lições 14, 15, 16, 23, 24 e 25 – todas relacionadas a métodos e interpretações.

Anotações:

AVALIAÇÃO 2

Lições 4 e 5
Aula Eletiva 3 e 4

1. Qual a diferença entre o tarô de Rider-Waite e os tradicionais?
    a. No tarô de Rider-Waite, o arcano 8 é a Imperatriz e o arcano 11 é o Mundo.
    b. No tarô de Rider-Waite, o arcano 8 é a Força e o arcano 11 é a Justiça.
    c. No tarô de Rider-Waite, o arcano 8 é a Justiça e o arcano 11 é a Força.
    d. Não há diferença entre os tarôs.

2. O que se deve fazer para estudar o tarô?
    a. Aprender cabala e astrologia.
    b. Aprender numerologia e mitologia.
    c. Estudar a simbologia e a estrutura dos arcanos.
    d. Aprender cabala, astrologia e numerologia.

3. Toda pergunta oracular deve ser associada...
    a. À vontade do cliente para descobrir o elemento da resposta.
    b. A um dos quatro elementos para descobrir o elemento do arcano.
    c. A um método para descobrir com qual elemento deve-se jogar.
    d. Todas as opções estão corretas.

4. Para obter uma resposta eficiente do oráculo deve-se:
    a. Jogar o tarô com os arcanos maiores e os numerados.
    b. Jogar o tarô com os arcanos menores e a corte.
    c. Jogar o tarô com os arcanos maiores e menores.
    d. Jogar o tarô com a vidência e a intuição.

5. Os naipes pertencem aos:
   a. Arcanos menores.
   b. Arcanos da corte.
   c. Arcanos numerados.
   d. Arcanos maiores.

6. Cada arcano maior se divide em:
   a. Três elementos.
   b. Um elemento.
   c. Quatro elementos.
   d. Cinco elementos.

7. A significação oracular dos arcanos da corte é:
   a. Diferente em todos os tarôs.
   b. Igual no tarô de Crowley e no tarô de Rider-Waite.
   c. Igual apenas nos tarôs clássicos e transculturais.
   d. Igual em qualquer tarô.

8. O tarô começou a ser estudado pelos ocultistas entre:
   a. 1400-1600.
   b. 1450-1750.
   c. 1775-1910.
   d. 1650-1850.

9. Teoricamente o arcano auxiliar é:
   a. A manifestação da corte.
   b. A manifestação dos numerados.
   c. A manifestação do arcano maior.
   d. Nenhuma das opções.

10. O que é o elemento Terra?
    a. Tudo o que é ligado ao mundo holístico.
    b. Tudo o que está sendo gerado pelo amor.
    c. Tudo o que existe no mundo físico.
    d. Tudo o que é idealizado pelo espírito.

11. Quais das seguintes opções se associam ao plano mental?
    a. Amor, desejo, vontade, luxúria.
    b. Construção, casamento, dinheiro, bens.
    c. Planejamento, ação, relacionamento, diretriz.
    d. Harmonia, perdão, paz, inspiração.

12. Relacione cada frase a seu plano correspondente nas opções numeradas:
    a. O casamento de João e Maria está ótimo.   1) Plano material.
    b. A relação entre João e Maria está equilibrada.   2) Plano espiritual.
    c. O amor de João por Maria é sublime.   3) Plano mental
    d. Existe harmonia entre João e Maria.   4) Plano sentimental.

13. Qual a sequência mais usual do tarô?
    a. 78 cartas – numeradas de 1 a 78.
    b. 78 cartas – 22 numeradas e 56 sem numeração.
    c. 78 cartas – 22 arcanos maiores, 16 cartas da corte + 40 numeradas.
    d. 78 cartas – 22 arcanos maiores e 56 arcanos menores.

14. Em quantos naipes se divide o arcano menor?
    a. Quatro – moedas, trevo, copas, bastão.
    b. Quatro – ouros, espadas, copas, paus.
    c. Quatro – dados, moedas, losango, gládios.
    d. Todas as opções estão corretas.

15. Em quais planos se divide o arcano maior?
    a. Corpo, psique, emoção e espírito.
    b. Terra, Ar, Água e Fogo.
    c. Material, mental, sentimental e espiritual.
    d. Todas as opções estão corretas.

16. Qual a estrutura dos arcanos maiores?
    a. 22 arcanos: uma carta com o zero e 21 com letras hebraicas.
    b. 22 arcanos: 21 cartas numeradas e uma sem-número.
    c. 22 arcanos: 22 cartas com letras e números hebraicos.
    d. Todas as opções estão corretas.

17. Qual a estrutura dos 56 arcanos menores?
    a. Quatro séries com quatro cartas da corte e dez numeradas de 1 a 10.
    b. Quatro séries com quarenta cartas sem números e 16 com nomes.
    c. Quatro séries com 16 cartas com números e quarenta sem nomes.
    d. Todas as opções estão corretas.

18. Quais as denominações mais comuns nas cartas da corte?
    a. Príncipe, princesa, rei e rainha.
    b. Pajem, cavaleiro, rainha e rei.
    c. Príncipe, princesa, cavaleiro e rainha.
    d. Pajem, princesa, rainha e rei.

    OBS.: veja o gabarito na página 297; se errou, estude a lição correspondente.

LIÇÃO 6

Caminho da Vontade

S e pensou que havíamos terminado o estudo das estruturas, enganou-se, meu querido aluno... "Ih! Mas esse cara é chato! Quando vou jogar?" – O leitor deve estar pensando. Bem, não tenha pressa, seja paciente. Com o tempo vai perceber que as estruturas fornecem o verdadeiro significado do tarô em relação à vida humana, nelas reside o autoconhecimento – pense nisso. Pelo fato de inúmeras pessoas não conhecerem o arcabouço do tarô, terminam por querer estudar cabala, astrologia e numerologia na tentativa de esclarecer o que são esses enigmáticos símbolos. Se achou que as lições anteriores foram desnecessárias, pare agora (!) de estudar e dê este livro para alguém que realmente deseje conhecer o tarô para o autoconhecimento e seus jogos.

E se realmente está propenso a entender o tarô, chegamos ao núcleo tão esperado do curso: os gloriosos arcanos.[1] A partir desta lição aprenderemos o significado de cada um dos arcanos maiores, e a partir da Lição 12, dos arcanos menores. Jamais esqueça a estrutura apresentada até o momento enquanto os estiver estudando; a cada carta comece a pensar "tal arcano significa tal coisa no plano tal". Novamente, recomendo não indagar como isso funciona na prática, apenas estude e assimile a linguagem de cada carta. Quanto às estruturas, desta vez não vou dedicar uma lição inteira somente a conceitos filosóficos, pois fornecerei as bases de cada grupo de arcanos estudado. Lembra de quando ensinei que na sequência das cartas nada era aleatório? Pois é, os arcanos de cada conjunto têm objetivos em comum, embora cada um deles esteja fixado numa direção. *Ops! Lá vem bomba!* Calma... Nós vimos que os arcanos principais contêm 22 cartas e os auxiliares, 56; agora iremos dividir sua estrutura simbólica: os 22 arcanos maiores em seis grupos e os 56 arcanos menores em quatro conjuntos. Não entendeu? Claro! Ainda não forneci a estrutura completa!

---

1. Doravante é imprescindível o uso de um tarô clássico. Deixe-o sempre ao seu lado e a cada carta analisada observe sempre a simbologia e seus significados. O leitor tem anotado em seu caderno de estudo todas as palavras pesquisadas? Não? Então, refaça as lições antes de continuar. Seja um bom aluno para ser um maravilhoso tarólogo e tarotista.

Chamaremos o primeiro grupo dos arcanos maiores de "Caminho da Vontade". Assim, as cartas 1, 2, 3, 4 e 5 terão a mesma tônica, ou seja, a de criar a própria vida, valores, realizações; porém, cada uma terá uma forma diferente de expressar a vontade. Nesse caminho, todos os arcanos expressam o livre-arbítrio, o desejo e a escolha em busca da felicidade. Esse grupo de cartas não se reporta ao carma ou ao destino, somente ao desejo pessoal que pode estar voltado para: AQUISIÇÃO, RELAÇÃO, CRESCIMENTO OU CONTROLE. Todas as cartas desta lição se referem ao momento em que desejamos algo: namorar, casar, ir ao supermercado, comprar uma calça, aprender a jogar o tarô; enfim, são tantas coisas que desejamos, não é verdade? No Caminho da Vontade todos os arcanos acenam com possibilidades, mas nenhum garante efetivação imediata, sempre haverá a questão do tempo e da dependência de terceiros para o resultado.

RESUMINDO: para entender o significado do tarô precisamos assimilar que os 78 arcanos são como a trajetória de uma situação com todas as variações boas e más. Dentro da simbologia do tarô completo – digo "completo" porque muitos pensam que o tarô se resume aos 22 arcanos maiores – encontraremos grupos de arcanos com uma função generalizada e, dentro desses conjuntos, cada arcano terá seu significado particular. O primeiro conjunto se chama Caminho da Vontade e é formado pelos arcanos 1, 2, 3, 4 e 5, que se reportam ao livre-arbítrio.

Atenção 1: os arcanos maiores serão apresentados inicialmente pela tarologia, que representa o estudo da simbologia clássica que deu origem aos tarôs modernos, transculturais e surrealistas. Logo após teremos a classificação para a taromancia (leitura/jogos) no plano material, mental, sentimental e espiritual, acompanhada de uma orientação comum a todos os planos (Ação/Equilíbrio) em todos os tipos de aberturas. Adicionamos mais informações importantes de leitura para jogos/tiragens que tiverem posições de aconselhamentos (Casa de conselho, de ação, de atitude) ou de reversibilidade (Casa negativa ou o uso de arcano invertido).

Atenção 2: observe a simbologia clássica de cada arcano (tarologia) sendo a fonte principal de significado/intepretação que deu origem aos diversos tarôs ao longo dos séculos. Atualmente podemos encontrar arcanos com simbologia divergente do padrão marselhês (base de todos os tarôs), mas com a ilustração (manifestação artística) análoga. Por exemplo, o arcano 3, Imperatriz, que simboliza "prosperidade, crescimento, alegria", pode ser representado por uma "mulher grávida" e não por uma "imperatriz em seu trono" (reveja a Lição 1 e 2 explicando as classificações dos tarôs e a Aula eletiva 6 – Nomes e Imagens).

ARCANO 1 – MAGO

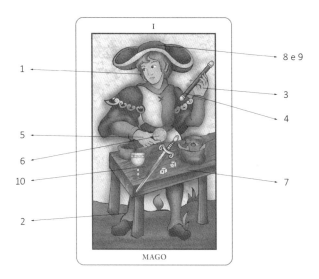

Tarologia: nos tarôs clássicos e modernos, revela um jovem em pé (1 e 2), lidando habilmente com as duas mãos, simbolizando vigor, atividade, impulso. A mão esquerda (3 – símbolo da magnetização, da energia yin, do conhecimento adquirido, do passado) segura um bastão (4 – símbolo do poder mágico, da fonte espiritual), simbolizando absorver a energia criativa universal. A mão direita (5 – símbolo da realização, da energia yang, do conhecimento aplicado, do futuro) segura uma moeda (6 – símbolo da matéria, do Elemento Terra), significando que tenta projetar sua ideia ao mundo real (7 – representado pela mesa, símbolo do microcosmo). Sobre sua cabeça está um chapéu (8), símbolo do conhecimento, também sugerindo ser a imagem de uma *lemniscata* (9 – símbolo do infinito e de todas as possibilidades do universo), mas será que tudo isso se encontra em sua mente? O Mago, para criar sua obra ou seu projeto, emprega todas as possibilidades do mundo (10 – símbolo dos quatro elementos), arranjados em cima da mesa, podendo ser:

- Moeda, dados = elemento TERRA = material, bens, posses.
- Espada, faca = elemento AR = mental, metas, planejamento.
- Taça, copo = elemento ÁGUA = sentimental, desejo, intuição.
- Bastão, chaleira = elemento FOGO = espiritual, aspiração, harmonia.

O simbolismo da carta gera muitas possibilidades, trabalho inovador, intenso livre-arbítrio, grande criatividade, mas pouquíssima conclusão. Indica sempre o *início* de qualquer atividade, seja do desejo, da vontade, de uma possibilidade: trabalho, namoro, relação, estudo, compra, venda, crenças. Para melhor entendimento da potencialidade do Mago, pesquise as seguintes palavras: *negociar, especular, prometer, aspirar*.

Taromancia:

1. Material – negociação, promessa, habilidade, possibilidade, especulação; situação frágil em que tudo depende do consulente embora haja tendências favoráveis.
2. Mental/Verbal – criatividade, astúcia, nova ideia, pesquisa rápida, plano inovador; expressão positiva e falante.
3. Sentimental – expectativa, vontade, aspiração, desejo frágil; atração efêmera, mas com possibilidade de se tornar real, tudo dependerá do outro aceitar o flerte.
4. Espiritual – nova filosofia, busca de estudo transcendental, iniciação mística, mediunidade.
5. Ação/equilíbrio para os quatro planos – não dispersar, crer em si, analisar os fatos, continuar, ir em frente.
6. Em casa de conselho/atitude – ser criativo, flexível e buscar novos projetos; pedir ajuda aos amigos.
7. Em casa negativa/invertida – desânimo, inércia, mexerico; falta de oportunidade ou sorte.

Anotações:

_____
_____
_____
_____
_____
_____
_____
_____
_____

ARCANO 2 – SACERDOTISA

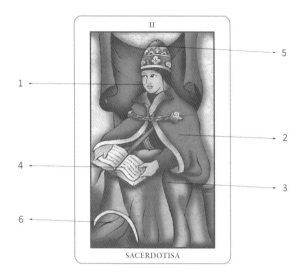

Tarologia: nos tarôs clássicos e modernos, revela uma mulher (1 – símbolo da intuição e da fecundação) enclausurada em vestes escuras e pesadas, que (2 e 3) simboliza a supressão de sua atração física. Ela segura um livro e/ou chaves (4), simbolizando que não deseja transmitir nada que não seja o conhecimento da causa necessária. A Sacerdotisa protege o portal do templo sagrado da alma humana, (5) simbolizado por sua coroa espiritual, que só permitirá a entrada de quem souber decifrar seu enigma: fidelidade e integridade. Esse conjunto simbólico sugere que há uma grande força pessoal retida e que não será revelada facilmente, há um desejo passivo e muita elucubração (6 – encontra-se sentada, com uma lua a seus pés, símbolos de passividade e da intuição, respectivamente). Resumindo: a análise e a intuição são por demais profundas nos fatores envolvidos, a busca do conhecimento é pela perfeição, os projetos e as relações são as mais passivas e corretas possíveis. Para melhor entendimento da potencialidade da Sacerdotisa, pesquise as seguintes palavras: *passividade, reflexão, carência, fidelidade.*

Taromancia:
1. Material – passividade, averiguação, burocracia, inação, sem avanço momentâneo; tudo depende do consulente.
2. Mental/Verbal – planejamento, reflexão, bom-senso, sabedoria, segredo sobre o que se almeja; não se expressa por palavras ou gestos, falando muito pouco.
3. Sentimental – mágoa, ressentimento, carência afetiva ou sentimento não revelado a quem ama; sendo virtuosa e fiel ao parceiro(a) se tiver um relacionamento; introspectiva, se for solteira(o).
4. Espiritual – intuição, devoção, mediunidade, conhecimento místico.
5. Ação/equilíbrio para os quatro planos – o fundamental é agir imediatamente, falar, realizar ou pedir conselhos a familiares.
6. Em casa de conselho/atitude – manter a calma, aguardar, analisar com cuidado, não fazer nada!
7. Em casa negativa/invertida – precipitação, desacordo, insegurança, fofoca, falta de apoio.

Anotações:
_____
_____
_____
_____
_____
_____
_____
_____
_____
_____
_____
_____
_____
_____
_____
_____
_____

ARCANO 3 – IMPERATRIZ

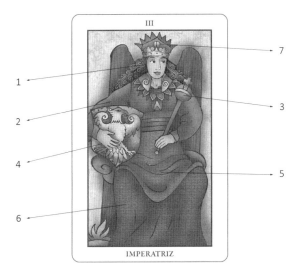

Tarologia: nos tarôs clássicos e modernos, revela uma mulher (1 – símbolo da intuição, da procriação) representada com roupas mais leves do que as do arcano anterior, (2) simbolizando maior interação e leveza com o meio social. O cetro (3 – símbolo de autoridade e poder material) é sua fonte de poder, vontade e desejo. Ao contrário do próximo arcano, Imperador, ela segura firmemente, com a mão direita (reveja o simbolismo no arcano 1), o escudo com a águia (4 – símbolo de superioridade intelectual e de espiritualidade), indicando que protegerá sempre o status e seus projetos de modo interativo. A posição frontal e alerta no trono (5 e 6), diferente do arcano anterior – Sacerdotisa, mostra que está pronta para atuar. Sua intuição é primorosa, sua inteligência é aguçada, seu olhar é felino, nada escapa de seu poder pessoal (7 – símbolo da coroa real). O conteúdo sugere que se pode projetar e fecundar qualquer coisa, tudo cresce e prospera, sendo tudo bem positivo; pois é o equilíbrio entre a criação (Mago) e a análise (Sacerdotisa). Para melhor entendimento da potencialidade da Imperatriz, pesquise as seguintes palavras: *inspiração, dedução, preservação, desenvolvimento.*

Taromancia:
1. Material – crescimento, prosperidade, promoção, aquisição, realização desejada; tudo se realiza naturalmente, muita sorte.
2. Mental/Verbal – inteligência, sensatez, planejamento, capacidade de análise dedutiva, boas ideias; fala articulada, boa expressão.
3. Sentimental – alegria, prazer, desejo ou vontade de amar (solteiros) ou amor (relacionamento).
4. Espiritual – compreensão, meditação, intuição, busca da harmonia.
5. Ação/equilíbrio para os quatro planos – não mudar absolutamente nada, continuar na ação e nos projetos em andamento.
6. Em casa de conselho/atitude – manter o autocontrole em relação a tudo, ter confiança em si, não desistir dos ideais.
7. Em casa negativa/invertida – desinteresse, dissimulação, fracasso; autoconfiança exagerada.

Anotações:

ARCANO 4 – IMPERADOR

Tarologia: nos tarôs clássicos e modernos, revela um homem (1 – símbolo da força ativa e da autoridade) sentado de pernas cruzadas formando o número quatro, que (2) simboliza o poder sobre a matéria e as direções da vida terrena (os Quatros Elementos já vistos na mesa do arcano 1, Mago). Tanto o número quatro quanto o trono representam o cubo, a única forma geométrica criada pelo homem – portanto, um (3) símbolo estritamente terrestre, apontando o poder material e estático. O conjunto de cetro (4), coroa (5) e trono (3) representa o símbolo máximo da realização pessoal e social, tendo o poder do comando. Observe que a figura humana segura em punho, com a mão direita (veja simbolismo no arcano 1), o cetro real, significando que no desejo de manter a qualquer custo sua posição, será imprescindível reter todos os bens e galgar novas conquistas, mostrando seu total poder pessoal. O escudo com a águia (6 – símbolo da intuição e da espiritualidade), por se encontrar diretamente no pé direito, retrata que fraternidade, compreensão e respeito não são o ponto forte. Entretanto, ele poderá utilizá-lo quando se fizer necessário, pois sua tônica também é ser paternalista, protetor e provedor. O conteúdo da carta sugere o poder objetivo, a estabilização de qualquer processo, a legislação, o ponto final da projeção elaborada. Para melhor entendimento da potencialidade do Imperador, pesquise as seguintes palavras: *poder, controle, realização, autoridade.*

Taromancia:
1. Material – manutenção, concretização, poder, autoritarismo; realização difícil, mas possível.
2. Mental/Verbal – plano objetivo, ideia prática, automoralismo, inflexível; expressão direta e áspera.
3. Sentimental – possessividade, rigidez, insensível, não dá afeto pela insegurança; egoísmo nos relacionamentos, mas com atitude paternalista, provedora ou protetora.
4. Espiritual – ausência de compreensão, falta de fé, ceticismo, materialismo.
5. Ação/equilíbrio para os quatro planos – ser condescendente, afável e menos tenso; observar e aprender com os outros.
6. Em casa de conselho/atitude – manter a autoridade, impor a vontade pessoal; não se abater, continuar os objetivos.
7. Em casa negativa/invertida – limitação, estagnação, fraqueza; tendência ao fracasso.

Anotações:

ARCANO 5 – SACERDOTE

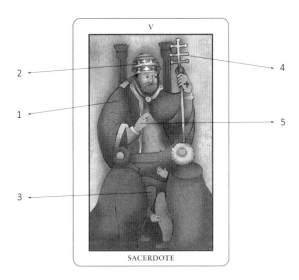

Tarologia: nos tarôs clássicos e modernos, revela um homem adulto, de meia idade, com vestes sacerdotais (1 – símbolo de dogmas sociais), coroado com uma mitra (2), emblema de doutrina religiosa, ensinando ou advertindo a dois discípulos que se encontram de costas e ajoelhados (3), simbolizando a necessidade do aprendizado da moral e dos bons costumes. O báculo (4 – símbolo de autoridade moral e espiritual) e as mãos do sacerdote expressando bênçãos (5) indicam pleno comando sobre as pessoas abaixadas de modo servil. Esse arcano faz clara alusão ao poder espiritual ou moral sobre o mundo material ou social; temos a síntese dos arcanos anteriores, a perfeita qualidade de saber lidar com tudo e com todos. É interessante notar que esse arcano não se reporta à justiça divina, aos movimentos cármicos ou ao mundo espiritual diretamente, mas, sim, à justiça idealizada e outorgada pelos homens para os homens, suas leis e dogmas sociais, sua condição moral e religiosa. O simbolismo da carta sugere a necessidade de agir na legalidade, dentro da ordem e da moral, também possibilitando a organização e a reclassificação. Em alguns tarôs a carta 5 também é denominada Papa ou Hierofante. Para melhor entendimento da potencialidade do Sacerdote, pesquise as seguintes palavras: *dogma, doutrina, sociedade, moralidade*.

Taromancia:
1. Material – organização, união, sociedade, equilíbrio, reciprocidade; realização com obstáculos burocráticos.
2. Mental/Verbal – dogma, rigidez, moralidade, unilateralidade, inflexibilidade; expressão afável e corretiva.
3. Sentimental – afeto, consideração, lealdade; para solteiros indica amizade, e para casados, respeito.
4. Espiritual – espiritualidade, fé, religiosidade, devoção.
5. Ação/equilíbrio para os quatro planos – agir na legalidade, ouvir as outras pessoas; ser fiel e honesto.
6. Em casa de conselho/atitude – reorganizar o meio ambiente, ter fé, seguir a moral e as leis.
7. Em casa negativa/invertida – equívoco, logro, retardamento; fracasso por negligência.

COMPLEMENTO DESTA LIÇÃO

1. Estude o texto "Tarologia x Taromancia" – Aula eletiva 5, página 273.
2. Não se esqueça de ir pesquisando, a cada lição, as palavras dos atributos principais de cada carta:
   - Arcano Mago – aspirar.
   - Arcano Sacerdotisa – analisar.
   - Arcano Imperatriz – desenvolver.
   - Arcano Imperador – controlar.
   - Arcano Sacerdote – disciplinar.

Anotações:
_____
_____
_____
_____
_____
_____
_____

LIÇÃO 7

Caminho do Livre-Arbítrio

Todos os arcanos do Caminho da Vontade irão se manifestar nesta fase, decidindo qual a melhor forma de continuar com os objetivos, como ou quando realizar à vontade: temos nosso desejo manifestado e a escolha final determinará um resultado irreversível. O Caminho do Livre-arbítrio se refere somente a carta 6, o arcano Enamorado. Vamos observar que não existe símbolo de poder pessoal (trono, coroa, cetro, etc.) como no caminho anterior, somente figuras em pé – fixas novamente – usando o mesmo estilo de roupa e um cupido acima deles.[2]

Nesse caminho, por exemplo, estamos decidindo com quem ficar, para qual universidade faremos vestibular, qual a marca e a cor do carro a ser comprado, como ajudar a família, a que horas falaremos com um amigo. O tempo futuro nos arcanos do Caminho da Vontade (irei adquirir) tornou presente a possibilidade de realizar o desejo (estou adquirindo). A partir de certa escolha, os resultados poderão ser positivos ou negativos; portanto, doravante, surgirão três possibilidades:

1. Se acertar, seguirá pelo Caminho do Prazer (Lição 8);
2. Se errar, será obrigado a transitar pelo Caminho da Dor (Lição 9);
3. Se tiver alguma experiência, optará pelo Caminho da Esperança (Lição 10).

---

[2]. Pegue o tarô, coloque as cartas de 1 a 6 lado a lado e observe a simbologia entre elas.

ARCANO 6 – ENAMORADO

Tarologia: nos tarôs clássicos e modernos, revela que a figura do sol (1 – símbolo da consciência e da verdade) está encoberta por Eros ou Cupido (2 – símbolo da paixão), que retesa seu arco para atirar a flecha embebida pelo veneno do desejo (3). Tal simbolismo é uma Ação/Equilíbrio de que o livre-arbítrio está terminando e as decisões se tornam urgentes. As pessoas figuradas (4), *que não se tocam reciprocamente* (5), parecem estar num triângulo de possibilidades. Difícil saber quem terá que decidir, o homem ou as mulheres: todos estão envolvidos; de qualquer forma, esse é um momento importante, pois uma vez escolhido o caminho não haverá retorno. A liberdade tem o seu preço – *o livre-arbítrio*; e o livre-arbítrio tem o seu peso: *a escolha do caminho correto!* Mas pelo que devemos optar? Pelos dogmas sociais ou por nós mesmos? Onde se encontra a razão quando o desejo invade o coração? As escolhas devem ser regidas pela intuição e pela inspiração. A ornamentação dessa carta sugere as nossas escolhas diárias entre duas situações, duas possibilidades e uma única conclusão. É o arcano da beleza, do amor, da união, da harmonia e, principalmente, de nossas decisões mais urgentes para a projeção da vida. Para melhor entendimento da potencialidade do Enamorado, pesquise as seguintes palavras: *opção, amor, intuição, encontrar.*

Taromancia:
1. Material – encontro, benefício, ofertas múltiplas, compra/venda, promoção, vantagens; bom período profissional, namoro ou casamento.
2. Mental/Verbal – dúvida, indecisão, conflito interior, opções diversas; fala hesitante ou expressão indefinida.
3. Sentimental – amor, afeto, alegria, felicidade, desejo; o romantismo é a tônica, e a harmonia, o objetivo.
4. Espiritual – intuição, canalização, mediunidade, devoção.
5. Ação/equilíbrio para os quatro planos – agir de acordo com a consciência, evitar a emoção; cuidado com a vaidade.
6. Em casa de conselho/atitude – buscar a paz, a união entre os opostos, reconciliação; não discutir, ser gentil.
7. Em casa negativa/invertida – desacordo, separação, insatisfação; a falta de tato e compreensão.

COMPLEMENTO DESTA LIÇÃO

1. Não se esqueça de ir pesquisando, a cada lição, as palavras dos atributos principais de cada arcano:
   - Arcano Enamorado – escolher.

Anotações:

AVALIAÇÃO 3

Lições 6 e 7
Aula Eletiva 5

1. Qual a função da tarologia?
   a. Estudar os símbolos da astrologia.
   b. Estudar os símbolos do tarô.
   c. Estudar os símbolos da numerologia.
   d. Estudar os símbolos da runa.

2. O que é taromancia?
   a. O conceito de ler um mapa astral para orientar a vida.
   b. A fórmula de desvendar um pináculo para orientar o futuro.
   c. A diretriz para a leitura das runas para orientar o momento.
   d. A leitura dos jogos de tarô para orientar questões pessoais.

3. O que é necessário para ser um bom tarotista?
   a. Ter vidência, uma entidade espiritual e um guru.
   b. Ter intuição, vidência e sensibilidade.
   c. Ter ética e estudar a simbologia e os métodos do tarô.
   d. Ter uma religião ou ser membro de uma fraternidade ou centro espírita.

4. Quais as áreas desenvolvidas pela tarologia?
   a. Meditação, psicologia, alquimia e filosofia.
   b. Alquimia, numerologia, mitologia e meditação.
   c. Terapia, cabala, magia e astrologia.
   d. Autoconhecimento, meditação, terapia e orientação.

5. Qual a função da taromancia?
   a. Buscar o autoconhecimento e a terapia.
   b. Buscar a orientação, o aprendizado e a evolução.
   c. Buscar a filosofia e o autoconhecimento.
   d. Buscar a orientação da sorte no futuro.

6. Quando executamos a taromancia, dizemos:
   a. Estou abrindo as cartas para orientar sua vida.
   b. Estou lendo as lâminas para desvendar seus problemas.
   c. Estou jogando os arcanos para ler sua trajetória.
   d. Todas as opções estão corretas.

7. O Caminho da Vontade é composto por quais arcanos?
   a. 17, 18, 19, 20, 21.
   b. 7, 8, 9, 10, 11.
   c. 1, 2, 3, 4, 5.
   d. 12, 13, 14, 15, 16.

8. O Caminho do Livre-arbítrio é representado por qual arcano?
   a. 16.
   b. 6.
   c. 17.
   d. 21.

9. O Caminho da Vontade simboliza:
   a. As dificuldades da vida para conseguir o que se deseja.
   b. As facilidades de realizar o que se deseja.
   c. As idealizações para conquistar o que se deseja.
   d. A realização de tudo que se deseja.

10. Associe as frases a seguir:
    a. O arcano 1 é denominado...   1) Enamorado.
    b. O arcano 2 é denominado...   2) Sacerdotisa.
    c. O arcano 3 é denominado...   3) Imperador.
    d. O arcano 4 é denominado...   4) Imperatriz.
    e. O arcano 5 é denominado...   5) Mago.
    f. O arcano 6 é denominado...   6) Sacerdote.

11. O arcano Mago tem qual leitura no plano material?
    a. Contrato, financiamento, empréstimo.
    b. Investigação, visitação, negociação.
    c. Crescimento, promoção, preservação.
    d. Oportunidade, benefício, oferta.

12. O arcano Sacerdotisa tem qual leitura no plano sentimental?
    a. Alegria, prazer, desejo.
    b. Vontade, expectativa, fragilidade.
    c. Privação, carência, mágoa.
    d. Afeto, lealdade, respeito.

13. O arcano Imperatriz tem qual leitura no plano espiritual?
    a. Intuição, fé, devoção.
    b. Neófito, iniciação, nova filosofia.
    c. Ceticismo, ausência, incompreensão.
    d. Intuição, meditação, criação.

14. O arcano Imperador tem qual leitura no plano mental?
    a. Pesquisa, criação, criatividade.
    b. Praticidade, objetividade, racionalidade.
    c. Moralidade, dogma, rigidez.
    d. Indecisão, opção, escolha.

15. O arcano Sacerdote tem qual orientação adicional?
    a. Deve-se agir imediatamente e expressar o que se deseja.
    b. Deve-se crer nos projetos e não dispersar os objetivos.
    c. Deve-se ser condescendente e harmonioso com o ambiente.
    d. Deve-se ser mais flexível e ouvir a opinião alheia.

16. O arcano Enamorado tem qual valor em casas negativas?
    a. Desacordo, insatisfação, desilusão.
    b. Precipitação, irreflexão, presunção.
    c. Fofocas, desânimo, inação.
    d. Estagnação, desajuste, limitação.

17. Relacione o arcano com seu verbo:
    a. Arcano Mago...   1) desenvolver.
    b. Arcano Sacerdotisa...   2) escolher.
    c. Arcano Imperatriz...   3) idealizar.
    d. Arcano Imperador...   4) controlar.
    e. Arcano Sacerdote...   5) disciplinar.
    f. Arcano Enamorado...   6) analisar.

18. Qual a diferença entre o arcano 4 e o arcano 5?
    a. Um tem a opressão e o outro a ordem.
    b. Um tem a autoridade e o outro o dogma.
    c. Um tem o poder legislativo e o outro o poder judiciário.
    d. Todas as opções estão corretas.

    OBS.: veja o gabarito na página 298; se errou, estude a lição correspondente.

LIÇÃO 8

Caminho do Prazer

O Caminho do Prazer é composto pelos arcanos de 7 a 11. Vamos observar que a primeira carta desse passo (arcano Carro) contém os mesmos símbolos de poder analisados no Caminho da Vontade – cetro, coroa, roupas, status; porém, enquanto naquela via o ornamento simbólico se encontra estático, agora, existe um movimento: as escolhas do arcano 6 (Caminho do Livre-arbítrio) foram direcionadas. Pegue o tarô, coloque as cartas de 1 a 11 lado a lado, observe a simbologia dos arcanos anteriores com este caminho e atente para as cores de fundo de cada conjunto (Vontade – Escolha – Prazer). Nesse caminho, os percalços são conhecidos e transpostos; nada impedirá a conclusão e as possíveis mudanças serão contornadas. Contudo, toda realização solicita responsabilidade, atenção e dever, independentemente dos obstáculos ao longo do tempo.

Não é extasiante a celebração de um casamento? Sim! Mas o que acontece depois? Temos a obrigação de prover a família e ter uma conduta moral. Mas é só isso? Não! Existe a labuta com os desafios trazidos pelo tempo e os obstáculos da rotina. Então é só isso? Não! Também temos a vinda dos filhos, mudança de casa, de trabalho; enfim, quantas coisas devemos fazer para manter um casamento? Muitas! Porém, é nosso desejo, vontade e satisfação preservar a instituição familiar, não é? A mesma situação se processa quando compramos um carro: ficamos felizes quando o adquirimos. Mas... e depois? Temos a responsabilidade de colocar combustível, cuidar do motor, lavar, limpar. E quando ocorre um defeito, não ficamos aborrecidos? Consertamos e voltamos a ficar satisfeitos. Não é uma alegria imensa sermos admitidos numa universidade? Sim! Mas para adquirirmos o diploma, temos que estudar muitos anos! Não é difícil a labuta com o estudo? Sim! Porém, ultrapassamos todos os obstáculos dos exames, porque queremos manter nosso prazer: tornarmo-nos profissionais!

Jamais se esqueça: temos todo direito à felicidade; todavia, somos os únicos responsáveis por sustentá-la. Haverá momentos de alegria e outros de preocupação; tempos de certeza e épocas de muitas dúvidas. O prazer é constituído de todas as variáveis.

ARCANO 7 – CARRO

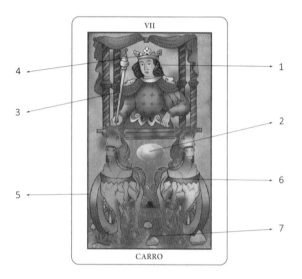

Tarologia: nos tarôs clássicos e modernos, revela um homem em movimento (1), dirigindo uma biga ou carruagem (2), simbolizando a força controlada e direcionada. Ele está vestindo uma rica roupa e usa o cetro (3) e a coroa (4), já vistos nos arcanos anteriores como símbolos do poder material e pessoal. A roda (5 – símbolo do movimento e do futuro) e o cavalo (6 – símbolo da força adestrada, poder pessoal e direção controlada) vão para qualquer lugar que se deseje, tendendo a novos caminhos. Embora os cavalos pareçam ir em direções diferentes, o auriga os comanda corretamente, ele tem o poder da direção bem planejada. A base irregular do terreno indica um caminho novo e árduo, (7) simbolizando que se avança com destreza, certeza e desenvoltura, independentemente dos obstáculos. O conteúdo simbólico sugere o momento em que estamos com a vida bem planejada, anunciando a vitória e o progresso do que se deseja; indica novas metas ou oportunidades. Para melhor entendimento da potencialidade do Carro, pesquise as seguintes palavras: *direcionar, impulsionar, progresso, determinação*.

Taromancia:

1. Material – progresso, desenvolvimento, segurança, realização; poder sobre todas as ações, resolução, vitórias.
2. Mental/Verbal – determinação, criatividade, planejamento, inteligência aguçada; expressão clara, comunicação.
3. Sentimental – atração, magnetismo, impulsividade; desejo incontrolável e coragem para lutar pelo amor.
4. Espiritual – poder e controle mental, mediunidade, força mística.
5. Ação/equilíbrio para os quatro planos – o caminho é correto, mas se deve ir com moderação; cuidado com a impulsividade.
6. Em casa de conselho/atitude – direcionar a vida; ser mais objetivo.
7. Em casa negativa/invertida – inércia, obstáculo, irreflexão; falta de planejamento ou de coragem.

Anotações:

_____
_____
_____
_____
_____
_____
_____
_____
_____
_____
_____
_____
_____
_____
_____
_____
_____
_____
_____

ARCANO 8 – JUSTIÇA

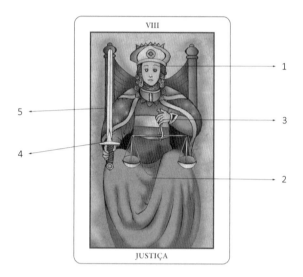

Tarologia: nos tarôs clássicos e modernos, revela uma mulher (1 – símbolo da elucubração e passividade, além das alegorias anteriores) que está sentada, ereta e de modo frontal (2), expressando muita paciência e atenção no presente momento. Seus braços estão abertos e suas mãos seguram uma balança (3 – símbolo da justiça e do equilíbrio) e uma espada com a lâmina para cima (4 – símbolo da decisão, bênção e morte). Ela está sentada num trono (5), indicando que tem o poder de administração, decisão e gerenciamento. Sua atitude demonstra frieza, imparcialidade na ação e atitude. A justiça terrena, a lei dos homens se diz cega; nessa carta, a justiça é a lei de causa e efeito. Como diz um antigo provérbio: "Olho por olho, dente por dente." O conjunto simbólico sugere muita ponderação, pois é um momento para se refletir sobre as atitudes; também indica austeridade, fim das ilusões, processos cíclicos, mudanças, ordem moral, acautelamento diante de erros morais ou jurídicos (roubo, negligência profissional, relação extraconjugal, etc.). Para melhor entendimento da potencialidade da Justiça[3], pesquise as seguintes palavras: *racional, lei, justiça, cautela.*

---

[3]. No início do século 20 foi lançado o tarô Rider-Waite com a inversão numérica desse arcano (8/Justiça) com o arcano 11, Força. O autor, Edward Waite escreveu, em 1909, em seu livro *A chave oculta do tarô*, que para a leitura de tarô isso não importa, dizendo que o real motivo "não nos interessava". Bem, atualmente, essa mudança pode ser esclarecida: reveja o tópico Aula Eletiva 3 – Confusão simbólica.

Taromancia:

1. Material – busca da ordem e do equilíbrio; dificuldades, obstáculos e problemas serão resolvidos se o consulente observar os direitos e os deveres (leis e moralidade).
2. Mental/Verbal – organização, planejamento, racionalidade, ponderação; expressão severa, rígida.
3. Sentimental – frieza, distanciamento, imparcialidade, diplomacia; amizade (solteiro). Reavaliação afetiva, busca de isolamento (casado).
4. Espiritual – proteção, equilíbrio, harmonia; fim da negatividade.
5. Ação/equilíbrio para os quatro planos – observar todos os prós e contras, ter cautela, ser ponderado; cuidado com as palavras.
6. Em casa de conselho/atitude – ser mais racional, frio e imparcial com os fatos; não se deixar envolver emocionalmente.
7. Em casa negativa/invertida – prejuízo, orgulho, intolerância; ansiedade exagerada.

Anotações:
_____
_____
_____
_____
_____
_____
_____
_____
_____
_____
_____
_____
_____
_____
_____
_____
_____

ARCANO 9 – EREMITA

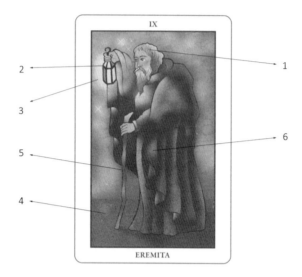

Tarologia: nos tarôs clássicos e modernos, revela um homem idoso (1 – símbolo da experiência de vida e da sabedoria humana). Ele usa uma lanterna (2 – símbolo do conhecimento adquirido pelo esforço próprio, da luz interior), que ilumina pequenas áreas (3 – símbolo da dimensão e expansão), para saber por onde ir. Ele já conhece todos os caminhos da vida (4), seus percalços e obstáculos. Contudo, apoia-se em um cajado (5 – símbolo da prudência e aptidão) para se localizar e afastar os infortúnios. Suas vestes são simples, com capuz, (6) simbolizando que tem apenas o necessário para se proteger e viver. Esse arcano representa o equilíbrio necessário ao ser humano para a busca do autoconhecimento e do progresso em longo prazo. Sugere prudência, lentidão, silêncio e, principalmente, a procura pela iluminação interior. Para melhor entendimento da potencialidade do Eremita, pesquise as seguintes palavras: *prudência, obstáculos, sabedoria, pesquisa.*

Taromancia:
1. Material – progresso lento, obstáculo superável, realização em longo prazo, adiamento, burocracia; o consulente tem toda vantagem.
2. Mental/Verbal – planejamento, prudência, estudo e pesquisa, para uma nova vida; mais ouve do que fala, expressão parcimoniosa.
3. Sentimental – afeto, paz, calma, interiorização, respeito, lealdade (casado). Adora ajudar e acolher, boa amizade (solteiro).
4. Espiritual – intuição, aprofundamento, meditação, iluminação, mediunidade.
5. Ação/equilíbrio para os quatro planos – tentar agilizar os fatos, nunca desistir; o tempo resolverá tudo.
6. Em casa de conselho/atitude – ter paciência, calma, perdoar e seguir em frente; buscar o isolamento, calar-se.
7. Em casa negativa/invertida – esterilidade, retrocesso, precipitação, ansiedade; falta de tempo hábil.

Anotações:
_____
_____
_____
_____
_____
_____
_____
_____
_____
_____
_____
_____
_____
_____
_____
_____
_____
_____
_____

ARCANO 10 – RODA DA FORTUNA

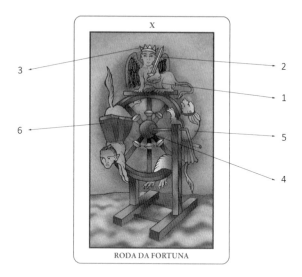

RODA DA FORTUNA

Tarologia: nos tarôs clássicos e modernos, revela uma esfinge (1), um dos legados mais complexos que os antigos sábios nos deixaram — representa o símbolo absoluto do destino: "Decifra-me ou te devoro." Seus atributos simbólicos são: a cabeça que recomenda o Saber; as garras, que mandam Ousar; os flancos, que determinam o Querer; e as asas, que solicitam o Calar. Ela segura uma espada flamejante (2 – símbolo da mais alta espiritualidade, dos arcanjos e divindades) e usa uma coroa (3 – símbolo da autoridade material, terrena). Assim, a esfinge determina quem subirá ou quem descerá no caos da vida, (4) representado pela roda abaixo dela, símbolo de movimento direto já visto no arcano 7. A figura que sobe (5) é o gênio das forças construtivas, enquanto a que desce (6) representa as forças destrutivas; o bem e o mal operando o equilíbrio universal, a transmutação do ativo para o passivo ou vice-versa. Dessa forma, temos a imagem de que nada se mantém em seu apogeu como também nada permanece na decadência, lembrando também o simbolismo da deusa Fortuna. Tudo é transitório, tudo é passageiro, tudo é cíclico. A ornamentação da carta sugere mudanças rápidas e inevitáveis, instabilidade, resultado da lei imutável de causa e efeito (arcano 8). O movimento do arcano 7 é direcionado por nós, já aqui é influenciado/direcionado por terceiros ou pelo destino. Para melhor entendimento da potencialidade da Roda da Fortuna, pesquise as seguintes palavras: *destino, fortuna, mudança, instabilidade.*

Taromancia:
1. Material – instabilidade, transferência, alteração, obstáculos passageiros, promoção; pequena mudança ocasionada por outra pessoa ou situação.
2. Mental/Verbal – incoerência, plano desconexo, ideias sem conclusão, tormento; expressão confusa, fala exagerada.
3. Sentimental – ansiedade, nervosismo, agitação, inquietação, desgaste emocional (compromissado). Possibilidade de novos afetos (solteiro).
4. Espiritual – interferência, inveja, negatividade ou desproteção (causados por terceiros), perda momentânea da fé.
5. Ação/equilíbrio para os quatro planos – deve-se ter calma, concentrando-se nos objetivos; buscar ajuda dos amigos.
6. Em casa de conselho/atitude – deixar o destino fluir, não impedir nada, aceitar as mudanças.
7. Em casa negativa/invertida – interrupção, dificuldade, inação; ninguém o auxiliará.

Anotações:

ARCANO 11 – FORÇA

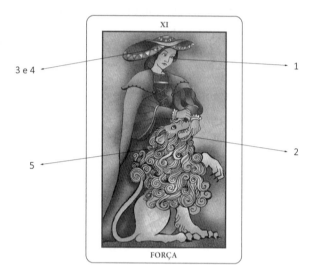

Tarologia: nos tarôs clássicos e modernos, revela uma mulher (1 – símbolo da suavidade e sutileza, além das relações já explicadas anteriormente) dominando sem esforço as mandíbulas de um leão (2 – símbolo da supremacia instintiva, poder e virilidade). Um ser superior controlando sem crueldade um ser inferior, o domínio sobre os instintos; a força do ego atuando sobre a vida. Seu chapéu, (3) símbolo de conhecimento, sugere a figura de uma *lemniscata* (4 – símbolo do infinito e eternidade), indicando que as vontades iniciadas no arcano 1 (também com o mesmo símbolo em sua cabeça) foram completadas a contento. A boca do leão se encontra na altura do primeiro chacra espiritual (5) do ser humano, simbolizando o poder pessoal, o controle sobre os impulsos negativos. O conjunto simbólico sugere o domínio da vida e dos sentimentos, legítimos direitos, poder de conquista, magnetismo, equilíbrio e estabilização. Para melhor entendimento da potencialidade da Força, pesquise as seguintes palavras: *domínio, equilíbrio, vitalidade, sutileza.*

Taromancia:
1. Material – domínio, empreendimento, administração, sucesso, promoção; realização com esforço e tensão; autocontrole em dificuldades insolúveis a curto prazo.
2. Mental/Verbal – inteligência, paciência, projeto real, praticidade, flexibilidade; expressão clara e definida.
3. Sentimental – afetividade, magnetismo e forte desejo; entrega total ao amor e ao desejo.
4. Espiritual – proteção, crescimento, poder mental e místico.
5. Ação/equilíbrio para os quatro planos – aceitar todos os limites, dar valor ao próximo; evitar a manipulação.
6. Em casa de conselho/atitude – ser forte, manter o amor-próprio, dominar a situação com toda a coragem.
7. Em casa negativa/invertida – descontrole, discussão, impaciência; falta de poder pessoal.

COMPLEMENTO DESTA LIÇÃO

1. Estude o texto "Nomes e Imagens" – Aula eletiva 6, página 277.
2. Na medida do possível, durante o curso, a cada arcano estudado, pesquise as palavras do atributo principal para melhor compreensão:
   - Arcano Carro – direcionar.
   - Arcano Justiça – ajustar.
   - Arcano Eremita – pesquisar.
   - Arcano Roda da Fortuna – alterar.
   - Arcano Força – dominar.

Anotações:
_____
_____
_____
_____
_____
_____

LIÇÃO 9

Caminho da Dor

O Caminho da Dor transcorre por meio do arcano 12 ao 16. Vamos observar que a primeira carta desse caminho não contém símbolo de poder pessoal, como vimos nos arcanos anteriores; além disso, está em posição invertida, pendurado, amarrado, impossibilitado. Na última carta, novamente observamos o homem em posição invertida, desta vez, sendo jogado ao chão, desamarrado e em meio a uma tempestade. (Compare a imagem do arcano 12 e do 16.) A dor existe porque a vontade não está sendo alimentada, o amor não é nutrido, o sonho não é realizado! Nesse caminho, vivemos nossa utopia, orgulho, vaidade; diariamente nutrimos a dor da ilusão, da mudança, do tempo, da ambição, da perda. Existe um fino véu que separa o sonho da ilusão, confundindo aspiração com devaneio. Esses arcanos revelam que terceiros estão se opondo ao nosso desejo (o próprio destino, o carma ou a vontade alheia). O Caminho da Dor pode ser atingido por duas vias:

» No resultado do Caminho do Prazer (arcanos 7, 8, 9, 10, 11), ao tentar manter tudo sob a mesma visão pessoal, não desejar acompanhar as responsabilidades e o respeito ao próximo, termina-se por perder o controle sobre a realidade. Por exemplo: contraí um matrimônio, mas quero manter uma vida de solteiro ou dominar o parceiro da forma exata como desejo "Tem que ler na minha cartilha!" Conclusão: perda e dissolução! "Quero manter os filhos sob o jugo familiar, escolhendo sua profissão, seus companheiros, seus amigos." Conclusão: perda e abandono!

» No resultado do Caminho do Livre-arbítrio (arcano 6), a escolha foi errada, a vontade não se realizará a contento. Por exemplo: "tive o desejo de comprar um carro e, mesmo verificando que não tenho como atender às condições de pagamento, vou financiá-lo". Conclusão: dívida e prejuízo. "Estava querendo namorar uma pessoa, mas não consegui conquistá-la; porém, vou tentar mais vezes. Esta pessoa vai ser minha de qualquer jeito, não consigo esquecê-la!" Conclusão: desequilíbrio e penúria.

ARCANO 12 – PENDURADO

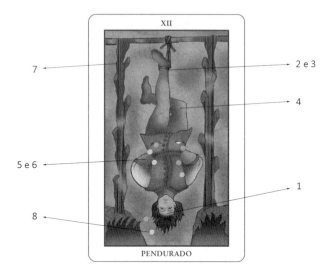

Tarologia: nos tarôs clássicos e modernos, revela um homem (1 – símbolo da atividade e conhecimento, acrescente as alegorias masculinas anteriores) pendurado pelo pé direito (2), simbolizando sacrifício, renúncia e resignação. A perna direita (3 – símbolo de direção, ação e movimento) amarrada, sendo que a perna esquerda está dobrada para trás (4), aludindo à total impossibilidade de conquista. As mãos (5 – símbolo de atitudes e destreza) estão viradas para as costas (6), sem nenhuma ação, indicando que não há iniciativa nem possibilidade de realização. Nesse arcano, a vida foi cessada como a árvore que foi podada (7), simbolizando que não há chances de recuperação nem de vitalização no presente momento. Igualmente, a força material foi excluída (8), simbolizado pelas moedas que se perdem ao léu, indicando que todo planejamento não tem sustentação real. Assim, só restam as forças espirituais para contemplação e pedido de ajuda. Refletir, resignar-se, meditar e orar são extremamente importantes para que possamos receber a luz divina, uma intuição, uma saída para o caos instalado, que levará à descoberta de nossos limites pessoais. A ornamentação da carta sugere renúncia, abandono, fracasso, ilusão, utopia, indecisão; em alguns tarôs é denominado "Enforcado", "Pendurado", "Apostolado". Para melhor entendimento da potencialidade do Pendurado, pesquise as seguintes palavras: *resignação, utopia, ilusão, mártir.*

Taromancia:
1. Material – impossibilidade, dificuldade, erro, inércia, obstáculo, irrealização; dívidas a longo prazo, prejuízos.
2. Mental/Verbal – obsessão, utopia, perturbação, busca da perfeição moral, erro de julgamento, nostalgia; calado, expressão taciturna.
3. Sentimental – amargura, aflição, sofrimento, agonia, nostalgia; amor platônico, cego ou não correspondido que causa angústia.
4. Espiritual – devoção, filantropia, abnegação, religiosidade; fé como solução dos problemas.
5. Ação/equilíbrio para os quatro planos – ter amor-próprio, mudar o paradigma da vida; ser flexível e prático.
6. Em casa de conselho/atitude – calar, meditar, não fazer nada, orar.
7. Em casa negativa/invertida – abertura, desenvolvimento, liberdade; não há obstáculos, tudo está correto.

Anotações:

ARCANO 13 – MORTE

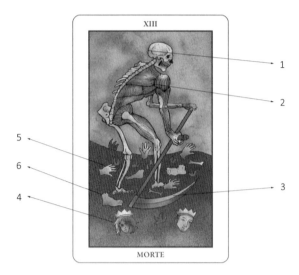

Tarologia: nos tarôs clássicos e modernos, revela um esqueleto (1 – símbolo da perpetuação, da preservação da espécie e da duração da vida), mas com partes de sua carne (2) ainda viva, indicando que a dor está presente, mas de modo suportável. Segura firmemente uma foice (3 – símbolo da morte e da colheita), denotando um momento dinâmico. Jogados ao chão, parecendo ainda vivos, encontramos partes do corpo: cabeças coroadas decepadas (4) simbolizando que o modo de pensar mudou ou que terceiros não tem mais o poder; as mãos cortadas (5) indicam que atitudes foram transformadas; os pés ceifados (6) representam que modos antigos de vida foram eliminados – tudo sugere o florescimento de novos valores por intermédio da dor autoimposta. Esse arcano, também chamado de "Ceifador", representa o rompimento definitivo com o passado para que nasça uma nova vida, repleta de novidades – a *dor faz parte da vida, o sofrimento é opção de cada um*. Também sugere verdades, transformações, rompimentos de valores e/ou ilusões, fim de ciclo e indica prosperidade futura. Para melhor entendimento da potencialidade da Morte, pesquise as seguintes palavras: *mudança, transformação, raiva, ceticismo.*

Taromancia:

1. Material – mudança desejada ou alteração inesperada (tudo é originado pelo consulente); obstáculo superável, caminhos diferentes do planejado; pagamento de dívidas, compra/venda, promoção profissional, prosperidade vindoura.
2. Mental – reorganização, análise crítica, lucidez, objetividade; expressão áspera, fala rude e opinante.
3. Sentimental – melancolia, tristeza, rancor, desamor, distanciamento, amargura; descrença na vida afetiva, mas indica reequilíbrio futuro.
4. Espiritual – medo, falta de fé, ceticismo, afastamento religioso.
5. Ação/equilíbrio para os quatro planos – ser mais moderado, reflexivo, calmo; não discutir, ser amável.
6. Em casa de conselho/atitude – fazer as mudanças necessárias, eliminar os obstáculos, replanejar o futuro; aprender a dizer "não".
7. Em casa negativa/invertida – imobilidade, fracasso, vaidade; dificuldade momentânea.

Anotações:

ARCANO 14 – TEMPERANÇA

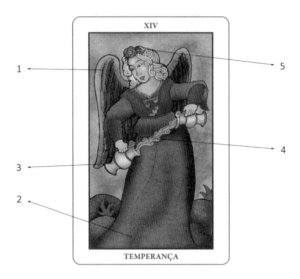

Tarologia: nos tarôs clássicos e modernos, revela um anjo de duas asas (1), elo entre os homens e as hierarquias angelicais superiores, portanto, símbolo de conforto e ajuda espiritual; contudo, encontra-se tocando o solo (2), denotando intervenção e proteção espiritual para evitar algum perigo. Ele segura dois jarros (3 – símbolo dos sentimentos, das emoções) com cores opostas, que simboliza a dualidade universal (positivo/negativo, ativo/passivo, consciente/inconsciente). O anjo está temperando essas forças opostas por intermédio da água (4 – símbolo da alma, do fluxo da vida), que simboliza a passagem do sentimento à razão, do emocional ao mental, do espiritual ao físico e vice-versa. Esse é o anjo da temperança (5), da moderação, da paciência – o tempo e a transmutação são fenômenos pertencentes aos mistérios divinos, tentar controlá-los implica ir além dos limites da realidade tridimensional e viver em um plano atemporal. O conteúdo da carta sugere adaptação, trégua, reflexão, conciliação, estados de passividade, inércia, tempos e distâncias longas. Para melhor entendimento da potencialidade da Temperança, pesquise as seguintes palavras: *temperança, transmutação, trégua, temporalidade.*

Taromancia:

1. Material – lentidão, conciliação, trégua, realização demorada, obstáculo, burocracia; difícil solução a curto ou médio prazo.
2. Mental/Verbal – reflexão, adaptação, longo planejamento, ponderação excessiva, bons pensamentos, paciência; pouca expressão verbal, silêncio.
3. Sentimental – tédio, marasmo, enfado, passividade amorosa (comprometido). Tendência a sublimação afetiva, falta de perspectiva (solteiro).
4. Espiritual – proteção angelical, mediunidade, poder de autocura.
5. Ação/equilíbrio para os quatro planos – se tiver paciência, mantenha os ideais até o fim; caso contrário, desista.
6. Em casa de conselho/atitude – ser moderado, aceitar a limitação do tempo; espere e será vitorioso.
7. Em casa negativa/invertida – precipitação, desunião, discórdia; não há tempo hábil.

Anotações:

ARCANO 15 – DIABO

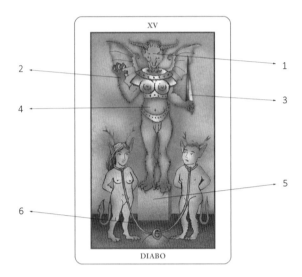

Tarologia: nos tarôs clássicos e modernos, revela a figura mítica do diabo (1): símbolo do desejo, da ambição, do poder, do sexo, da fortuna; também, do orgulho, da preguiça, da cobiça, da lascívia, da gula. Suas mãos (2 e 3) indicam o controle sobre todas as direções, sinalizando que tem o poder de criar e destruir, dependendo do que se faça, pois detém o cetro da vida terrestre (3). Aqui é representado pela cor azul real (4 – símbolo do elemento Água, da paixão, dos desejos, das emoções), estando em cima de um cubo (5 – símbolo da matéria, da encarnação terrena). As duas figuras amarradas (6) aos pés do cubo e do diabo serão colaboradoras ou prisioneiras? Elas representam a paixão pelo mundo terreno que não se pode aniquilar: quanto mais se rejeita mais prisioneiro se mantém. Vivenciar a dualidade do ser, os extremos emocionais, conhecendo todos os limites, para então dominar e não ser dominado, é a grande lição da vida terrestre – no entanto, aqui, ainda não se tem tal princípio. O simbolismo da carta sugere a ambição do poder material e espiritual, indicando conseguir tudo o que se deseja, a realização é sempre garantida, mas com rara alegria e nenhuma felicidade. Tudo é pouco. Para melhor entendimento da potencialidade do Diabo, pesquise as seguintes palavras: *prazer, ambição, desejo, vaidade*.

Taromancia:
1. Material – poder, domínio, diversão, investimentos e ganhos; realiza tudo o que se deseja, mas nunca há satisfação.
2. Mental/Verbal – sagacidade, ardil, inteligência, determinação, obsessão nos objetivos; expressão perspicaz, falante e entusiasta.
3. Sentimental – paixão, vontade, prazer, egoísmo, possessividade (comprometido). Forte atração e altamente sedutor (solteiro).
4. Espiritual – displicência, intensidade astral, poder místico e mágico.
5. Ação/equilíbrio para os quatro planos – moderar a ambição, refletir sobre todas as consequências, aceitar os limites sociais.
6. Em casa de conselho/atitude – ser mais audacioso, apaixonado pela vida, buscar o prazer pessoal, pensar mais em si.
7. Em casa negativa/invertida – desinteresse, fracasso, desilusão; falta de motivação.

Anotações:

ARCANO 16 – TORRE

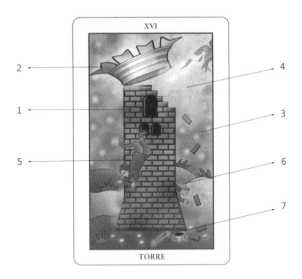

Tarologia: nos tarôs clássicos e modernos, revela a estrutura de uma torre (1): símbolo da empáfia humana de pretender chegar à morada dos deuses; representa também o segredo, a opulência, a vaidade e o orgulho. Sua cúpula, aqui representado por uma coroa (2), simboliza o poder pessoal, o status, o controle de si e dos outros. O céu escuro e nublado (3) é uma alegoria da desesperança, da angústia e do sofrimento. O raio (4), força dominante da natureza sobre o homem, é o símbolo da consagração divina ou da fúria celestial – ele gera e destrói, sendo vida e morte simultaneamente. Tudo se rompe, aqui temos a clara ruptura do poder e do status, onde sugere que outros interferiram na edificação. Os dois seres (5 e 6) caindo da torre serão os mesmos do arcano 15? Isso significa que estão livres das amarras? Estão em queda, tocarão o chão (ao contrário da figura no arcano 12), tendo noção da realidade dura e cruel: não há mais coroas (7), cetros, roupas suntuosas, nada mais com símbolos de poder pessoal. Descobriu-se a real causa da dor – modos obsoletos de vida, ilusões, erros do passado. A ordem é reprogramar-se, devendo ser construído com novos pensamentos. O conteúdo simbólico sugere; libertação, mudança, dissipação, rompimento. A carta anuncia que não haverá retorno perante os fatos e um mundo melhor se abrirá no futuro. Para melhor entendimento da potencialidade da Torre, pesquise as seguintes palavras: *ruptura, dor, desespero, obsessão*.

Taromancia:

1. Material – dissolução, obstáculo intransponível, promoção ou realização com prejuízos (tudo causado por terceiros); dificuldade ou perda irreparável, infortúnio.
2. Mental/Verbal – inconformismo, decepção, confusão, irracionalidade, incompreensão, obsessão; expressão nervosa, discórdia, brigas.
3. Sentimental – desilusão, medo, sofrimento, abandono, desespero, amargor. Preso em amores passados, afetividade sem futuro (solteiro).
4. Espiritual – fé cega, fanatismo, credulidade, desproteção; busca de milagres impossíveis.
5. Ação/equilíbrio para os quatro planos – perdoar a si e aos outros, ter fé, rever a nova vida.
6. Em casa de conselho/atitude – fazer todas as mudanças, romper definitivamente com o passado.
7. Em casa negativa/invertida – construção, fortalecimento, coragem; não há obstáculos nem ajuda.

COMPLEMENTO DESTA LIÇÃO

1. Na medida do possível, durante o curso, a cada arcano estudado pesquise as palavras do atributo principal para melhor compreensão:
   - Arcano Pendurado – resignar.
   - Arcano Morte – modificar.
   - Arcano Temperança – reconciliar.
   - Arcano Diabo – desejar.
   - Arcano Torre – dissolver.

Anotações:
_____
_____
_____
_____
_____
_____

AVALIAÇÃO 4

Lições 8 e 9

• • • •

1. Quais dos seguintes arcanos estão no Caminho do Prazer?
    a. 1, 2, 3, 4, 5.
    b. 7, 8, 9, 10, 11.
    c. 12, 13, 14, 15, 16.
    d. 18, 19, 20, 21 + sem número.

2. Qual o significado dos arcanos do Caminho da Dor?
    a. O desejo está sendo realizado unicamente pelo livre-arbítrio.
    b. O desejo é de difícil realização, mas será concluído a todo custo.
    c. O desejo está em harmonia com as pessoas e o destino.
    d. O desejo está impedido de se realizar, devendo mudar o paradigma.

3. Quais os objetivos dos arcanos do Caminho do Prazer?
    a. Abrir caminho a qualquer preço.
    b. Realizar toda vontade a todo custo.
    c. Garantir a satisfação do que está sendo realizado.
    d. Controlar os reveses do futuro.

4. Associe o nome comum do arcano à sua numeração.
    a. Carro.   1) Arcano 9.
    b. Justiça.   2) Arcano 11.
    c. Eremita.   3) Arcano 10.
    d. Roda da Fortuna.   4) Arcano 8.
    e. Força.   5) Arcano 7.

5. Quais das seguintes nominações se aplicam ao arcano 12?
   a. Enforcado ou Apostolado.
   b. Pendurado ou Sacrificado.
   c. Crucificado ou Dependurado.
   d. Todas as opções estão corretas.

6. Quais dos seguintes arcanos compõem o Caminho da Dor?
   a. 1, 5, 10, 12, 15.
   b. 2, 4, 7, 9, 10, 11.
   c. 3, 8, 9, 12, 14, 16.
   d. 12, 13, 14, 15, 16.

7. Associe o número do arcano ao seu nome comum.
   a. Arcano 12.   1) Morte.
   b. Arcano 13.   2) Torre.
   c. Arcano 14.   3) Pendurado.
   d. Arcano 15.   4) Temperança.
   e. Arcano 16.   5) Diabo.

8. O que é necessário para se conhecer um arcano?
   a. Entender sua estrutura e simbologia.
   b. Decorar seu nome e número.
   c. Entender apenas seu nome.
   d. Decorar sua simbologia.

9. O arcano 7 tem qual leitura no plano amoroso?
   a. A paz interior e a harmonia vigoram na relação.
   b. A frieza e o distanciamento se instalam na alma.
   c. A impulsividade e o desejo afloram na pele.
   d. A angústia e o sofrimento sufocam o espírito.

10. O arcano 8 tem qual conselho no plano profissional?
    a. Todos os obstáculos serão vencidos.
    b. Tudo deve ser administrado com muita cautela.
    c. Não há remota possibilidade de promoção.
    d. A conclusão é demorada, mas é garantida.

11. O arcano 9 tem qual leitura no plano das ideias?
    a. Planeja-se tudo com muita paciência e sabedoria.
    b. Planeja-se tudo com muita incoerência e dispersão.
    c. Planeja-se tudo com extrema reflexão e racionalidade.
    d. Planeja-se tudo com muita objetividade e rapidez.

12. O arcano 10 tem qual leitura no plano afetivo do consulente?
    a. O coração se encontra em paz com o parceiro.
    b. O coração se encontra com afeto pelo parceiro.
    c. O coração se encontra na expectativa com o parceiro.
    d. O coração se encontra muito ansioso com o parceiro.

13. O arcano 11 tem qual leitura no plano espiritual?
    a. O mundo espiritual se encontra protegido e afinado com os mestres.
    b. O mundo espiritual se encontra negativado e precisa de orações.
    c. O mundo espiritual se encontra fortalecido e protegido pelos anjos.
    d. O mundo espiritual se encontra distanciado e deve-se crer na vida.

14. O arcano 12 tem qual leitura no plano material?
    a. Tudo que se deseja será realizado imediatamente.
    b. Tudo que se deseja será realizado a longo prazo.
    c. Tudo que se deseja será realizado com sacrifício.
    d. Tudo que se deseja é irrealizável, é um erro.

15. O arcano 13 tem qual leitura num aconselhamento?
    a. Deve-se ter muita cautela em todos os empreendimentos.
    b. Deve-se manter tudo como se deseja e planeja.
    c. Deve-se eliminar o passado e replanejar o futuro.
    d. Deve-se manter a calma e esperar um tempo melhor.

16. O arcano 14 tem qual leitura numa casa negativa?
    a. A situação apresenta grandes obstáculos a serem vencidos.
    b. Há muita precipitação na situação e o desacordo é iminente.
    c. A situação está parada e dificilmente haverá continuidade.
    d. Os caminhos da situação estão abertos e nada atrapalhará.

17. O arcano 15 tem qual leitura em casas negativas?
    a. Existe falta de motivação e de ideias práticas.
    b. Existe falta de acordo e de aceitação de uma nova fase.
    c. Existe falta de coragem e de elaboração dos fatos.
    d. Existe falta de desejo e de vontade de continuar.

18. O arcano 16 tem qual leitura de orientação para todos os planos?
    a. O caminho está correto, deve-se manter os objetivos até a realização.
    b. O caminho está fechado, deve-se esquecer e seguir um novo futuro.
    c. O caminho está impedido, deve-se pensar em outra saída.
    d. O caminho está aberto, deve-se continuar e lutar até o fim.

Obs.: veja o gabarito na página 298; se errou, estude a lição correspondente.

LIÇÃO 10

Caminho da Esperança

Dentro da estrutura do tarô temos agora, realmente, um glorioso passo: o Caminho da Esperança por meio do arcano Estrela. Vamos observar que é o primeiro arcano em que um personagem está nu, e que é a primeira vez que a natureza é retratada[4]. As águas dos jarros do arcano 14 (os desejos retidos) agora são despejadas no rio. (Veja a carta da Temperança e da Estrela). Tudo está sendo diluído, o despojamento é total nessa fase, não há mais dores do passado, somente alegria de um futuro novo! Temos a inspiração mais profunda: *acreditar na vida e em Deus, não importa em que nível estejamos.* Quando aprendemos a sentir a esperança em toda sua plenitude, ligamo-nos imediatamente com o *Caminho da Vontade* e o do *Livre-arbítrio,* abandonamos todas as possibilidades do prazer e da dor, buscando melhor qualidade de vida. A partir dessa fase podemos, finalmente, tomar decisões seletivas e corretas; dessa vez, mesmo se escolhermos vias "não muito certas", saberemos retornar, perdoar, pedir desculpas e seguir pelo caminho verdadeiro de nossa evolução espiritual. Afinal, somos humanos e podemos errar a qualquer momento, mas o orgulho não deve prevalecer sobre um erro, e um erro não desculpa outro. Por exemplo: aprendemos no Caminho da Dor que não devemos comprar o que não temos condições de pagar, que não podemos ter uma imagem social sem os recursos necessários, que para manter um casamento é necessário integração e fidelidade, que para garantir o respeito dos filhos é preciso entender que eles têm outros objetivos, que ao perder um trabalho importante existirão outros melhores! Enfim, a vida continua bela, estamos melhor do que antes e com muito mais experiência! Conclusão: o fracasso sempre nos ensina como atingir o sucesso de forma plena.

---

[4]. Tenha sempre em mente que estamos estudando a simbologia dos tarôs clássicos, os quais são as bases dos tarôs modernos e transculturais. Vale lembrar que estes nem sempre são ilustrados com tal padronização.

ARCANO 17 – ESTRELA

Tarologia: nos tarôs clássicos e modernos, revela uma mulher nua (1), símbolo de pureza e leveza. A figura se encontra integrada com a natureza (2 – símbolo do bem-estar), mostrando sem pudor os seios (3 – símbolo de nutrição da vida); tudo indica que a alma está em harmonia com o meio ambiente, com o plano social. Os jarros (4) são os mesmos do arcano 14, mas agora os sentimentos são exteriorizados e a figura revela com muita humildade (5 – na posição ajoelhada) o esplendor de toda a sua vivência – a alegria de um mundo melhor voltou. O pássaro (6), livre na natureza, simboliza que a alma se libertou dos problemas gerados no arcano 16. As estrelas (7 – símbolo de esperança) estão resplandecendo no céu, indicando que a vida é bela e inesgotável. Assim, temos o resultado da libertação do passado: o retorno à paz, na qual tudo é puro, lírico e verdadeiro. O simbolismo da carta sugere eterna esperança, otimismo, benefícios, tranquilidade, alento, consolo. Tudo passa, tudo se renova, tudo acontece. Para melhor entendimento da potencialidade da Estrela, pesquise as seguintes palavras: *esperança, idealismo, paz, pureza.*

Taromancia:
1. Material – realização, prosperidade, crescimento, promoção, caminhos abertos; tudo é possível, basta querer.
2. Mental/Verbal – inspiração, discernimento, certeza, idealismo, credulidade; expressão clara, gentil e sem malícia.
3. Sentimental – afeto, otimismo, esperança, paz. Para os solteiros indica amizade, para casados, lealdade.
4. Espiritual – intuição, proteção, meditação, mediunidade.
5. Ação/equilíbrio para os quatro planos – continuar o que se propôs a realizar e ser mais realista; avançar sem medo.
6. Em casa de conselho/atitude – manter a esperança e a dedicação, ter otimismo na vida; a fé remove obstáculos.
7. Em casa negativa/invertida – desapontamento, mágoas, insatisfação; desalento.

COMPLEMENTO DESTA LIÇÃO

1. Não se esqueça de ir pesquisando os principais atributos de cada arcano:
   - Arcano Estrela – harmonizar.

Anotações:

LIÇÃO 11

Caminho da Evolução

• • • •

No último estágio do aprendizado dos arcanos maiores, percorremos o Caminho da Evolução por meio do arcano 18 ao 21, terminando na carta sem numeração (Louco). Nessa fase descobrimos quem somos e a que podemos verdadeiramente aspirar. Monte a sequência com o seu tarô e observe o simbolismo: em todos os arcanos numerados as figuras estão nuas, a natureza é amplamente retratada, não há mais nenhum símbolo de vaidade ou status. Além disso, o arcano 19 é o primeiro a mostrar duas pessoas se tocando, revelando harmonia, ao contrário do que se vê nos arcanos 6 e 15, em que não há reciprocidade, mas, sim, vaidade e dependência. No arcano 19, a imagem solar, símbolo da verdade, encontra-se exposta, ao passo que está oculta pela figura de Eros (paixão) no arcano 6 e pela forma lunar (inconsciente) no arcano 18. Esse caminho é o fruto da experiência humana e, infelizmente, não nascemos com ela, temos que aprender eternamente a viver os percalços da vida. Contudo, a cada novo trabalho, nova relação afetiva, novos amigos, novos bens, passamos a ser mais compreensivos, condescendentes, sábios, espiritualizados. Toda dor foi transformada em conhecimento e toda sabedoria em transcendência. Voltando ao exemplo do casamento que terminou em divórcio, aqui se aprendeu que na próxima relação deverá existir troca, harmonia, preservação – não se cometerão os mesmos erros do passado. Também se aprendeu que para preservar o carro será necessário pagar os impostos, reformá-lo quando for preciso e vendê-lo para adquirir algo mais atual, de modo que o valor de revenda não fique defasado.

O Caminho da Evolução *retorna* ao Caminho da Vontade, pois os eventos em nossa vida serão sempre cíclicos, porém teremos uma visão madura de suas possibilidades reais; afinal, aprendemos que é necessário acompanhar a mudança dos tempos, a evolução tecnológica, o avanço social e, principalmente, aceitar os limites que a vida impõe a cada um! Esta conexão, a corrente da vida, o elo entre o que foi e o que será, é efetuada por intermédio do último arcano desse caminho (Louco) com o primeiro do Caminho da Vontade (Mago), que esboçará novos objetivos.

A vida é um eterno aprendizado.

ARCANO 18 – LUA

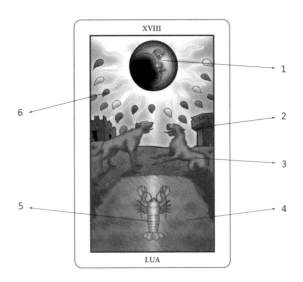

Tarologia: nos tarôs clássicos e modernos, revela a imagem da lua (1), um dos mais complexos e duais símbolos – mãe, nutrição, magia, divindade, rituais, fecundidade, prosperidade, amor, terror. A luz lunar remete tanto aos ritmos românticos como aos funestos, tanto à fada quanto à bruxa; a lua retrata o mundo das aparências e da ilusão com seus raios diáfanos. Mas como analisá-la nesta carta? A imagética lunar é o símbolo exato do inconsciente humano, de onde emanam todas as formas que devem ser moldadas em sua eterna criação. Já observamos o simbolismo da torre (2) no arcano 16 e a dualidade dos animais (3) no arcano 10 – a diferença, neste arcano, é que as torres e os animais estão se contrapondo e não se alternando: o bem e o mal, o ativo e o passivo, o consciente e o inconsciente. O lago (4 – símbolo de sentimentos inertes) está exposto à dualidade instintiva dos cães, matar ou morrer – tudo é duplo neste arcano. Do profundo lamaçal surge ainda um lagostim (5 – símbolo da psique imutável, dos paradigmas antigos), aludindo à vontade de mudar, de ser diferente, de buscar novos modelos de vida. O rio no qual o arcano Estrela verteu as águas (sentimentos) é todo represado nesse lago, portanto, símbolo do passado, das experiências boas e más, mas ainda visível, perceptível. A evaporação do lago (6), símbolo do ciclo da vida, é magnetizado pela luz do luar, tragando para o inconsciente a origem de tudo, deixando de ser aparente, compreensível. A ornamentação da carta sugere um momento delicado de verdades dolorosas e cheio de dualidades (amor/ódio, alegria/tristeza, ganhos/perdas), alguma crise existencial, um momento ímpar, mas em todo o caso, novos caminhos surgirão trazendo a felicidade e a prosperidade, pois estamos no portal do autoconhecimento. Para melhor entendimento da potencialidade da Lua, pesquise as seguintes palavras: *autoconhecimento, inconsciente, fertilidade, superstição.*

Taromancia:

1. Material – prosperidade, caminhos diversos, promoção, competição, ganhos, popularidade; todas as dificuldades serão resolvidas.
2. Mental/Verbal – ilusão, devaneio, dualidade, hesitação, incerteza, refletindo sobre o passado ou em crise existencial; expressão confusa, fala incoerente.
3. Sentimental – ciúme, paixão, egoísmo, atração, desejo. A emoção é mais forte que a razão, gerando angústia e desarmonia.
4. Espiritual – poder e magia pessoal, intuição aguçada, força astral.
5. Ação/equilíbrio para os quatro planos – ter cuidado com a imaginação, a lucidez é fundamental.
6. Em casa de conselho/atitude – buscar o autoconhecimento e a verdade dos fatos; reavaliar o passado.
7. Em casa negativa/invertida – desvantagem, prejuízo; cuidado com o pragmatismo ou o perfeccionismo.

Anotações:
_____
_____
_____
_____
_____
_____

ARCANO 19 – SOL

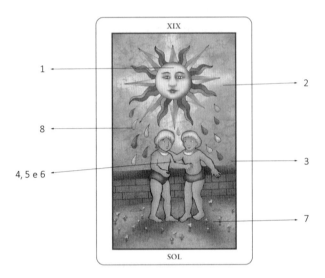

Tarologia: nos tarôs clássicos e modernos, revela a figura do sol (1): símbolo da imortalidade, ressurreição, da verdade; mas, seus raios (2) são o símbolo de influências espirituais protetoras. O muro baixo (3 – símbolo de propriedade, divisão e proporção) revela a sabedoria do limite pessoal. Os jovens (4 – símbolo da vitalidade) estão se tocando com harmonia, em reciprocidade (5 – símbolo da união verdadeira e feliz), eles estão seminus (6), símbolo de simbiose social. O solo (7) é verdejante, florido, simbolizando júbilo, bem-estar. O orvalho (8 – símbolo da vida, da renovação, do poder espiritual) esparge, como bençãos, sobre a natureza e os jovens, indicando que tudo está perfeito, tudo será bem-fadado. No arcano 18 o lago evaporou (passado, inconsciente), aqui as gotas retornam de modo límpido, sem resquícios (presente, consciente). A imagem deste arcano se reporta à felicidade, expansão, verdade, consciência, liberdade. A realização da vida, a organização de um novo status ou a conclusão da obra foi totalmente executada, tudo é pura harmonia. O simbolismo desta carta sugere vitória, êxito, satisfação, triunfo, crescimento, prosperidade, legalização, união, amor. Para melhor entendimento da potencialidade do Sol, pesquise as seguintes palavras: *consciente, prosperidade, felicidade, verdade*.

Taromancia

1. Material – sucesso, realização, promoção, prosperidade, ganhos; tudo se resolve da melhor forma.
2. Mental/Verbal – consciência, verdade, inteligência, bons pensamentos, novos estudos; expressão clara e verdadeira.
3. Sentimental – alegria, afeto, entusiasmo, carinho, lealdade; os relacionamentos afetivos tendem ao amor sólido e recíproco.
4. Espiritual – evolução, proteção arcangélica, iluminação, devoção intuição.
5. Ação/equilíbrio para os quatro planos – não mudar nada, tudo está correto e perfeito; manter a esperança.
6. Em casa de conselho/atitude – ser mais otimista, harmonizar-se, realizar os desejos, abrir-se para o mundo.
7. Em casa negativa/invertida – adiamento, interrupção, desamor; tendência ao fracasso por falta de comunicação.

Anotações:

ARCANO 20 – JULGAMENTO

Tarologia: nos tarôs clássicos e modernos, revela um anjo (1 – símbolo do elo entre os planos espiritual e material) tocando uma trombeta (2 – símbolo da anunciação divina), ele se encontra nas nuvens (3 – símbolo da porta celestial); poderíamos associar ao arcanjo Gabriel ou ao arcanjo Miguel, ambos se relacionam com avisos celestiais, algo que está além das decisões humanas. Os seres humanos (4) retratados estão nus, sem máscaras ou ilusões, e rezando, o que simboliza a resignação, a espera, o resultado, a expectativa do novo, da ordem superior e inquestionável. A lápide (5 – símbolo da expiação) está aberta e exposta para que todos vejam e analisem a realização, a obra e os caminhos futuros. Observar e aceitar as opções oferecidas pela vida é uma sabedoria adquirida e não uma cultura social imposta. O conjunto simbólico da carta sugere o renascimento, uma nova vida, um futuro diferente, progresso, desenvolvimento, sendo que nada se liga passado, nada retorna, ninguém será como antes, pois teremos surpresas, revelação, mudanças positivas. Para melhor entendimento da potencialidade do Julgamento, pesquise as seguintes palavras: *transcendência, novidade, destino, espiritualidade*.

Taromancia:

1. Material – novidade, surpresa, renovação, novos caminhos; mudanças, oportunidades sempre positivas (originadas pelo destino, sorte).
2. Mental/Verbal – meticulosidade, intelectualidade, análise, pesquisa para uma vida nova; expressão crítica e construtiva.
3. Sentimental – novas emoções, expectativa, afeto, perdão; o coração se renova, a esperança retorna.
4. Espiritual – fé, compreensão, iluminação, devoção.
5. Ação/equilíbrio para os quatro planos – aceitar a mudança e a nova vida que será bem melhor.
6. Em casa de conselho/atitude – perdoar, transcender e buscar a paz interior; a renovação é a única saída para o sucesso.
7. Em casa negativa/invertida – dúvidas, adiamento, falsas promessas; ninguém, nem o destino, irá auxiliar.

Anotações:

ARCANO 21 – MUNDO

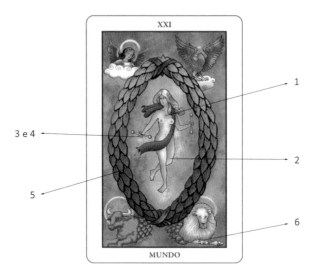

Tarologia: nos tarôs clássicos e modernos, revela uma mulher em pé e seminua (1 – símbolo da liberdade, do equilíbrio e da maturação). Ela está andando ou dançando (2), alegoria indicando movimento harmônico, equilibrado, elegante. As mãos (3), direita e esquerda, igualmente ocupadas com um bastão (4) (reveja simbolismo das mãos e do bastão no arcano 1), remetem à intensa atividade igualmente controlada e direcionada com poder de magia pessoal positivada. A mandorla (5) que circunda a figura feminina tem o mesmo atributo do círculo, mandala ou guirlanda (símbolo do Universo, da expansão, do infinito, do macrocosmo). Os animais querúbicos (6) nos cantos da carta retratam os Quatro Elementos (no arcano 1 estavam limitados ao quadrado da mesa – plano microcosmo, mas que agora se expandem além do círculo – plano macrocosmo, denotando a finalização natural.

- Leão, bastão = elemento Fogo = ficar, aspirar, entender.
- Águia, taça = elemento Água = estar, perceber, sentir.
- Anjo, espada = elemento Ar = ser, expressar, agir.
- Touro, moeda = elemento Terra = ter, realizar, possuir.

Aqui vale pontuar sua relação com o arcano Pendurado com a inversão tanto do ponto de vista numérico (12-21) como da alegoria simbólica – pernas/pés, direito/esquerdo. Se no Pendurado tinha o caminho fechado (por erro próprio), no Mundo existe o caminho aberto (pela decisão correta). O simbolismo da carta sugere realização, finalização, perfeição, capacidade, recompensa, meta final, progresso, evolução, mudanças. Para melhor entendimento da potencialidade do Mundo, pesquise as seguintes palavras: *conclusão, síntese, progresso, perfeição.*

Taromancia:
1. Material – conclusão, realização, resultado desejado, prosperidade, ganhos; mudança ou separação positiva (originada pelo consulente).
2. Mental/Verbal – questionamento, novos planos, análise ou crítica construtiva; expressão harmônica e objetiva.
3. Sentimental – sinceridade, afeição, honestidade, felicidade, amor-próprio, fidelidade; autossuficiência e autoestima.
4. Espiritual – proteção angelical, êxtase, intuição, mediunidade, autorrealização.
5. Ação/equilíbrio para os quatro planos – continuar as metas e planejamentos, tudo está perfeito.
6. Em casa de conselho/atitude – momento de finalizar os objetivos, mudar e ampliar os horizontes; mudar o que for necessário.
7. Em casa negativa/invertida – dispersão, incapacidade, dificuldade; obstáculos difíceis de serem transpostos.

Anotações:

ARCANO SEM NÚMERO – LOUCO

Tarologia: nos tarôs clássicos e modernos, revela uma figura masculina (1) andando a passos largos (2), simbolizando intensa atividade, energia constante, ação deliberada; o homem segura com a mão esquerda um bastão (3 – o mesmo dos arcanos 1 e 21, reveja simbolismos) e uma trouxa (4 – símbolo de experiência e desprendimento do ego social), que está apoiada em seu ombro direito (símbolo de força braçal e capacidade de suportar problemas). Com a mão direita (5 – símbolo da energia yang, futuro), segura um cajado (o mesmo do arcano 9) que está posicionado atrás de seu pé direito (6), expressando completa rapidez, displicência, ansiedade, desatenção. Ele está vestido como um bufão (7 – símbolo de segregação social e inadaptabilidade) acompanhado por um animal doméstico (8 – símbolo da comunidade social). A ornamentação da carta sugere tudo ou nada em riscos desnecessários, desordem, extravagância, imaturidade, insensatez, desassossego, ansiedade; mas é importante observar que, embora o homem se encontre disperso, significa o momento mais poderoso da vida, devendo, então, tomar uma direção correta. Tradicionalmente esse arcano não tem número[5], sendo o elo entre o arcano 21 e o arcano 1, respectivamente. Indica a transição do

---

5. Somente no início do século 20, o arcano sem número começou a ter identificação – 0 ou 22 – em razão do exoterismo urbano, pela necessidade de entender racionalmente a sequência das cartas. Do mesmo modo que o arcano 13 passou a ter o nome impresso: Morte, pois era considerado o arcano sem nome. Dica: tão importante quanto a sequência exata das cartas é a constituição de sua ornamentação (posição dos símbolos).

passado para o futuro, do fim de um ciclo para o início de outro. Para melhor entendimento da potencialidade do Louco, pesquise as seguintes palavras: *evolução, ousadia, nada, caos.*

Taromancia:
1. Material – precipitação, erro, busca indefinida; obstáculo, prejuízo; aparente possibilidade de ganho, mas é nulo.
2. Mental/Verbal – desatenção, irreflexão, indecisão, excesso de confiança; expressão eloquente e alegre, mas fala sem pensar.
3. Sentimental – prazer, alegria, desejo forte; afeição efêmera e frágil.
4. Espiritual – desordem, negativismo, problema astral; caos mediúnico (originado pelo consulente).
5. Ação/equilíbrio para os quatro planos – organizar as ideias e ser mais coerente em tudo, cuidado com o excesso de otimismo.
6. Em casa de conselho/atitude – buscar ser feliz, usar a liberdade de expressão, ousar; não se importar com a sociedade.
7. Em casa negativa/invertida – objetividade, acerto, confiança, organização, sucesso.

COMPLEMENTO DESTA LIÇÃO

1. Estude o texto "O portal da luz" – Aula eletiva 7, página 282.
2. Não se esqueça de pesquisar os principais atributos de cada carta:
   - Arcano Lua – expandir.
   - Arcano Sol – triunfar.
   - Arcano Julgamento – transcender.
   - Arcano Mundo – progredir.
   - Arcano Louco – revolucionar.
3. Estude a "Estrutura Nei Naiff", página 224.

Anotações:
_____
_____
_____

AVALIAÇÃO 5

Lições 10 e 11
Aula Eletiva 6 e 7

1. Qual o conceito da Via Solar?
    a. Todos os arcanos buscam o autoconhecimento.
    b. Todos os arcanos buscam a verdade espiritual.
    c. Todos os arcanos buscam realizar o desejo.
    d. Todas as opções estão corretas.

2. Qual arcano compõe o Caminho da Esperança?
    a. Arcano Enamorado.
    b. Arcano Estrela.
    c. Arcano Sol.
    d. Arcano Torre.

3. Quais arcanos compõem o Caminho da Evolução?
    a. 12, 13, 14, 15, sem número.
    b. 14, 15, 16, 17, sem número.
    c. 18, 19, 20, 21, sem número.
    d. 16, 17, 18, 19, sem número.

4. Qual o aprendizado da Via Lunar?
    a. Manter as realizações com responsabilidade.
    b. Solucionar as dificuldades e controlar os outros.
    c. Aprender o autoconhecimento e a verdade espiritual.
    d. Todas as opções estão corretas.

5. Quais são os significados do Caminho da Evolução?
   a. Sucesso e evolução.
   b. Autoconhecimento e espiritualidade.
   c. Prosperidade e desenvolvimento.
   d. Todas as opções estão corretas.

6. Associe o arcano ao seu nome.
   a. Arcano 17.   1) Sol.
   b. Arcano 18.   2) Mundo.
   c. Arcano 19.   3) Estrela.
   d. Arcano 20.   4) Louco.
   e. Arcano 21.   5) Lua.
   f. Arcano sem número.   6) Julgamento.

7. O arcano 17 tem qual leitura no plano mental?
   a. As ideias estão perfeitas e claras.
   b. As ideias estão confusas e incoerentes.
   c. As ideias estão utópicas e obsessivas.
   d. As ideias estão analíticas e críticas.

8. O arcano 18 tem qual leitura no plano material?
   a. Tudo será realizado, mas com prejuízos e perdas irreversíveis.
   b. Tudo será realizado, mas com dificuldades e perdas parciais.
   c. Tudo será realizado com prosperidade depois que se decidir pela razão.
   d. Tudo será realizado depois que a vontade for direcionada.

9. O arcano 19 tem qual leitura no plano sentimental?
   a. A pessoa se encontra muito alegre e solta na relação.
   b. A pessoa se encontra muito afetiva e entusiasmada com a relação.
   c. A pessoa se encontra muito sofrida e desiludida com a relação.
   d. A pessoa se encontra muito amargurada e aflita com a relação.

10. O arcano 20 tem qual leitura em casas negativas?
    a. Deve-se tomar cuidado com o orgulho.
    b. Deve-se tomar cuidado com a precipitação.
    c. Deve-se tomar cuidado com as falsas promessas.
    d. Não é preciso tomar cuidado, não há obstáculos.

11. O arcano 21 tem qual leitura na orientação de todos os planos?
    a. Deve-se manter as metas e os planejamentos.
    b. Deve-se manter os projetos e lutar até o fim.
    c. Deve-se tomar cuidado com a imaginação.
    d. Nenhuma das opções.

12. O arcano sem número tem qual leitura em casas de conselhos?
    a. Deve-se fazer todas as mudanças necessárias.
    b. Deve-se perdoar quem tenha causado sofrimentos.
    c. Deve-se manter a esperança da vida.
    d. Deve-se usar a liberdade de expressão.

13. Qual a relação entre os arcanos 4 e 11?
    a. Ambos têm o poder, um pela opressão e o outro pela orientação.
    b. Ambos realizam, um pelo autoritarismo e o outro pela administração.
    c. Ambos têm a força: um é tenso e o outro, suave.
    d. Todas as opções estão corretas.

14. Qual a relação entre os arcanos 9 e 14?
    a. Ambos têm paciência, planejamento e espiritualidade.
    b. Ambos têm obstáculos e dificuldades a serem vencidos.
    c. Um é lento pelo percalço e o outro, pelo destino.
    d. Todas as opções estão corretas.

15. Qual a relação entre os arcanos 13 e 16?
    a. Um é a mudança causada pelo destino; o outro, pelo consulente.
    b. Um é a mudança causada pelo consulente; o outro, por terceiros.
    c. Um é a mudança causada por terceiros; o outro, pelo destino.
    d. Todas as opções estão corretas.

16. O que há em comum entre os arcanos 1, 3 e 7?
    a. São capazes, reflexivos e planejadores.
    b. São alegres, responsáveis e realizadores.
    c. São dinâmicos, inteligentes e criativos.
    d. Todas as opções estão corretas.

17. O que há em comum entre os arcanos 13, 16, 20 e 21?
    a. São confusos, geram obstáculos e dificuldades.
    b. São transformadores e geram novos caminhos.
    c. São realizadores e geram autoconhecimento.
    d. Todas as opções estão corretas.

18. Associe o arcano com sua orientação a qualquer plano.
    a. Arcano 4.   1) Deve-se moderar a ambição.
    b. Arcano 7.   2) Deve-se ser compreensivo.
    c. Arcano 9.   3) Deve-se ser cauteloso.
    d. Arcano 15.   4) Deve-se manter os ideais.
    e. Arcano 16.   5) Deve-se ter esperança.

OBS.: veja o gabarito na página 298; se errou, estude a lição correspondente.

LIÇÃO 12

Metodologia – Parte 1

• • • •

Para evitar que o curso fique centrado apenas em teorias arcanas e se torne enfadonho, vamos iniciar os jogos, a parte prática. A leitura do tarô pode ser realizada de diversas formas: algumas usam os 22 arcanos principais, outras o tarô completo (78 cartas) – estudamos nas primeiras lições que isso é possível e normal. A grande diversidade de tipos de jogos não é fortuita, ou seja, cada método tem uma razão de ser. Portanto, é importante observar o seguinte conceito: *cada pergunta, situação ou aconselhamento exige um método adequado.* Por exemplo, poderemos ter desde perguntas simples, como "Devo continuar trabalhando?", que deverão ser respondidas com um método objetivo e com poucas cartas, até as que demandam a análise complexa de uma situação, como, por exemplo, "Desejo orientação para todas as áreas da vida", para as quais se aplica um método mais abrangente e com muitas cartas. Da mesma forma, alguns métodos exigirão perguntas e outros, não; estudaremos os principais jogos para cada uma das áreas. Tudo que for ensinado nesta lição será válido para qualquer método que venha a aprender no futuro.

REGRA NÚMERO 1
Saber a Questão – pergunta, conselhos ou situação geral?

De certa forma, todos os jogos sempre fornecem uma resposta de orientação e/ou previsão, mas há momentos em que a pessoa não quer saber o que acontecerá, mas, sim, *como deve se comportar!* Outras vezes, ela quer saber do plano geral de sua vida. Portanto, vamos observar que a forma de perguntar é de extrema importância para a escolha do jogo, bem como para a análise das cartas – como diziam as antigas cartomantes: "O tarô responde ao que for perguntado…"

Como perguntar ao tarô?

Para se conseguir uma boa resposta é importante que a pergunta seja objetiva e clara, como, por exemplo: "João gosta de mim?" Da mesma forma, no caso de questões materiais, o tempo deve ser especificado, por exemplo: "Vou casar este ano com o João?" JAMAIS se deve perguntar: "Quero saber se devo ficar *ou* pedir demissão." A pergunta nunca deve conter uma ideia dúbia ou dupla; o correto é indagar sobre uma opção ou outra, pois a resposta dirá sim ou não. Também não são apropriadas as perguntas de ordem subjetiva: "Vou ser feliz neste namoro?", "Quando me casarei?", "Terei sorte nesta profissão?" Estas questões são mais indicadas para os oráculos do SER (reveja a Lição 3). Por serem temporais, tanto o conselho quanto a resposta das perguntas objetivas valem somente para o período estipulado. Contudo, alguns arcanos determinam outras qualidades temporais, como, por exemplo, o arcano 9, cuja indicação é de que haverá certa demora. Agora, observe as qualidades dos verbos nas frases a seguir, uma se refere à orientação e a outra à previsão:

a) DEVO (ter condição de, como proceder, ser favorável, poder) comprar o carro este mês? Sugere um *pedido de conselho* apenas para o período solicitado, e a resposta nunca vai prever um resultado.

b) CONSEGUIREI (realizar, obter, possuir, ter) comprar o carro este ano? Indica um questionamento sobre o resultado apenas no período solicitado, e pode ou não ser seguida de aconselhamento relativo ao próprio arcano, mas sua resposta é fixa e *conduz à previsão*.

Atenção: quando nos referimos às questões profissionais, ao trabalho, ao dinheiro, à compra ou venda de qualquer bem móvel ou imóvel, é fácil entender que devemos analisar somente o PLANO MATERIAL do arcano, certo? No entanto, neste plano também se encaixa o casamento, o namoro, o flerte (*crush*), a relação sexual; pois, são situações que dependem do encontro real entre duas pessoas. Assim, quando perguntarem "Ele/a me ama?" ou, ainda, "Ele/a tem interesse em mim?", entenda que essa questão contém o desejo de ficarem juntos! Do mesmo modo, caso tenham brigado ou se separado, nunca pergunte se "ainda ama ou se ainda pensa na pessoa", melhor ir direto ao ponto questionando o tarô "se retornam ao relacionamento afetivo, se retomam o namoro ou o casamento" (ficar/ter/tocar/obter = plano material). Simples e direto, sempre! Claro que podemos perguntar se "tal pessoa me ama" (lê-se pelo PLANO SENTIMENTAL), mas não podemos afirmar que "tal sentimento" é garantia de relacionamento afetivo, namoro ou casamento. Muitas vezes a pessoa ama ou deseja, mas não pode ficar junto ou manter a relação desejada. Portanto, a melhor resposta oracular é saber se "realmente" estarão juntos (plano material). Contudo, há métodos em que as casas ditam o próprio plano do arcano, independentemente da pergunta/questão. Por isso, devemos prestar muita atenção na POSIÇÃO da carta em relação ao significado da casa!

Eu não quero perguntar!

Existem determinados momentos em que se deseja saber de tudo um pouco, não há uma única questão definida; então, optamos por métodos que não requerem perguntas, porque em cada uma das posições haverá uma definição, como, por exemplo, num jogo que contenha a casa do trabalho, a casa do amor, a casa dos desejos, etc. Como por exemplo, o Método Mandala, método que aprenderemos nas próximas lições; neste caso, apenas analisaremos o que o arcano diz naquela situação.

REGRA NÚMERO 2
Escolher o Método – encontrar o jogo mais adequado para a questão.

Essa é a parte mais simples, quando se conhece a questão formulada e os inúmeros métodos existentes: é como escolher uma arruela para um parafuso, deve se encaixar o melhor possível. Neste curso, ensinarei três métodos que poderão ser aplicados à maioria das situações; tendo eles como base, o leitor-tarotista estará apto a jogar corretamente o tarô. Em resumo:

a) CONSELHO – Para análise rápida de aconselhamento; estudaremos na Lição 14. A casa assumirá apenas a orientação comportamental do arcano, não sua manifestação em um dos planos.

b) PELADAN – Para todo tipo de pergunta; analisaremos na Lição 15. As significações das casas assumirão o mesmo elemento da pergunta. Portanto, será considerada a manifestação do arcano: pergunta material/ atributos materiais do arcano; pergunta sentimental/atributos sentimentais do arcano, etc.

c) MANDALA[6] – Para situações gerais, não necessita de perguntas; aprenderemos na Lição 16. Cada casa possui sua particularidade, que pode ser de ordem material, sentimental, mental ou espiritual. Neste caso, o arcano assume a qualidade/atributo de cada casa.

---

6. Mandala, palavra de origem indiana que significa "círculo sagrado", totalidade, Universo – em língua portuguesa é um substantivo masculino.

REGRA NÚMERO 3
Analisar a Posição do arcano – a casa revelará o mistério.

Estudamos que cada arcano tem interpretação, manifestação, mensagem, temporalidade e orientação específicas; portanto, esta condição simbólica será a resposta. A interpretação de uma carta é infinita e um método serve para analisar a exata relação simbólica entre a questão solicitada e o tarô; assim, é impossível ter sempre a mesma linguagem. Como vimos, a chave principal durante um jogo é *classificar a pergunta de acordo com a manifestação do arcano*, e deve-se tomar um cuidado extremo em não misturar os ATRIBUTOS de cada plano. Muitas vezes, um arcano é excelente num plano, mas pode ter uma expressão desfavorável em outro, como é, por exemplo, o caso do arcano Pendurado: excelente no plano espiritual, mas nada confortável no material ou afetivo (pegue o arcano 12 para estudar as questões a seguir). Nenhum arcano é bom ou ruim, positivo ou negativo. A pergunta e/ou situação é que *qualificará* respostas favoráveis ou desfavoráveis, boas ou más. Será um erro absoluto de análise dizer que o arcano Pendurado indica que o objetivo será alcançado através do sacrifício e da espiritualidade! Continuando com este arcano e supondo que poderíamos utilizar uma carta para responder a tudo, vejamos alguns questionamentos:

1) Estou na religião certa?
   – Sim! É um excelente devoto.

2) Os mestres espirituais irão me ajudar?
   – Sim! É muito espiritualizado.

3) Vou me curar?
   – Não! Mas também não haverá piora.

4) Vou ser promovido?
   – Não! O melhor é tentar outro caminho.

5) Fulano gosta de mim?
   – Sim, mas sofre ou não pode corresponder.

Agora OBSERVE:

6) Vou me separar?
   – *Não!* (Este "não" é bem-vindo, não é? Quando se quer isso, é lógico! E quando se deseja a separação? Haverá muitos problemas de litígio, na certa!).

7) Vou ser demitido?
   – *Não!* (Este "não" é bem-vindo, não é? Quando se quer isso, é lógico! E quando se deseja a demissão? O consulente terá que pedir, pois o empregador não dará!).

Mas por que, pela leitura do arcano 12, terei problemas se desejar a separação, mas não os terei se desejar a demissão? Porque a separação depende do acordo de duas pessoas casadas que são cúmplices na rotina, cada uma luta pelo seu desejo; no segundo caso, nada impede que o empregado peça a demissão...

Observe bem o significado da pergunta e depois o da resposta:

8) Devo ficar em meu trabalho?
   – *Não...*

9) Devo *sair* de meu trabalho?
   – *Não...*

O tarô responde essencialmente ao que é perguntado, portanto fique sempre atento à pergunta quando for analisar um arcano!

Atenção: posso tirar mais uma carta?
Se a tiragem não determina a escolha de mais de uma carta por casa, não o faça. Sempre escolhemos o arcano correto, nunca pense que "saiu errado" ou que "precisa de confirmação". Nesses casos é bem provável que não conseguiu ler (por inexperiência) ou detinha conceitos pré-definidos (do arcano ou da situação). Jamais tire outra carta para a mesma casa/situação, isso irá confundir ainda mais. Melhor rever os conceitos, estudar a tiragem ou o arcano. Como diz um ditado popular: as cartas não mentem jamais!

COMPLEMENTO DESTA LIÇÃO

1. Estude o texto "Falhas e conselhos" – Aula eletiva 8, página 284.
2. Pesquise em dicionários as seguintes palavras:

   - Augúrio
   - Presságio
   - Destino
   - Adivinhação
   - Oráculo
   - Pitonisa
   - Cartomante

LIÇÃO 13

Metodologia – Parte 2

EXPRESSÕES MAIS USUAIS

1. Método = jogos, abertura, forma de abrir cartas.
2. Misturar as cartas = embaralhar o tarô para a escolha.
3. Abertura = jogo, método, forma de expor.
4. Abrir o tarô = jogar, pôr, deitar e ler as cartas.
5. Fechar o tarô = terminar a leitura, recolher, guardar.
6. Fazer uma consulta = abrir ou jogar o tarô.
7. Ler o tarô = analisar, orientar, prever, adivinhar.
8. Carta fechada = quando o arcano estiver virado para baixo, não visível.
9. Carta aberta = quando o arcano estiver para cima, visível.
10. Arcano = mistério, segredo, o que deve ser desvelado.
11. Arcano do tarô = carta, lâmina, símbolo do tarô.
12. Aspecto negativo = reverso, desfavorável, contrário do bom ou mau.
13. Aspecto positivo = operante, favorável, afirmação do bom ou mau.
14. Aconselhamento = sugestão, procedimento, ação/equilíbrio bom ou mau.
15. Tarólogo = quem estuda ou ensina a história e a estrutura do tarô.
16. Tarotista = quem joga o tarô, abre o oráculo, lê as cartas.
17. Taromante = o mesmo que tarotista.

AFINAL, COMO ABRIR O TARÔ?

Pode-se fazer uma consulta de tarô em qualquer lugar, não precisa de um local específico para analisar as cartas. Apenas quando a questão é muito complexa, sugiro um ambiente tranquilo.

Ao comprar seu tarô não é necessário fazer um ritual de consagração. Escolha um arcano de sua preferência para abrir e fechar o jogo, ou seja, uma carta para estar sempre à frente do baralho *antes* de misturá-lo para as perguntas e antes de guardá-lo. Isto é uma técnica mental para condicionar o estado espiritual de concentração nos jogos. Eu, por exemplo, sempre uso o arcano Mago, mas tenho muitos alunos que preferem a carta 5 e outros, a 9; conheço uma aluna que usa o arcano Morte! Sinta-se à vontade para escolher uma carta para abrir e fechar o jogo.

Tenha um tecido de qualquer cor, estampa e tamanho para cobrir a mesa e abrir os jogos. Ah! Mas é devoto de alguma coisa? Não há problema, pode usar o que desejar durante as consultas, mas nunca se esqueça de que o tarô funciona sem a sua crença, e tome o cuidado de não impor aos outros uma filosofia espiritual que é sua! Respeito é bom e eu gosto! Antes de iniciar qualquer abertura para um consulente, respire lenta e profundamente, acalme a mente, o corpo, não se agite nem tenha pressa. É fundamental estar tranquilo. Entre em sintonia absoluta consigo mesmo. Relaxe. Siga a sequência indicada a seguir – todo procedimento parece ser demorado, mas não passa de três minutos! É muito simples de ser executado; todas as instruções de abertura são as mesmas para qualquer método.

1. Explique para o consulente o que é e para que serve o tarô.
2. Anote numa ficha ou caderno os dados: nome, endereço, telefone.
3. Oriente-se, pergunte se é uma questão geral ou algo específico.
4. Escolha um método adequado.
5. Pegue os arcanos do tarô.
6. Fixe-se no simbolismo do arcano que escolheu para a técnica de abertura e formule o que se deseja.
7. Misture *todas* as cartas calmamente; inclusive a carta de abertura. Aproveite esse momento, enquanto embaralha, para relaxar e fixar a mente na questão solicitada; de agora em diante, mantenha o tarô de uma forma que nem o tarotista nem o consulente vejam os símbolos; deixe as cartas sempre voltadas para baixo, fechadas.

8. Distribua os arcanos, sempre virados para baixo, de acordo com a sua preferência: em linha horizontal, em forma de leque ou círculo. Não há necessidade de o consulente dividir o conjunto de cartas em três partes, isto faz parte da cartomancia antiga, mas faça-o se assim o desejar.
9. Solicite ao consulente que escolha a quantidade de cartas necessárias para o método a ser utilizado; isso é indicado para evitar que ele pense que as cartas foram marcadas.
10. Tenha o cuidado de arrumar os arcanos na sequência correta do método: *a primeira carta escolhida deve estar na primeira posição, a segunda carta na segunda posição* e assim por diante.
11. Pegue o restante dos arcanos e ponha de lado.
12. Agora, o passo mais importante: analise o primeiro arcano, sinta-o e fale do simbolismo daquela posição; depois, o segundo e assim por diante. Não se deve abrir todos os arcanos de uma só vez, pois são muitas informações simultâneas, o que pode acarretar um bloqueio ou uma confusão mental; tenha calma, aguarde e não fique ansioso para saber o resultado do último arcano, frequentemente as primeiras cartas orientam muito mais que as últimas.
13. Após a resposta, anote a pergunta, a data e a formação do jogo na ficha do cliente; ou, se for para alguma pesquisa, registre em seu caderno de estudos.
14. Após a consulta, junte todos os arcanos, em qualquer posição, deixando apenas o arcano escolhido para a técnica de abertura na frente. Não há necessidade de guardar as cartas em altar, caixa especial ou em outros lugares místicos – preocupe-se apenas em protegê-las num local seco e arejado para que não deformem. Mantenha-as também longe de crianças e leigos que possam amassá-las, rasgá-las ou sujá-las por brincadeira.

ORIENTAÇÃO E ÉTICA PROFISSIONAL

1. O conhecimento técnico do método é imprescindível. Antes de tudo, não se esqueça de que somos seres imperfeitos e complexos: pensamos ou sentimos de uma forma e agimos de outra, portanto, somos sujeitos a falhas. A nossa mente *objetiva* está sempre interferindo na *subjetiva* e, consequentemente, criando condições para uma decodificação errônea dos símbolos.

2. Nunca force uma leitura; é preferível uma interpretação curta, objetiva e concisa a uma longa, complicada e tendenciosa. Não tente prolongar uma consulta; na maioria das vezes, a decodificação simbólica é rápida. Tenha a humildade de compreender a natureza da vida: *ela é simples, nós é que a complicamos*.

3. Nunca fale de morte, destruições, separações, doenças fatais. Mesmo que tenha absoluta certeza dos acontecimentos, apenas prepare a pessoa para as transformações, dando-lhe conforto, coragem e otimismo. Enquanto houver *esperança*, haverá um *caminho*, e esse caminho só a *Deus* pertence.

4. O tarô nunca estará "fechado" para o consulente. Quando não conseguir interpretar ou elucidar adequadamente uma questão, saiba que não estava preparado ou não conseguiu interpretar o símbolo. Observe como a questão foi formulada, tente de outra forma.

5. Nunca utilize o tarô para responder a perguntas mentais do consulente. Ele geralmente não sabe como formular adequadamente uma questão, e isso pode gerar uma resposta confusa ou errada. Procure a maior precisão possível para evitar a dualidade. Analise a pergunta com o consulente antes de solicitar a resposta ao oráculo.

6. Nunca tente adivinhar dados pessoais do consulente, como os que se referem ao estado civil, filhos, família, profissão, datas, nomes. O tarô nunca os revelará. Os jogos de tarô analisam o que é perguntado ou aquilo que se manifesta através dos métodos. Os arcanos por si *não revelam* nada diretamente: são apenas parte de um alfabeto simbólico que deve ser interpretado.

7. Nunca comente o teor de uma consulta, nem com o seu melhor amigo, mãe, irmão ou parceiro afetivo; não revele quem atendeu em uma consulta. Somente o consulente tem o direito de dizê-lo; o tarotista ético, jamais!

> **Atenção:**
>
> **A) Posso ler o tarô pela internet, celular ou a distância?**
> Essa é uma dúvida recorrente entre os tarotistas iniciantes, pois há quem diga da importância do modo presencial na escolha das cartas e que nada seria revelado se não houvesse o toque manual do consulente no tarô. Essa premissa faz com que neguemos o sentido espiritual e metafísico desse oráculo, colocando-nos em uma posição equivocadamente mais elevada. Entendamos que

o plano espiritual é superior e onipresente, não tem distância ou local. As cartas (papel) não são como uma televisão que precisa de um botão liga/desliga, em verdade, são imagens arquetípicas que representam algo transcendental, cujo sistema pergunta/escolha/tiragem determina uma orientação. Podemos simplificar que o tarô é a língua dos anjos, um poder supino que revela nosso livre-arbítrio: alguns bons (porque houve bom senso e excelentes escolhas) e outros ruins (em razão da imaturidade e da péssima decisão). Sim, o tarô pode ser lido em qualquer modo: presencial ou virtualmente.

B) Vou refazer o jogo, está errado, não gostei!
Não faça isso, não pergunte a mesma coisa no mesmo método por vezes seguidas. O primeiro jogo sempre será o correto, já os subsequentes serão charadas, pois o mundo espiritual não está à mercê de seus caprichos, de especulações. Contudo, se formular outra questão similar com outra tiragem poderá aclarar melhor o que deseja saber. Muitas vezes escolhemos a tiragem/jogo errado para o que desejamos. Por isso de a importância em estudar métodos, tendo vários tipos de jogos. Releia o tópico Atenção da página 121.

COMPLEMENTO DESTA LIÇÃO

1. Pesquise em dicionários as seguintes palavras:
   - Orientação
   - Conselho
   - Ética
   - Respeito

Anotações:
_____
_____
_____
_____
_____
_____
_____
_____

AVALIAÇÃO 6

Lições 12 e 13
Aula Eletiva 8

1. Por que existem diversos métodos de abertura?
   a. Cada consulente tem que escolher o que mais lhe agrada.
   b. Todas as perguntas e situações exigem o mesmo método.
   c. Cada questão tem sua particularidade.
   d. Nenhuma das opções é correta.

2. Para que serve entender o plano de uma pergunta?
   a. Para buscar o sentido da resposta.
   b. Para analisar o plano do arcano.
   c. Para responder coerentemente.
   d. Todas as opções estão corretas.

3. Para abrir um tarô, deve-se:
   a. Ter um pano preto, um incenso, uma vela.
   b. Ter um amuleto, uma mesa própria, um santinho.
   c. Ter mediunidade, um cristal, um punhal.
   d. Ter conhecimento da simbologia e dos métodos.

4. Qual a regra básica de um jogo?
   a. Saber a questão, escolher a pergunta e ler a posição da carta.
   b. Saber a questão, escolher o método e ler a posição do arcano.
   c. Saber a questão, escolher o arcano e ler a posição do método.
   d. Todas as opções estão corretas.

5. O que se deve fazer quando se adquire um tarô?
   a. Consagrá-lo na lua cheia com vela, cristal e incenso.
   b. Rezar na lua crescente para o anjo da guarda.
   c. Pedir ajuda a um mestre do tarô para energizar as cartas.
   d. Nada, pode-se jogar sem problemas.

6. Depois de formulada a pergunta e escolhido o método, o que se deve fazer?
   a. Embaralhar as cartas e escolher o quantitativo necessário.
   b. Misturar as cartas e escolher os melhores arcanos.
   c. Embaralhar as cartas e escolher pelo consulente.
   d. Misturar as cartas e escolher um método melhor.

7. Qual frase expressa a melhor forma de se perguntar ao tarô?
   a. Vou comprar uma casa um dia?
   b. Vou comprar a casa de meus sonhos?
   c. Vou comprar uma casa este ano?
   d. Vou comprar a casa de minha vizinha ou a do corretor?

8. Qual frase representa a melhor forma de se perguntar ao tarô?
   a. Terei sorte no meu trabalho?
   b. O que devo fazer para melhorar no trabalho?
   c. Um dia conseguirei sucesso no trabalho?
   d. Ganharei muito dinheiro no meu trabalho?

9. Qual frase estabelece a melhor forma de se perguntar ao tarô?
   a. Meu relacionamento está certo ou errado?
   b. Minha vida afetiva tem algum problema?
   c. Um dia ele irá me amar e entender o que faço?
   d. Todas as opções estão corretas.

10. Como devo proceder, após fazer a pergunta e embaralhar o tarô?
    a. O tarotista deve escolher as cartas e montar o jogo.
    b. O consulente deve escolher as cartas para o tarotista montar o jogo.
    c. O tarotista deve espalhar as cartas para o consulente escolher.
    d. Todas as questões estão corretas.

11. O que fazer quando alguém solicita uma consulta?

    a. Embaralhar o tarô enquanto faz a pergunta e, depois, ler.

    b. Perguntar, escolher o método, embaralhar, escolher e ler os arcanos.

    c. Adivinhar o que a pessoa deseja antes de embaralhar.

    d. Abrir qualquer método e orientar somente com a intuição espiritual.

12. O que é importante numa consulta?

    a. Prever quando alguém vai morrer ou se separar.

    b. Prever o futuro por muitas décadas.

    c. Prever as ações presentes e orientar o livre-arbítrio.

    d. Todas as opções estão corretas.

13. O que se deve fazer depois de atender uma pessoa?

    a. Guardar o assunto, jamais comentar, estudar os resultados futuros.

    b. Guardar o assunto por uma semana e falar para todo mundo.

    c. Falar imediatamente para seu companheiro e amigo.

    d. Dizer para todos a quem atendeu e o que aconteceu.

14. O que se deve fazer quando não se entende uma abertura?

    a. Falar o que se pensa, inventar, dizer qualquer coisa.

    b. Buscar intuição, rezar, continuar tentando.

    c. Estudar um pouco mais o método e os arcanos.

    d. Nenhuma opção é correta.

15. O que se deve fazer ao final do jogo?

    a. Guardar as cartas numa arca de mogno junto a uma turmalina.

    b. Guardar as cartas numa bolsa de veludo negro junto a um cristal.

    c. Guardar as cartas em cima do altar aos pés de uma santa.

    d. Guardar as cartas num local protegido de umidade e dos curiosos.

16. O que se deve fazer durante a leitura de um jogo?

    a. Ouvir a intuição e falar o que se pensa.

    b. Ouvir as entidades espirituais e seguir o que dizem.

    c. Analisar as posições dos símbolos e orientar o consulente.

    d. Analisar o que dizem a intuição e as entidades e fazer uma média.

17. Qual é o significado de uma situação "presente"?
    a. O consulente ganhará um bom presente.
    b. O cliente está vivendo algo do passado.
    c. O dia do jogo, apenas a semana.
    d. Algo que sente ou vive, independentemente dos meses.

18. Associe as palavras (letras e números):
    a. Arcano.   1) Embaralhar.
    b. Misturar.   2) Mistério, segredo.
    c. Ler o tarô.   3) Jogar, deitar, pôr.
    d. Método.   4) Jogos, abertura.
    e. Abrir o tarô.   5) Tarotista.

    Obs.: veja o gabarito na página 298; se errou, estude a lição correspondente.

LIÇÃO 14

Técnicas – Parte 1

• • • •

Que ótimo que esteja neste estágio de aprendizado! É um sinal de que tanto o leitor quanto eu estamos atingindo nossos objetivos. As próximas lições e avaliações exigirão do aluno uma revisão de tudo que foi aprendido; estude atentamente as técnicas de jogos e os conceitos de cada arcano. Não tenha vergonha ou receio de utilizar este livro para consulta quando estiver jogando para seus amigos ou conhecidos, ninguém nasceu sabendo, não é verdade? É mais honesto dizer que está praticando e aprendendo do que ser presunçoso e fornecer respostas erradas. Uma leitura técnica, passo a passo, terá mais valor para o consulente do que falar asneiras só para mostrar que é o "todo-poderoso". A espiritualidade começa na humildade, não na arrogância.

MÉTODO CONSELHO PESSOAL – UMA CARTA

A pergunta deve ser objetiva, clara, racional e, se possível, delimitar o tempo. Não faça perguntas subjetivas ou atemporais: "Serei feliz um dia? Terei sucesso em minha profissão? Acharei minha alma gêmea? Encontrarei meu mestre espiritual?" Este método é somente para aconselhamentos, jamais para acontecimentos. Por exemplo: "Devo comprar o carro este ano?" Observe que neste caso o verbo empregado é DEVER (obrigação, orientação, permissão), pois todos os métodos que expressam aconselhamentos não se referem à qualidade de ACONTECER (realizar, obter, ter), somente orientam sobre como se deve proceder em relação a algo. Observe também que a pergunta está direcionada a um objeto (carro) e condicionada a um tempo determinado (este ano). Outro exemplo: "Posso comprar o carro de Maria?" Neste caso, com o emprego do verbo PODER (ser possível, ter condições de), a pergunta expressa a qualidade de

[Conselho]

condições pessoais, ou seja, novamente a resposta não expressará a qualidade de Acontecer (realizar, possuir, ter). Perguntas formuladas com esses dois sentidos (dever/poder) são excelentes para orientações, mas cuidado para não misturar o que irá acontecer. Voltando à questão da pergunta – posso/devo comprar o carro? –, as respostas estarão de acordo com os arcanos retirados, por exemplo:

1. Arcano 4 (Imperador) – utilize o conceito da palavra-chave: *controlar* (atributo principal, página 34) + palavras do tópico. Em casa de conselho/atitude (página 58).

   A resposta poderia ser assim:

   – Sim, poderá comprar o carro até o final do ano, já que isso expressa a sua vontade pessoal. Nada impedirá o evento, pois tudo se encontra organizado de acordo com o que deseja: o tipo do carro, a cor, o financiamento.

2. Arcano 8 (Justiça) – utilize a palavra-chave: *ajustar* (atributo) + aconselhamento da taromancia.

   A resposta poderia ser assim:

   – Deve agir com cuidado e cautela para adquirir o carro até o final do ano. Seria melhor ser mais racional e avaliar o que está pretendendo para não se prejudicar no futuro. Contudo, nada impede que realize a compra.

3. Arcano 12 (Pendurado) – utilize a palavra-chave: *resignar* (atributo) + aconselhamento da taromancia.

   A resposta poderia ser assim:

   – Não, não deve comprar o carro até o final do ano. Deve mudar o planejamento da compra e também se resignar com a situação presente: aceitar as dificuldades e buscar outras soluções.

4. Arcano 16 (Torre) – utilize a palavra-chave: *dissolver* (atributo) + aconselhamento da taromancia.

   A resposta poderia ser assim:

   – Não, não poderá comprar o carro até o final do ano, porque haverá mudanças de planos. Surgirá algo que o fará mudar de objetivo. Talvez nem consiga comprar por algum tempo.

• • • •

Vale lembrar que estamos nos reportando aos conselhos do tarô; portanto, as respostas positivas ou negativas que foram apresentadas não se referem à concretização da compra do carro (realizar, concluir, finalizar). Nesse caso, o tarô está apenas dando um aviso: obedece quem quer! Se o consulente recebeu o conselho do arcano Imperador, e comprar o carro, a indicação é de que nada acontecerá; se o consulente receber o conselho do arcano Pendurado, e comprar o carro, a indicação é de que terá muitos prejuízos, pois o arcano mandou que ele mudasse de ideia! Mas espere aí... Se é apenas um conselho, por que o arcano Torre disse que o consulente não vai (adquirir, possuir, ter) comprar o carro? O arcano 16 e o arcano 20 predizem acontecimentos adversos em relação ao que foi perguntado; principalmente estando em casas de conselhos, obstáculos, positivas ou qualquer uma relacionada ao plano material. Em suas mensagens estão implícitas as mudanças; ou seja, acontecerá algo que impedirá a compra do carro. Caso insista na aquisição, os obstáculos e dissabores serão incalculáveis. Reveja as lições correspondentes.

MÉTODO CAMINHO DA VIDA

Técnica ótima para uma análise rápida sobre alguma questão importante que esteja enfrentado problemas e/ou obstáculos; igualmente para verificar o desenvolvimento de um trabalho, da compra/venda de um bem, do relacionamento afetivo, namoro ou casamento. Utilizamos três cartas para entender a trajetória da situação em uma linha de tempo contínua entre passado-presente-futuro; assim, entenderemos como estava recentemente, o que ocorre na atualidade e o possível resultado (em média de três meses). Lembrando de que algumas cartas ditam o livre-arbítrio e outras bloqueiam os caminhos (releia a parte introdutória dos seis caminhos do tarô, Lições de 6 a 11). Além disso, como estudado na Lição 5 (Estrutura Geral – Parte 2) e na Lição 12 (Metodologia – Parte 1) iremos empregar a informação do plano (taromancia) do arcano de acordo com a pergunta. Vale uma dica: nessa tiragem sempre analisamos com o PLANO MATERIAL do arcano, pois nos referimos a acontecimentos tangíveis, concretos, reais, algo que pode ser visto ou mensurado.

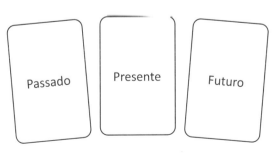

Exemplo: a consulente brigou com o namorado e gostaria de saber se continuarão o relacionamento afetivo. Vejamos duas possibilidades para que entenda como realizar a leitura.

A) *Imperatriz, Roda da Fortuna, Carro.* Indica que havia prosperidade na relação, bom namoro, tudo fluía bem; no entanto, no presente momento aponta instabilidade, obstáculos, interferência de outras pessoas. Contudo, o futuro próximo sugere que haverá progresso, desenvolvimento e solução na relação afetiva.

» Poderíamos dizer que sim, uma vez que o passado (arcano 3) é bem direcionado e positivo; na atualidade, o arcano 10 indica transitoriedade e o arcano futuro (7) acena com a vitória do que se deseja (Caminho do Prazer, poder pessoal).

B) *Torre, Justiça, Temperança.* Sugere que era uma relação tumultuada, cheia de obstáculos, já apontava perda; além do mais, no presente, há uma busca da ordem e do equilíbrio, onde a consulente deve observar os direitos e deveres. No futuro, indica conciliação, trégua a longo prazo, antes, muitos obstáculos.

» Poderíamos dizer que não, pois o passado indicava perda e dissolução (arcano 16), cuja relação era equivocada; atualmente, há correção urgente do comportamento, exigindo uma conduta imparcial (arcano 8), culminando com a dificuldade de solução em curto prazo (arcano 14) para o que se deseja (Caminho da Dor, sem poder pessoal).

COMPLEMENTO DESTA LIÇÃO

1. Pesquise e faça a comparação entre as seguintes palavras:
   - Acontecer
   - Aconselhar
   - Dever
   - Orientar
   - Poder
   - Possuir
   - Prever
   - Realizar

LIÇÃO 15

Técnicas – Parte 2

Pudemos observar que estudar o tarô é uma viagem ao mundo simbólico do ser humano; jogar o tarô é desvendar esses símbolos enigmáticos. *Uma regra de ouro*: nunca discuta com quem não acredita nem tente provar que as previsões do tarô funcionam! A sabedoria espiritual está em calar-se perante os que nos ridicularizam ou dizem constantemente que não acreditam. *Outra regra de ouro*: não insista em querer ajudar alguém por meio do tarô, por mais que pense que poderia socorrê-lo! Espere que a pessoa sinta a necessidade e o procure; todos nós temos o nosso momento – seja humilde em entender que todos possuem suas próprias opiniões e crenças. Agora vamos aprender um dos métodos mais importantes para o tarô, pois, com ele, poderá responder a qualquer tipo de pergunta.

MÉTODO PELADAN – 5 CARTAS

Um dos raros métodos de origem conhecida, foi desenvolvido pelo abade francês Josephin Peladan (1850-1915). Baseado no símbolo da cruz, esse método é excelente para perguntas objetivas temporais, pois se reporta às potencialidades presentes e futuras da questão formulada. Evite fazer perguntas subjetivas como, por exemplo, "serei feliz neste trabalho/casamento/etc.". Durante o século 20 houve muitas variações desse método, mas a versão original ainda é a que fornece as respostas mais claras e abrangentes; é ideal para perguntas objetivas e que já estejam em planejamento ou em andamento (seja um flerte, namoro, casamento, trabalho, etc.), tanto para previsão quanto para orientação. Nesse método, um dos meus preferidos, utilizam-se cinco cartas para a leitura da *situação presente* (1-2), do *caminho futuro*

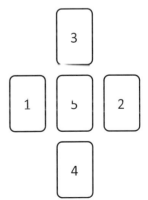

(3-4) e da *visão do consulente* (5); são três informações importantes que se fundem, fornecendo uma resposta bem objetiva da questão.

- CASA 1 – POSITIVO. O que está favorável no presente?

Esta casa se refere à condição do atributo "existir, estar ativo ou operante", ou seja, é o real significado do arcano, cujo plano deve ser relativo à questão. Por exemplo: em relação a uma pergunta de ordem material, o arcano 12 indicaria que existe impossibilidade ou obstáculos intransponíveis no momento (qualidade que está positivada para a questão). O arcano 7 revelaria que há muitas perspectivas favoráveis no momento: tudo estaria bem direcionado, tendendo à realização. Contudo, esta casa depende de uma análise em conjunto com a Casa 2, pois as duas revelam condições do presente momento, aquilo que o consulente tem de real até o momento.

- CASA 2 – NEGATIVO. O que está desfavorável no presente?

Esta casa indica a condição de "não existir, estar passivo ou reverso", ou seja, essa análise deve ser feita pelo sentido negativo/inverso da carta. Por exemplo: o arcano 12 indicaria que *não* há problema ou obstáculo no momento, tendo liberdade e desenvolvimento – observe que nessa posição tal carta se tornou favorável! O arcano 7 revelaria que as perspectivas *não* são boas, não há determinação para que ocorra imediatamente, inércia ou algum obstáculo – observe que a carta se tornou desfavorável!

> Obs.: C1 + C2 = tente realizar um frase do momento. Se fosse 12 – 7 para uma questão material, poderíamos dizer que haveria impossibilidade ou muitos obstáculos no presente momento, dificultado a continuidade. Já o contrário 7 – 12 seria bem favorável, os caminhos estavam abertos até aquele momento, uma vez que não haveria empecilhos! As casas 3 e 4 (futuro) dariam continuidade à questão.

- CASA 3 – CAMINHO. Qual a direção que a questão vai tomar?

Esta casa mostra como será o desenvolvimento da questão, ou seja, do momento do jogo até a data solicitada. Lembre-se de que esse método é mais indicado para *pergunta objetiva temporal*. Por exemplo: em relação a uma questão material, o arcano 1 indicaria que a partir daquele momento até a conclusão dos fatos haveria muita expectativa, negociação, promessa. O arcano 14 revelaria que a questão poderia demorar para o seu desfecho, mas não impediria a realização a longo prazo.

- Casa 4 – Resultado. Como será o produto?

É absolutamente errado observar (imediatamente) a carta dessa posição quando se abre o jogo, porque nem sempre ela é atuante ou legítima. Apenas se as casas anteriores indicarem alguma realização, possibilidade ou abertura, o valor da casa 4 será confirmado. Portanto, não se iluda se encontrar o arcano Sol nessa posição, pois ele poderá ser impossível ou nulo se, por exemplo, na casa 1 ou 3 estiver o arcano Pendurado. Outro erro fatal na resposta é supervalorizar essa casa – nunca deixe de atentar para as casas anteriores. Todo método é como avaliar uma estrada; *se houver algum obstáculo, existirá certa dificuldade em atingir o final da jornada*.

- Casa 5 – Síntese. Como o consulente se encontra perante a questão?

O arcano nesta posição revela apenas a atitude do consulente ou o significado que o conteúdo da indagação tem para ele, ou seja, é a origem da pergunta. Já presenciei várias situações em que todo o jogo (casas 1 a 4) mostrava a realização efetiva e trazia, na última casa (5), o arcano 16 ou o arcano 13. Na realidade, isso significava que ele não desejava o sucesso do que fora perguntado, queria uma resposta negativa.

• • • •

Ao longo de dez anos recebi vários e-mails com dúvidas sobre este método, há até grupos na internet que tentam desvendá-lo – claro, nunca leram meus livros nem conhecem meu trabalho de décadas sobre o assunto. Bem, o fato é que essa técnica sofreu inúmeras variações ao longo do século 20, originando métodos distintos. Não adianta querer decifrar o método Peladan com características dessas outras variações. Para uma boa resposta, é melhor não inventar: ou se aplica a técnica deste ou do outro, não se mistura palavra alguma, cada um é diferente, mas absolutamente válido no âmbito da interpretação diferenciada. No método original de Josephin Peladan, o arcano não deve ser interpretado isoladamente, a casa 4 não é o mais importante nem a casa 5 é resultado! Torna-se necessário, primeiro, relativizar a casa 1 com a 2, como um conjunto de informações iniciais e pré-existentes. Esse conteúdo fornece o potencial existente da questão analisada (independentemente do resultado) e jamais deve ser considerado como a possibilidade final, somente como o passo inicial. A segunda interpretação é equacionar a casa 3 com a 4, observando o desenvolvimento do caminho futuro ou como ele se processará – é fácil, é difícil, é impossível? Basicamente temos duas variáveis para analisar: presente (1-2) e futuro (3-4) que resultam em quatro fórmulas de respostas – sim/sim (Sim), sim/não (Talvez), não/sim (Talvez), não/não (Não). É muito comum uma situação ter aparentemente todas as condições de ser vitoriosa, sem que o resultado se manifeste dessa forma; o contrário também é verdadeiro. Reflita sobre essas variáveis. A casa 5, como ele ensina, revela a posição (intenção, planejamento, sentimento, consciência) do consulente perante a questão (vale somente para quem faz a pergunta).

Exemplos:

1. **Vou me casar com o João no ano que vem?**

A questão pertence ao PLANO MATERIAL – documentação jurídica, união de corpos; portanto, a análise será somente sobre os aspectos materiais do arcano (taromancia), salvo a casa negativa, que detém uma análise exclusiva, e a casa 5, que é analisada com os atributos gerais da tarologia.

- CASA 1 – CARRO; revela que a situação se encontra direcionada para a conclusão, os projetos do casamento estão caminhando corretamente.
- CASA 2 – TORRE; indica que não haverá imprevisto ou obstáculo para que o casamento se realize, significa construção (observe que as casas 1 e 2 sugerem que tudo está favorável no momento).

- Casa 3 – Sacerdote; esclarece que o casamento está na ordem natural dos fatos: uma união; contudo, esse arcano sempre aconselha que sejam seguidas as leis jurídicas e sociais para um resultado satisfatório. Talvez o consulente não estivesse preocupado com a documentação ou com o contrato de casamento, que, no entanto, revelou-se necessário.
- Casa 4 – Imperatriz; diz que o matrimônio se realizará na data prevista e de acordo com o desejado (observe que o arcano anterior definiu este resultado).
- Casa 5 – Sol; explica que o consulente deseja ardentemente se casar, seria sua maior felicidade realizar a união! Poderíamos resumir que o consulente está no caminho certo para o casamento, porém é valiosa a orientação do arcano 5: legalidade!

» A resposta é: – Sim, tudo já se encontra no caminho da realização.
Pegue seu tarô, monte os exemplos a seguir, estudando as combinações.

2. Voltarei a estudar no ano que vem?

A questão pertence ao PLANO MENTAL – estudo, formação, cultura; portanto, a análise será somente sobre os aspectos mentais do arcano (taromancia), salvo a casa negativa, que detém uma análise exclusiva, e a casa 5, que é analisada com os atributos gerais da tarologia.

- Casa 1 – Mago; revela que a ideia do estudo ainda está sendo avaliada, não há nada definido.
- Casa 2 – Imperador; indica que não há condições para que o estudo se concretize no momento, falta força de vontade, poder – observe que no presente (casas 1 e 2) não há nenhum arcano realizador.
- Casa 3 – Morte; mostra que o próprio consulente reorganizará as ideias, procurando uma alternativa mais realista (em casos como este, quando todas as cartas tendem a fornecer possibilidades faltando objetividade, a próxima casa poderá definir a pergunta).
- Casa 4 – Temperança; esclarece que ele poderá estudar após o período em questão, ou talvez que adie o estudo para uma data indeterminada (observe que o arcano anterior altera a condição da pergunta e este posterga, não havendo conclusão imediata).

- **CASA 5 – ENAMORADO** (arcano que expressa total livre-arbítrio); explica que o consulente tem muitas opções de estudos e que ainda não se decidiu por nada, todo o jogo é pura especulação! Poderíamos resumir que o consulente especula sobre algo do destino que nem ele sabe se fará!

» *A resposta é*: – TALVEZ, dependerá de seus esforços, mas tudo leva a crer que demorará mais um pouco.

3. Meu namorado me ama?

A questão pertence ao PLANO SENTIMENTAL – desejo, sentimento, emoção; portanto, a análise será somente sobre os aspectos sentimentais do arcano na taromancia, salvo a casa negativa, que detém uma análise exclusiva, e a casa 5, que é analisada com os atributos gerais da tarologia. Observe que a pergunta não tem uma temporalidade específica (um mês, um ano, etc.), porque o conteúdo da pergunta está implícito no estado presente, atual.

- **CASA 1 – JUSTIÇA**; revela que o afeto do namorado está diminuindo, talvez esteja se afastando, não demonstra carinho.
- **CASA 2 – SOL**; indica que não há paixão, desejo ou interesse (observe que as casas 1 e 2 sugerem que o sentimento do amor se encontra muito distante).
- **CASA 3 – SACERDOTISA**; mostra que ele não se definirá abertamente, ficará isolado e remoendo alguma mágoa que tem da consulente.
- **CASA 4 – LOUCO**; diz que tudo se revelará um passatempo, sem que se estabeleça um compromisso ou um caso de amor.
- **CASA 5 – DIABO**; esclarece que a consulente tem profunda paixão e possessividade pelo namorado e espera que fiquem juntos para sempre! Poderíamos resumir que a consulente quer uma promessa de amor, mas infelizmente não a terá...

» *A resposta é*: – NÃO, ele não a ama mais.

Obs. 1: não existe método algum a ser aplicado a perguntas ou situações que o leve a responder com um simples sim ou não. Na vida, sempre há o talvez, nem tudo está predestinado! A tendência ao sim, ao não e ao talvez é sempre o resultado da qualidade simbólica do arcano aplicada ao método e à pergunta.

Obs. 2: como se chegou às respostas? Desde as primeiras lições venho orientando sobre como pensar em relação a cada arcano; assim, nunca se esqueça das regras: o elemento da pergunta deve ser o elemento do arcano; a partir desta classificação, observe a posição que ele ocupa no jogo em relação ao significado da casa – estude, entenda a proposta do método! A casa é positiva? É o caminho? O que a casa representa? O significado das casas negativas foi revelado à parte, e isso serve para qualquer método que contenha este tipo de posição. Volto a insistir: nos jogos, uma casa negativa não quer dizer "ruim", "mau": ela tem sempre o sentido reverso e/ou contrário do arcano; assim, alguns deles estarão muito bem colocados nessas casas, e outros, não.

Obs. 3: não espere o curso terminar, pegue os arcanos maiores e comece a treinar jogos de perguntas ou aconselhamentos com amigos e parentes. Não se acanhe, fique com o livro e suas anotações de lado, consultando-os passo a passo.

Ele me ama? ela me ama?

Enfatizando um ponto explicado anteriormente na Lição 12. "Ele/a me ama?" – pergunta comum que muitas vezes não condiz com o que o consulente deseja. Amor/desejo (plano sentimental) e namoro/casamento (plano material) nem sempre estão juntos, em harmonia. Pode-se amar e não poder namorar, pode-se estar casado e não amar mais, e tudo ao contrário também é verdadeiro. Em questões de relacionamento afetivo devemos ter cuidado ao formular perguntas, principalmente para solteiros ou flertes. Melhor ir direto ao assunto, escolhendo uma das questões: "Vamos namorar? Ficaremos em breve? Faremos sexo? Teremos um caso rápido? Será meu/minha amante?" – entre tantas possibilidades, e tudo analisado pelo plano material do arcano. Aqui me reporto aos jogos de perguntas (Peladan), mas há outras tiragens que podem analisar todos os planos de um flerte (solteiros, livres) ou relacionamento fixo (noivos, casados), como o Templo de Afrodite e o Anel do Amor (ensinados no livro *Tarô, oráculo e métodos*, Editora Alfabeto).

COMPLEMENTO DESTA LIÇÃO

1. Estude o texto "Cartas invertidas" – Aula Eletiva 9, página 288.
2. Releia a Lição 5, página 39, para estudar a divisão dos planos de leitura.

LIÇÃO 16

Técnicas – Parte 3

Crie o hábito de catalogar, em fichas ou caderno, os dados dos consulentes – nome, endereço, telefone, data de nascimento –, acrescente a data do atendimento, as perguntas e os jogos que analisou. As anotações são importantes para que faça uma comparação de seus erros e acertos, pois somente com a questão, o método e a posição dos arcanos lhe será possível relembrar as análises que executou. No início da prática são muito comuns os equívocos em relação a alguns detalhes dos arcanos e suas posições; assim, com o tempo, irá se aprimorando.

MÉTODO MANDALA OU CASAS ZODIACAIS – 13 CARTAS

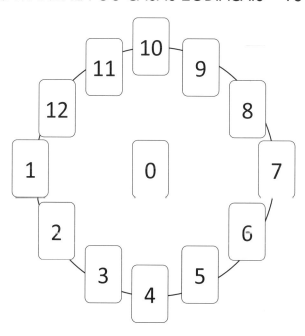

Mandala, em sânscrito, quer dizer: totalidade, autoconhecimento, *self*, círculo, homem-Deus. No Brasil, usamos o nome "mandala" para designar o jogo das casas zodiacais, que é uma técnica adaptada da astrologia. É um dos métodos mais complexos e completos para análise dos arcanos e não necessita de perguntas: depois de aberta, cada casa é analisada por seu significado. Nesse método são utilizadas 13 cartas – uma central (a primeira carta escolhida) e as demais (12) em volta, em forma circular. Há uma particularidade na temporalidade: todas as informações se reportam a um período aproximado de *três meses*. Existem muitas interpretações que podem ser extraídas de cada casa, porém estabelecerei somente as condições básicas e primárias:

- CARTA CENTRAL – SÍNTESE (primeira carta do jogo)

O caminho do destino para o consulente. Analise pelo atributo principal (tarologia). O eixo central do Método Mandala representa a atuação do destino sobre o consulente, enquanto as outras 12 cartas se reportam à conduta e a situações que envolvem o livre-arbítrio. Por exemplo, arcano 3, Imperatriz: os caminhos da vida estão abertos e são prósperos, tudo se encontra em desenvolvimento; arcano 16, Torre: os caminhos da vida estão em mutação, para tudo há obstáculos. Contudo, as análises dessa casa (síntese) não se referem exatamente a aspectos de que o consulente tenha consciência.

- CASA 1 – PENSAMENTO (segunda carta do jogo)

Como o consulente está pensando e planejando? Analise pelo plano mental; a casa se refere unicamente ao planejamento no presente momento.

Por exemplo, arcano 7, Carro: o plano mental se encontra determinado a conseguir algo; arcano 12, Pendurado: o plano mental se encontra com ideias utópicas, sonhos irrealizáveis. No primeiro caso, aconselhamos a continuar com os projetos e no segundo, a mudar urgentemente.

- CASA 2 – DINHEIRO

Como está a situação financeira do consulente? Analise pelo plano material; a casa se refere ao dinheiro circulante, passado-presente. Por exemplo: o arcano 19, Sol, indica que não há problemas financeiros; o arcano 8, Justiça, sugere rever o orçamento, pois pede cautela nos gastos.

OBS.: não se pode confundir o desejo com a realidade; esta casa observa unicamente as condições financeiras, nunca a satisfação ou insatisfação do consulente em relação às suas posses. Cuidado com as interpretações emocionais para a casa, evite-as.

- Casa 3 – Comunicação

Como o consulente está se expressando verbalmente? Analise pelo plano mental. O modo como o consulente está pensando, revelado na casa 1, expressa-se nesta casa. Essencialmente, é preciso observar a referida casa antes de analisar a casa 3. Por exemplo, casa 1 – Mago, e casa 3 – Sacerdote: o consulente está com muitas ideias novas e as transmite de forma moderada, diplomática e social. Outro exemplo, casa 1 – Imperador, e casa 3 – Sacerdotisa: o consulente está com ideias determinadas, fixas, irreversíveis, e não está dizendo nada para ninguém, encontra-se calado.

> Obs.: não confunda o plano mental somente com as "ideias", ele se refere ao "elemento Ar" e também pode significar expressão verbal, gestos, ação. (Veja a Lição 5.)

- Casa 4 – Lar

Como está o lar, a moradia do consulente? Analise pelos planos material + sentimental; a casa se refere ao ambiente físico, à residência, também à rotina dos que vivem no mesmo lugar. Por exemplo: o arcano 10, Roda da Fortuna, indica mudança de casa, venda, compra; todos estão nervosos; o arcano 17, Estrela, revela que todos estão vivendo em harmonia, sem problemas, e o lar se encontra em ordem.

- Casa 5 – Amor

Como estão os sentimentos do consulente? Analise pelo plano sentimental; a casa se refere à casa 7, ou seja, é o amor do consulente para com o parceiro (namoro/casamento), não vale para caso extraconjugal. Por exemplo, o arcano 10, Roda da Fortuna, mostra que há muita ansiedade e nervosismo por parte do consulente; o arcano 6, Enamorado, indica que ele ama profundamente e está romântico.

> Obs.: quando o consulente não tiver um relacionamento fixo (estiver sozinho), esta casa deve ser analisada como uma tendência de ele mesmo se encontrar *aberto* ou *fechado* para um namoro. Como neste exemplo: arcano 3 – aberto; arcano 14 – fechado.

- Casa 6 – Trabalho

Como está a profissão ou o trabalho do consulente? Analise pelo plano material; a casa indica a rotina da profissão, o dia a dia. Ela deve ser associada à casa 2, que se refere a recebimento de dinheiro. Por exemplo, casa 2 – Carro, e casa 6 – Sol: observamos um aumento de recursos financeiros

(Carro) oriundo, talvez, de uma promoção profissional, porque o arcano 19 indica que o consulente está perfeitamente integrado com o trabalho e que é muito capaz no que faz. Outro exemplo, casa 2 – Torre, e casa 6 – Sol: revela prejuízos financeiros, dificuldades de saldar dívidas (16), entretanto pode haver uma promoção no trabalho, mas sem aumento de salário, somente de status profissional (19).

> Obs.: para esta casa, deve-se pensar da seguinte forma: dinheiro e trabalho são coisas distintas; pode-se ganhar muito e não gostar do trabalho, ganhar pouco e adorar a profissão!

- Casa 7 – Parceiro(a)

Como está o(a) parceiro(a) em relação ao consulente? Analise pelo plano mental; a casa se refere ao(à) namorado(a); noivo(a); esposo(a), ou seja, a todo tipo de relacionamento afetivo social e fixo. Não se deve analisá-la em relação a namoros transitórios ou envolvimentos provisórios, sem base social/moral (amantes). No caso de o consulente não ter nenhuma parceria fixa, deve ser analisada como uma tendência que venha a ter um envolvimento fixo em breve. Por exemplo: para um consulente casado, o arcano 12, Pendurado, mostra que o parceiro se encontra angustiado, com dificuldades de se relacionar, desejando que o consulente seja uma pessoa diferente, mais atenciosa. Se o consulente for solteiro, este mesmo arcano indica que ninguém entrará em sua vida nos próximos meses, que será muito difícil que alguém se relacione com ele.

> Obs.: outro dado muito importante para o consulente solteiro é observar o arcano que se encontra na casa 5. Por exemplo, casa 5 – Justiça, e casa 7 – Mago: há uma indicação clara de que o consulente será paquerado e receberá uma proposta de namoro, porém seus sentimentos frios e distantes farão com que não a aceite. No caso de um consulente casado, podem ser usadas as mesmas associações: o parceiro quer melhorar o relacionamento fazendo novas propostas, mas o consulente não deseja conversa, está distante do afeto.

- Casa 8 – Alma

Como está o interior do consulente, o lado oculto? Analise pelo plano sentimental. Nessa casa analisamos aquilo que o consulente não diz para ninguém; ela reflete o verdadeiro estado emocional ou os desejos não revelados. Por exemplo: o arcano 13, Morte, indica que há muito sofrimento interior, pois ele está tentando mudar sua vida sem que ninguém saiba; o arcano 9, Eremita, mostra que ele se encontra em paz consigo mesmo.

> Obs.: a casa 8, o plano sentimental interior, expressa-se na casa 5; por isso, esta casa tem um duplo sentido: o afeto pelo parceiro e a expressão emocional pela vida (que geralmente andam juntas). Um exemplo, casa 8 – Eremita, e casa 5 – Sacerdotisa: mostra que o consulente está introspectivo, analisando como resolverá seus problemas afetivos – há tristeza e ressentimento que consegue suportar.

- CASA 9 – PROJETOS

Quais os planos do consulente para o futuro, o que ele deseja a longo prazo? Analise pelo plano mental; aqui observamos as expectativas de vida do consulente para além dos três meses, em longo prazo. Eu a considero uma das casas mais importantes, pois revela a vontade de viver e a crença em si, o amor-próprio. A casa 1, plano mental para o presente, e a casa 9, para o futuro, devem ser analisadas em conjunto; pois a equivalência entre as duas esclarece a real condição psicológica do consulente. Por exemplo, casa 1 – Torre, e casa 9 – Sol: indicam que houve uma grande decepção e perdas irreparáveis, por isso o consulente se encontra frustrado e confuso (16), porém mantém seus ideais e projetos futuros com muita clareza e otimismo (19). Em outro exemplo, casa 1 – Imperador, e casa 9 – Carro: os planos atuais e futuros estão numa única linha de raciocínio: vencer ou vencer!

- CASA 10 – REALIZAÇÕES

Qual o poder do consulente para realizar os objetivos? Analise pelo plano material. Nessa casa observamos qual a saída ou o resultado das outras casas nos próximos três meses, deve ser considerada a força que movimenta a vida para o estágio seguinte. Por exemplo: o arcano 3, Imperatriz, indica que tudo se desenvolverá como desejado; o arcano 14, Temperança, revela que nos próximos três meses tudo estará em harmonia, mas da mesma forma, sem solução imediata; o arcano 20, Julgamento, mostra que algo inovador surgirá no destino, trazendo mudanças e surpresas.

> Obs.: esta é uma casa-chave para a interpretação de todas as outras. Por exemplo, casa 6 – Torre, e casa 10 – Sol: os aborrecimentos profissionais não trazem nenhuma consequência grave, tudo será resolvido brevemente; casa 5 – Torre, e casa 10 – Pendurado: o sofrimento se manterá de forma idêntica nos próximos meses, será necessário procurar uma ajuda terapêutica; casa 2 – Roda da Fortuna, e casa 10 – Sacerdote: a instabilidade financeira está no fim, nos próximos meses tudo se reorganizará.

- CASA 11 – SOCIAL

Como se encontram os amigos do consulente em relação a ele? Analise pelo plano mental; a casa indica o nosso convívio social, as relações com os amigos e o meio ambiente. Por exemplo: o arcano 20, Julgamento, mostra que surgirão novos amigos, que está havendo renovação no círculo social; o arcano 17, Estrela, revela que nossos amigos são sinceros, não haverá nenhum problema nos próximos meses.

- CASA 12 – DESAFIO

Qual o carma pessoal que o consulente deve resolver nos próximos três meses? Analise pela casa de conselho; a casa não revela nada do que acontecerá, mas, sim, o que o consulente deve fazer no momento, aconselhando uma postura pessoal. Por exemplo: o arcano 16, Torre, sugere que o consulente mude radicalmente de atitude; o arcano 2, Sacerdotisa, recomenda que faça uma reflexão profunda do que deseja; o arcano 19, Sol, aconselha que seja otimista, fervoroso e acredite em si. Bem, na realidade, o consulente está se comportando de formas diferentes: no primeiro arcano, ele se mostra orgulhoso e rígido; no segundo, muito impulsivo; e no terceiro, extremamente pessimista.

OBS.: cada casa expressará um elemento. Para quem estuda astrologia: cuidado! Não se trata do elemento associado às casas zodiacais, mas, sim, ao elemento que indico neste método. Por exemplo: casa 1 – plano mental do arcano; casa 2 – plano material do arcano, etc. As únicas casas que terão uma análise diferenciada serão a casa central (síntese), para a qual utilizamos os conceitos gerais do arcano (tarologia), e a casa 12 (desafios), que empregamos os conceitos da taromancia em relação ao conselho do arcano. Creio que este método não carece de um exemplo completo no momento, pois os significados das casas são claros e as análises dos arcanos são bem distintas.

COMPLEMENTO DESTA LIÇÃO

1. Pesquise em dicionários as seguintes palavras:
   - Positivo
   - Negativo
   - Reverso
   - Síntese
   - Conselho

Atenção: comece a jogar esse método com os amigos e parentes, já! Somente treinando aprenderemos e chegaremos à perfeição.

AVALIAÇÃO 7

Lições 14, 15 e 16
Aula Eletiva 9

Pegue o tarô, monte o jogo pelo método Peladan a seguir e responda às questões de 1 a 7:

1. O consulente deve permanecer no trabalho?
   a. Sim, embora errado, ainda terá chances de sucesso.
   b. Sim, mas deve manter a motivação para receber a promoção.
   c. Não, tudo está sem rumo e nunca terá oportunidade.
   d. Nenhuma das opções é correta.

2. Ele deve continuar namorando?
   a. Sim, o amor ainda existe, é possível reconstruir o futuro.
   b. Sim, mas deve ser mais meigo, se desejar o casamento.
   c. Não, porque está apenas brincando com a namorada.
   d. Nenhuma das opções é correta.

3. Ele deve abrir a loja de sapatos?
   a. Sim, porque tudo está organizado e o sucesso é garantido.
   b. Sim, mas deve organizar os projetos se quiser abrir logo a empresa.
   c. Não, porque existem muitos obstáculos de ordem financeira.
   d. Nenhuma das opções é correta.

4. Ele deve mudar de tratamento médico? Por quê?
   a. Sim, o tratamento não está certo, é preciso outra opinião.
   b. Sim, mas deve procurar outro sem ninguém saber.
   c. Não, porque tudo é passageiro e logo tudo estará bem.
   d. Nenhuma das opções é correta.

5. O que a pessoa que o consulente conheceu deseja dele?
   a. Uma amizade baseada na honestidade e na troca de interesses.
   b. Nada de especial, somente passar o tempo, ter um colega.
   c. Tudo! Amor, sexo, namoro e ser feliz o resto da vida! Casamento!
   d. Nenhuma das opções é correta.

6. O consulente vai viajar para Paris este ano?
   a. Sim, embora nada esteja arranjado, depois ele decidirá.
   b. Não, porque nada está arranjado; mais tarde ele desistirá.
   c. Talvez, tudo depende de sua força de vontade e diretriz.
   d. Nenhuma das opções é correta.

7. O consulente se casará na data que planejou em seu noivado?
   a. Sim, embora o casal não esteja organizado, logo começará os preparativos.
   b. Não, porque o casal mudará de ideia e desistirá do casamento.
   c. Talvez o casal não esteja preparado para a responsabilidade.
   d. Nenhuma das opções é correta.

Pegue seu tarô, monte o jogo do Método Mandala a seguir e responda às questões de 8 a 17:

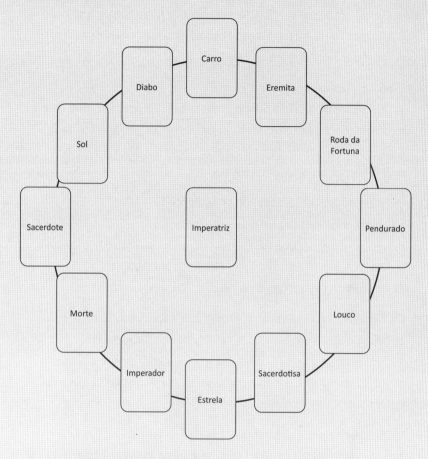

8. Como o consulente pensa no dia a dia?
   a. O plano mental está perfeito, as ideias estão coerentes.
   b. O plano mental está desorganizado, precisa de conselhos.
   c. O plano mental está organizado, mas precisa ser mais flexível.
   d. Nenhuma das opções é correta.

9. Qual a situação do consulente no trabalho?
   a. O trabalho se encontra desorganizado, deve estabelecer diretrizes.
   b. O trabalho se encontra neutro, sem atividade, mas tudo vai melhorar.
   c. Há oportunidades no trabalho; ele receberá uma promoção.
   d. Nenhuma das opções é correta.

10. Como está seu parceiro?
    a. Ele é muito espiritualizado e se sacrifica para o bem-estar da relação.
    b. Ele está muito ressentido e não deseja mais manter a relação.
    c. Ele ama tanto que prefere sofrer calado para manter a relação.
    d. Nenhuma das opções é correta.

11. Qual o principal conselho do jogo?
    a. O consulente deve ter mais amor-próprio e mudar o que pensa.
    b. O consulente deve ter mais amor-próprio e não mudar nada.
    c. O consulente deve ter mais amor-próprio e ser mais otimista.
    d. Nenhuma das opções é correta.

12. Qual é o estado emocional do consulente?
    a. Muito bom, porque está feliz e esperançoso.
    b. Muito triste, porque não tem coragem para resolver os problemas.
    c. Muito ansioso, porque deseja romper a relação.
    d. Nenhuma das opções é correta.

13. E a família do consulente? Ele receberá apoio emocional?
    a. Não, porque ninguém quer saber dos problemas dele.
    b. Sim, porque em casa todos estão dialogando sobre o assunto.
    c. Talvez, tudo está em paz e nunca conversam sobre a questão.
    d. Nenhuma das opções é correta.

14. O consulente pode confiar nos amigos?
    a. Sim, porque estão ao seu lado, ajudando quando necessário.
    b. Talvez, porque estão muito distantes, não têm muita intimidade.
    c. Não, porque não são confiáveis, são interesseiros.
    d. Nenhuma das opções é correta.

15. O que acontecerá nos próximos três meses?
    a. Todas as situações ficarão sem solução, estacionadas.
    b. Haverá um avanço e a tendência é de que tudo se resolva.
    c. Todas as situações se resolverão pelo próprio destino.
    d. Nenhuma das opções é correta.

16. Como se encontra o destino do consulente?
    a. Os caminhos estão todos fechados, mas ele conseguirá vencer os obstáculos.
    b. Os caminhos estão todos abertos, mas ele se encontra muito inflexível.
    c. Há obstáculos em todos os caminhos, mas ele não se importa com nada.
    d. Nenhuma das opções é correta.

17. Como estão as finanças?
    a. Muito difíceis, o cliente está com raiva dos obstáculos.
    b. Sem solução, o cliente está triste com os obstáculos.
    c. Com dívidas, o cliente irá superar todos os obstáculos.
    d. Todas as respostas estão corretas.

18. Qual o significado da carta invertida?
    a. Importante aconselhamento para o consulente.
    b. Aspectos negativos do arcano, a reversão.
    c. Revelação do que está errado, o obstáculo.
    d. Todas as respostas estão corretas.

    Obs.: veja o gabarito na página 298; se errou, estude a lição correspondente.

LIÇÃO 17

Estrutura Geral – Parte 3

O estudo dos arcanos menores (auxiliares ou secundários) é um pouco diferente, pois a estrutura não é a mesma que a dos arcanos maiores (principais) – lembra das Lições 3 e 4? Cada naipe dos arcanos menores é a manifestação de um único elemento, assim todas as cartas de um mesmo naipe possuem significados em comum, como um pano de fundo – diferentemente do que ocorre com os arcanos maiores, em que cada carta apresenta quatro manifestações distintas (Terra/material, Ar/mental, Água/sentimental, Fogo/espiritual). Embora haja um quantitativo maior de cartas nessa sequência, ela é mais rápida e simples de ser aprendida do que a dos arcanos maiores. Podemos dizer que existem apenas três conceitos simbólicos interligados que formam os arcanos menores [4 x (4 + 10) = 56] – os naipes (4) x as figuras da corte (4) + os números (10) = arcanos secundários (56) –, enquanto cada carta dos arcanos principais tem símbolos específicos (22).

Os QUATRO ELEMENTOS são o pano de fundo dos arcanos auxiliares, que denominamos NAIPES. Eles representam degraus evolutivos numa escala de aprendizados – degraus que já estudamos na Aula eletiva 4 (reveja "Degraus da evolução"). Em sua estrutura básica, podemos classificar os naipes da seguinte forma:

- OUROS = material = praticidade, poder, controle, realização, eu.
- ESPADAS = mental = diretriz, conceitos, expressão, metas, eu.
- COPAS = sentimental = desejo, impulso, magnetismo, anseio, eu.
- PAUS = espiritual = compreensão, força interior, harmonia, nós.

As FIGURAS DA CORTE são comuns aos quatro naipes. Elas representam estágios intermediários entre a força do arcano maior (ideias) e a formação dos arcanos menores numerados (realização). Em sua estrutura básica, podemos classificar as figuras da seguinte forma:
- PAJENS = aspiração, abundância, dedicação, praticidade.
- CAVALEIROS = vontade, persistência, habilidade, idealismo.
- RAINHAS = objetividade, poder, preservação, matriarcado.
- REIS = realização, produção, dominação, patriarcado.

Os NUMERADOS também são comuns aos quatro naipes. Eles simbolizam a trajetória de uma ideia, ato, realização; contudo, assim como a corte, cada número representa um passo do estágio para a reta final. Em sua estrutura básica, podemos classificá-los da seguinte forma:

1. INÍCIO = vitalidade, iniciativa, unidade, princípio.
2. REFLEXÃO = dualidade, harmonia, impasse, estudo.
3. DIFUSÃO = equilíbrio, movimento, estruturação, projeção.
4. ESTABILIDADE = estagnação, garantia, controle, posse.
5. RENOVAÇÃO = agitação, instabilidade, insegurança, inverdade.
6. ALTERAÇÃO = opção, fragilidade, hesitação.
7. PROGRESSO = florescimento, profundidade, inventividade.
8. REGENERAÇÃO = metamorfose, obstáculo, reformulação.
9. DESENVOLVIMENTO = expectativa, recompensa, adiamento.
10. REALIZAÇÃO = êxito, prosperidade, evolução, poder.

O desmembramento da estrutura esotérica dos arcanos (seja dos principais ou dos auxiliares) nos permite entender os significados individuais, como, por exemplo: de que forma o *pajem* se manifestaria no elemento Terra (ouros)? O número 3, associado ao elemento Água (copas) teria qual interpretação? Bem, essas construções serão decifradas uma a uma nas lições a seguir. O importante, agora, é saber que qualquer arcano apresenta fundamento no conjunto simbólico que o envolve. Lembra-se da simbologia dos arcanos principais? Por exemplo, qual foi o resultado do ornamento da Sacerdotisa? Introspecção, inação, retenção, reflexão – a interpretação simbólica ocorreu pela razão da ilustração de uma figura feminina sentada, com vestes espirituais, segurando um livro.

Caro estudante, nada é aleatório ou infundado no estudo do tarô. Agora, entraremos em uma fase importante do conhecimento; não são todos os alunos que adentram no saber dos arcanos auxiliares. Muitos acreditam que jogar somente com os arcanos principais será suficiente. Esses tarotistas, quando possuem alguma dúvida, costumam tirar mais uma carta do maço de arcanos maiores para entender melhor o resultado ambíguo. Bem, elucido a importância dos arcanos menores: *direção, esclarecimento, certeza*! Para alguns casos ou métodos, usar somente os arcanos principais resolve, mas na maioria das vezes cria dúvidas ou falta objetividade na resposta.

Por exemplo, o arcano 7 no plano sentimental mostra desejo e magnetismo. Será que todo esse entusiasmo é passageiro ou algo duradouro? O arcano 16 no plano material diz que há perdas e prejuízos – será que haveria uma solução rápida para o problema? Se eles estivessem acompanhados de um arcano auxiliar saberíamos exatamente o contexto e não precisaríamos ficar elucubrando além do necessário. Se o Carro estivesse com a carta 3 de Ouros (expansão, crescimento), resultaria em um sentimento duradouro; se fosse a Torre, revelaria uma piora nos danos!

Calma, neste momento não precisa entender a combinação, não se apavore, pois ainda nem estudamos o naipe de ouros nem sua aplicação. Apenas observe a importância de jogar com o tarô completo – ele amplia o conhecimento da situação, esclarece a amplitude da questão. Vale realçar que nosso curso ensina a jogar o método europeu, formando um par: um arcano maior + um arcano menor. Outra dúvida que comumente ocorre ao estudante se refere aos inúmeros livros sobre o assunto: geralmente são divergentes entre si. Leia com atenção a *observação* e a *dica* a seguir para tirar qualquer incerteza futura; também, não deixe de revisar as lições sugeridas antes de prosseguir.

> Obs.: na literatura dos arcanos menores há duas correntes de pensamento: uma oriunda dos simbologistas, que seguem um padrão de análise tradicional, e outra dos cabalistas, que seguem uma doutrina pessoal para suas ordens esotéricas. Assim, em todos os livros encontraremos diferenças (duas análises) relativas aos arcanos 6 e 7 de todos os naipes (ouros, espadas, copas e paus), também ao Cavaleiro de Espadas, 2 de Espadas, 4 de Copas, 5 de Paus e 10 de Paus. Os demais arcanos maiores e menores são analisados de modo idêntico pelas duas correntes. Interessante como ambas estão corretas; contudo, a grande diferença está em que alguns enfatizam mais um determinado aspecto positivo ou negativo do arcano do que outros.

Dica: antes de adquirir outro livro de tarô ou um novo conjunto de cartas, leia/veja o arcano 7 de Ouros. Se estiver escrito/ilustrado algo similar à prosperidade, toda obra/carta se reporta aos tarôs clássicos (simbologistas). No entanto, se verificar explicações que reflitam o fracasso, o conteúdo do livro/carta pertence à corrente cabalista. Aconselho a nunca tentar unir as duas análises em uma consulta – ou se aplica uma (símbolos) ou outra (cabala). As informações de todas as minhas obras se estabelecem na corrente tradicional: os simbologistas.

COMPLEMENTO DESTA LIÇÃO

1. Releia as Aulas Eletivas: 3, 4 e 6.

Anotações:

LIÇÃO 18

Primeiro Degrau – Ter

O naipe de ouros simboliza o contato real com o mundo externo (situações, terceiros, fatos) e a relação integral com o mundo material em todos os níveis, desde a *posse* de um bem ao *contato* físico com alguém. Nenhum elemento *anímico, psíquico* ou *emocional* está envolvido – somente o *ter* ou *não ter,* todas as formas de aquisições e realizações. Ao analisar o naipe de ouros, tenha em mente que tudo é objetivo e prático nesses arcanos – claro, palpável, real, limitado e material; portanto, não há qualidades sentimentais nem elucubrações presentes. Um dos mistérios a ser desvendado na análise dos arcanos auxiliares é perceber como se processa a energia de cada naipe. É muito comum tentar ler/perceber as cartas com a própria visão de mundo (experiência pessoal), esquecendo-se ou ainda não possuindo certa vivência do universo humano. Até que ponto se tem consciência da dor, da felicidade e da realidade ocorrida em um casamento ou em um divórcio? Por exemplo: o arcano Torre no plano material revela perdas e prejuízos. De que forma se percebe tal situação quando essa carta se evidencia em uma consulta, será que igual para todos? Já reparou que existem pessoas que se desesperam ao menor problema enquanto outras sequer se abalam? A importância do uso do arcano menor é entender essa dinâmica. Assim, durante uma consulta, se abrir esse naipe no *plano mental* de uma questão, significa, em primeiro lugar, que há uma *ideia* prática e limitada à visão pessoal, enquanto a numeração ou a corte qualifica o sentido "bom" ou "mau" dessa objetividade. No plano *sentimental*, significa uma emoção clara e centrada, enquanto a numeração ou a corte qualifica o tipo emocional como "bom" ou "mau" e o mesmo ocorre no plano *espiritual*.

PAJEM DE OUROS

Tarologia: nos tarôs clássicos e modernos, revela um adolescente em pé, com roupas comuns, segurando uma moeda, e/ou uma imagem *de especulação, maestria, jogos*. O simbolismo da carta sugere a aspiração de se realizar algum projeto novo; determina um período de buscas e expectativas; chance que se deve aproveitar.

Taromancia: especulação, novidade, projeto, investigação, capacidade.

» Em casa de conselho/atitude – começar a investir e/ou dedicar-se ao futuro.
» Em casa negativa/invertida – desperdício, morosidade, inércia.

PAJEM DE OUROS

CAVALEIRO DE OUROS

Tarologia: nos tarôs clássicos e modernos, revela um homem jovem num cavalo, com roupas elegantes, segurando uma moeda, e/ou uma imagem *de habilidade, trabalho, busca*. A ornamentação simbólica sugere a condução dos planos para sedimentar uma vida sólida, inteligência para construir tudo que é necessário à própria dignidade; perseverança e resistência para alcançar os ideais.

Taromancia: praticidade, condução, perseverança, habilidade, autoconfiança.

» Em casa de conselho/atitude – manter os ideais, deve-se continuar a labuta.
» Em casa negativa/invertida – limitação, descuido, preguiça.

CAVALEIRO DE OUROS

RAINHA DE OUROS

Tarologia: nos tarôs clássicos e modernos, revela uma mulher adulta, com roupas reais, sentada num trono, segurando uma moeda, e/ou imagem *de matriarcado, nobreza, autoridade*. O conteúdo da carta sugere o esforço para a conservação dos bens, e a realização surge com a dedicação.

Taromancia: preservação, conservação, independência, bem-estar, equilíbrio.

» Em casa de conselho/atitude – ter confiança em si mesmo, preservar-se.
» Em casa negativa/invertida – omissão, risco, dependência.

RAINHA DE OUROS

REI DE OUROS

Tarologia: nos tarôs clássicos e modernos, revela um homem adulto com roupas reais, sentado num trono, segurando uma moeda, e/ou uma imagem *de poder material, autoridade, riqueza*. O simbolismo sugere o domínio da vida; o empenho pela estabilidade é sua força incontestável, que o levará ao progresso absoluto.

Taromancia: sucesso, segurança, progresso, domínio, estabilidade.

» Em casa de conselho/atitude – ser corajoso, autoconfiante, buscar a realização.
» Em casa negativa/invertida – retrocesso, dificuldades, avareza.

REI DE OUROS

ÁS DE OUROS

Tarologia: nos tarôs clássicos e modernos, revela uma moeda e/ou uma imagem *de esplendor, abundância, alegria*. O conteúdo simbólico sugere a total capacidade de projetar e obter tudo o que se deseja para proveito próprio, isto é, a chance de atingir um objetivo com eficácia.

Taromancia: realização, disposição, segurança, ampliação, sorte.

» Em casa de conselho/atitude – buscar o equilíbrio e/ou a segurança pessoal.
» Em casa negativa/invertida – má-fé, tristeza, azar.

DOIS DE OUROS

Tarologia: nos tarôs clássicos e modernos, revela duas moedas e/ou uma imagem *de escambo, malabarismo, obstáculo*. O simbolismo da carta sugere que forças reversas à realização da vontade estão atuando; há preocupação gerada pela dualidade e um confronto estabelecido, divisão de ideias ou confusão desnecessária.

Taromancia: impasse, adiamento, obstáculo transponível, solução a médio prazo.

» Em casa de conselho/atitude – conciliar os opostos, trocar ideias, aceitar os limites.
» Em casa negativa/invertida – união, novidade, despreocupação.

TRÊS DE OUROS

Tarologia: nos tarôs clássicos e modernos, revela três moedas e/ou uma imagem *de empreendimento, construção, fertilidade*. O conteúdo simbólico sugere expansão por meio de sociedades e contratos – do profissional ao afetivo; movimento para o progresso, de acordo com o trabalho executado.

Taromancia: crescimento, realização, expansão, associação, satisfação.

» Em casa de conselho/atitude – aceitar as propostas do destino, fazer acordos.

» Em casa negativa/invertida – desinteresse, rompimento, negligência.

QUATRO DE OUROS

Tarologia: nos tarôs clássicos e modernos, revela quatro moedas e/ou uma imagem *de limitação, encastelamento* ou *quadrado*. O simbolismo sugere o domínio material em seu sentido de posse e guarda efetiva; incapacidade de compartilhar tanto os sentimentos quanto os valores materiais.

Taromancia: retenção, estagnação, posse, limitação, avareza.

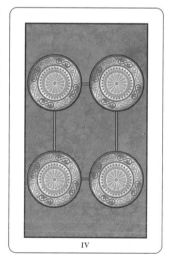

» Em casa de conselho/atitude – manter o controle sobre tudo, não dividir nada, não investir.

» Em casa negativa/invertida – liberdade, desprendimento, investimento.

Primeiro Degrau – Ter | 165

CINCO DE OUROS

Tarologia: nos tarôs clássicos e modernos, revela cinco moedas e/ou uma imagem *de pobreza, desperdício, inverno*. O conjunto simbólico sugere a desestabilização, um afastamento temporário com prejuízos futuros, desperdício em investimentos profissionais e enfraquecimento em envolvimentos afetivos.

Taromancia: prejuízo, enfraquecimento, desarmonia, dissipação, afastamento.

- » Em casa de conselho/atitude – não é o momento de ganhar, deve-se deixar a situação para depois.
- » Em casa negativa/invertida – ganhos, disposição, concentração.

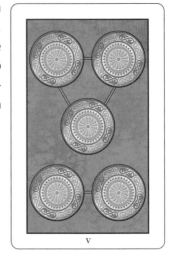

SEIS DE OUROS

Tarologia: nos tarôs clássicos e modernos, revela seis moedas e/ou uma imagem *de oferta, venda, caminho*. A ornamentação da carta sugere o aperfeiçoamento para realizações futuras, decisões que dependem unicamente da pessoa para o equilíbrio da vida; hesitação temporária por limitação pessoal.

Taromancia: opção, aperfeiçoamento, limitação, indecisão, solução futura.

- » Em casa de conselho/atitude – analisar e pesquisar melhor antes de realizar.
- » Em casa negativa/invertida – precipitação, egoísmo, dívida desnecessária.

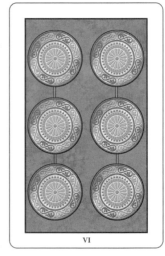

SETE DE OUROS

Tarologia: nos tarôs clássicos e modernos, revela sete moedas e/ou uma imagem *de descobertas, tesouro, oferecimentos*. O conteúdo simbólico sugere ação consciente do poder pessoal; ganho e progresso nos objetivos; sociedades e uniões, que se tornam estáveis; período de sorte e chances diversas.

Taromancia: expansão, progresso, sucesso, equilíbrio, ganhos.

» Em casa de conselho/atitude – continuar com os esforços, não parar por nada.

» Em casa negativa/invertida – imprudência, infortúnio, desequilíbrio.

OITO DE OUROS

Tarologia: nos tarôs clássicos e modernos, revela oito moedas e/ou uma imagem *de aprendizagem, trabalho, atividade*. O simbolismo sugere o início de uma aprendizagem na vida; esforços com perspectivas agradáveis; novos caminhos que serão importantes para o florescimento da vida.

Taromancia: oportunidade, início, aprendizado, vantagem, progresso futuro.

» Em casa de conselho/atitude – aceitar o novo, buscar uma reciclagem, renovar.

» Em casa negativa/invertida – desinteresse, presunção, orgulho.

NOVE DE OUROS

Tarologia: nos tarôs clássicos e modernos, revela nove moedas e/ou uma imagem *de satisfação, conforto, riqueza*. O conteúdo simbólico sugere a capacidade para resolver qualquer problema com sucesso; promessas e previsões que se realizam; recuperação de tudo que foi desperdiçado.

Taromancia: recompensa, estabilidade, vantagens, evolução, segurança.

- » Em casa de conselho/atitude – ter autoconfiança e agir com prudência.
- » Em casa negativa/invertida – trapaça, oportunismo, falsidade.

DEZ DE OUROS

Tarologia: nos tarôs clássicos e modernos, revela dez moedas e/ou uma imagem *de riqueza, família, nobreza*. O conjunto sugere realização total e harmoniosa dos desejos e vontades; boa sorte e soluções totalmente favoráveis; todos os problemas serão dissipados; alegria em conquistar o que se deseja; caminhos abertos.

Taromancia: êxito, satisfação, glória, sorte, segurança total.

- » Em casa de conselho/atitude – crer em si e na vida, continuar a qualquer custo.
- » Em casa negativa/invertida – risco, perdas, insensatez.

COMPLEMENTO DESTA LIÇÃO

1. Pesquisar em dicionários a palavra-chave (atributo principal) de cada arcano do naipe de ouros.
   - Especulação – Pajem de Ouros.
   - Praticidade – Cavaleiro de Ouros.
   - Preservação – Rainha de Ouros.
   - Sucesso – Rei de Ouros.
   - Realização – Ás de Ouros.
   - Impasse – Dois de Ouros.
   - Crescimento – Três de Ouros.
   - Retenção – Quatro de Ouros.
   - Prejuízo – Cinco de Ouros.
   - Opção – Seis de Ouros.
   - Expansão – Sete de Ouros.
   - Oportunidade – Oito de Ouros.
   - Recompensa – Nove de Ouros.
   - Êxito – Dez de Ouros.

Anotações:
_____
_____
_____
_____
_____
_____
_____
_____
_____
_____
_____
_____
_____

LIÇÃO 19

Segundo Degrau – Ser

O naipe de espadas simboliza a dinâmica pessoal no mundo social – situações com terceiros e diante de fatos preestabelecidos – e a relação integral do mundo psíquico com o mundo material em todos os níveis, desde a *diretriz* de ter um bem até a *vontade* do contato físico com alguém. Contudo, essa série não trata da aquisição real, somente da *intenção* ou da *ação de possuir*. O naipe de espadas é isento de compaixão, perdão, paz, equilíbrio, pois o ego, a obsessão, a ambição e a ganância são profundas, deixando o campo das ideias limitado unicamente à razão e aos conceitos pessoais. Quando analisar esse naipe, tenha em mente que tudo é racional e pessoal – determinado, planejado, definido e intencional; portanto, não há qualidades espirituais nem poder material. Assim, durante uma consulta, se abrir esse naipe no *plano material* de uma questão significa, em primeiro lugar, que há muita determinação pessoal e luta para se realizar algo, enquanto a numeração ou a corte qualifica o sentido "bom" ou "mau" dessa meta, porém já se parte do princípio de que existe dificuldade em obter. No plano *sentimental*, identifica a emoção racional e egoísta, enquanto a numeração ou a corte qualifica o tipo emocional como "bom" ou "mau". No plano *espiritual*, resume, em princípio, total falta de compreensão dos limites pessoais, enquanto a numeração ou a corte indica o estágio de negatividade.

PAJEM DE ESPADAS

Tarologia: nos tarôs clássicos e modernos, revela um adolescente com roupas simples, em pé, segurando uma espada, e/ou uma imagem *de falsidade, malevolência, intriga*. O conjunto simbólico sugere pouca elaboração mental e visão diminuta da vida, curiosidade fútil sobre o poder alheio, inconsistência na palavra e nas atitudes, vaidade em todos os níveis.

Taromancia: intriga, vaidade, inveja, imaturidade, presunção.

> » Em casa de conselho/atitude – ser evasivo, não revelar o que deseja.
>
> » Em casa negativa/invertida – verdade, vigilância, cooperação.

PAJEM DE ESPADAS

CAVALEIRO DE ESPADAS

Tarologia: nos tarôs clássicos e modernos, revela um homem jovem com roupas luxuosas, montado num cavalo, segurando uma espada, e/ou uma imagem *de intrepidez, batalha, bravura*. A ornamentação da carta sugere muita inteligência e perspicácia; força de vontade e ação decisiva nos imprevistos; sagacidade e perícia em realizar os desejos.

Taromancia: ímpeto, bravura, esforço, intrepidez, conquista.

> » Em casa de conselho/atitude – ter disposição e coragem para enfrentar os problemas.
>
> » Em casa negativa/invertida – incapacidade, medo, fracasso.

CAVALEIRO DE ESPADAS

RAINHA DE ESPADAS

Tarologia: nos tarôs clássicos e modernos, revela uma mulher adulta com roupas reais, sentada num trono, segurando uma espada, e/ou uma imagem *de crueldade, frieza, bruxaria*. O conteúdo simbólico sugere falta de sensibilidade e compreensão; fanatismo e/ou obsessão por fatos passados; tristeza e adversidade causadas por si mesmo; esterilidade.

Taromancia: obsessão, intolerância, ambição, vingança, solidão.

» Em casa de conselho/atitude – manter o desejo e a vontade, não desistir dos ideais.

» Em casa negativa/invertida – lassidão, limitação, fraqueza.

RAINHA DE ESPADAS

REI DE ESPADAS

Tarologia: nos tarôs clássicos e modernos, revela um homem adulto, com roupas reais, sentado num trono, segurando uma espada, e/ou uma imagem *de poder social, de autoridade, de um general*. O simbolismo da carta sugere liderança e controle de qualquer situação, verdadeira ou falsa; vitória absoluta, certa ou errada; superioridade e poder pessoal; conquista eficaz e organização da vida.

Taromancia: vitória, domínio, poder, estratégia, liderança.

» Em casa de conselho/atitude – ser austero, combativo e administrador dos fatos.

» Em casa negativa/invertida – fracasso, perversão, estagnação.

REI DE ESPADAS

Segundo Degrau – Ser | 173

ÁS DE ESPADAS

Tarologia: nos tarôs clássicos e modernos, revela uma espada e/ou uma imagem *de ação, força, poder*. A ornamentação sugere inteligência e capacidade de ação; intenção irreversível e sentimentos profundos; disposição incansável para realizar à vontade, seja boa ou má. (Essa carta reforça o significado do arcano maior que estiver acompanhando.)

Taromancia: ação, conquista, persuasão, ampliação, dinamismo.

» Em casa de conselho/atitude – ter disposição e garra para alcançar o que se deseja.

» Em casa negativa/invertida – infortúnio, indolência, enfraquecimento.

DOIS DE ESPADAS

Tarologia: nos tarôs clássicos e modernos, revela duas espadas e/ou uma imagem *de luta, disputa, rivalidade*. O conteúdo simbólico sugere interrupção de uma ação, diretriz ou meta; discussões sem uma solução; rivalidade e deturpação dos fatos por orgulho e falta de compreensão da vida.

Taromancia: discórdia, rivalidade, empate, estagnação, deturpação.

» Em casa de conselho/atitude – mesmo diante de obstáculos, lutar pelos seus ideais e desejos.

» Em casa negativa/invertida – harmonia, acordo, afinidade.

TRÊS DE ESPADAS

Tarologia: nos tarôs clássicos e modernos, revela três espadas e/ou uma imagem *de dor, morte, ferimento*. O simbolismo da carta sugere desencanto, tristeza e lágrimas com relação aos resultados idealizados; consciência entorpecida pelos desenganos e mentiras; nenhuma promessa, palavra ou contrato é cumprido a contento.

Taromancia: decepção, desilusão, rompimento, desordem, fracasso.

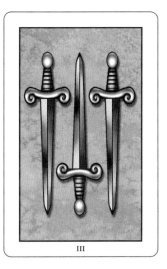

» Em casa de conselho/atitude – eliminar tudo o que aflige, terminar, renovar.

» Em casa negativa/invertida – alegria, união, trocas.

QUATRO DE ESPADAS

Tarologia: nos tarôs clássicos e modernos, revela quatro espadas e/ou uma imagem *de suspensão, desarmamento, repouso*. A ornamentação simbólica sugere atos e atitudes em suspensão, imobilização não desejada e obstáculo intransponível; fadiga por incapacidade de evolução ou falta de um pensamento claro e preciso.

Taromancia: inércia, adiamento, silêncio, introspecção, suspensão.

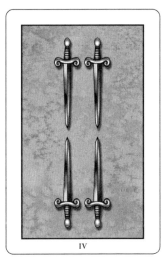

» Em casa de conselho/atitude – deixar o destino fluir, adiar seu planejamento, descansar.

» Em casa negativa/invertida – convites, solução, oportunidade.

Segundo Degrau – Ser | 175

CINCO DE ESPADAS

Tarologia: nos tarôs clássicos e modernos, revela cinco espadas e/ou uma imagem *de fracasso, perdas, decepção*. O simbolismo da carta sugere repetição de erros ou a insistência em algo inútil e sem futuro; desperdício de precioso tempo com explicações e conceitos inúteis; degradação moral pela ânsia de poder ou posse de qualquer coisa.

Taromancia: desperdício, engano, desequilíbrio, autodestruição, infâmia.

- » Em casa de conselho/atitude – deixar o tempo passar, não fazer nada, não opinar.
- » Em casa negativa/invertida – produtividade, diligência, justiça.

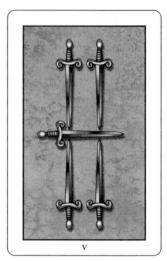

SEIS DE ESPADAS

Tarologia: nos tarôs clássicos e modernos, revela seis espadas e/ou uma imagem *de viajante, plateia, oferenda*. O conteúdo simbólico sugere indecisão na conciliação com o meio ambiente; imaturidade nos confrontos e falta de reflexão nos propósitos; ansiedade e nervosismo por não saber do futuro.

Taromancia: negligência, inação, espera, preguiça, hesitação.

- » Em casa de conselho/atitude – tirar umas boas férias, buscar o lazer.
- » Em casa negativa/invertida – labuta, responsabilidade, esforço.

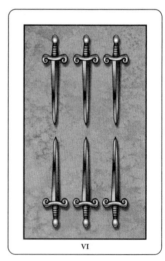

SETE DE ESPADAS

Tarologia: nos tarôs clássicos e modernos, revela sete espadas e/ou uma imagem *de tentativa, diplomacia, astúcia*. A ornamentação dos símbolos sugere uma possibilidade de reconquista dos projetos; novos planos com esperanças em meio às incertezas; o ganho é possível se houver perspicácia; chance de reorganização se souber guardar segredos.

Taromancia: cautela, possibilidade, empenho, chances, esperança.

» Em casa de conselho/atitude – ser diplomata, falar o necessário e ter cuidado.

» Em casa negativa/invertida – despreparo, imprevidência, negligência.

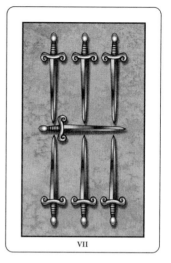

OITO DE ESPADAS

Tarologia: nos tarôs clássicos e modernos, revela oito espadas e/ou uma imagem *de fracasso, perda, falecimento*. O conjunto simbólico sugere perigo e conflito iminente por traição ou cilada; esforço inútil pela libertação dos problemas acumulados; limitação e dissolução da vontade e do poder pessoal; erros e mentiras que são descobertos; crítica social e familiar.

Taromancia: perigo, perda, conflito, dissolução, insegurança.

» Em casa de conselho/atitude – revelar toda verdade, não comungar com a injustiça.

» Em casa negativa/invertida – superação, ganho, controle.

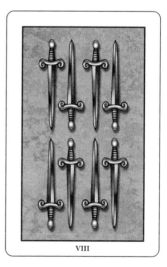

NOVE DE ESPADAS

Tarologia: nos tarôs clássicos e modernos, revela nove espadas e/ou uma imagem de *angústia, desespero, aflição*. O simbolismo da carta sugere dúvidas, incertezas e profunda preocupação em relação ao futuro; estado de medo ou abandono; discórdia e sofrimento em função de acontecimentos passados; infelicidade na realização com perda irreparável.

Taromancia: sofrimento, penúria, desalento, malogro, fracasso.

- » Em casa de conselho/atitude – isolar-se e analisar em que está errando, reflexão.
- » Em casa negativa/invertida – crédito, realização, felicidade.

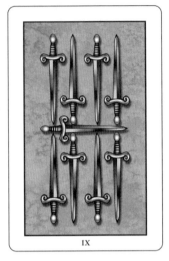

DEZ DE ESPADAS

Tarologia: nos tarôs clássicos e modernos, revela dez espadas e/ou uma imagem de *morte, término, resolução*. O conjunto simbólico sugere decisão imediata com conhecimento de causa e efeito, dor ou prazer; libertação da opressão; término imediato de todo tipo de situação nociva em qualquer plano; abandono das convicções e dogmas antigos para criar um estilo de vida.

Taromancia: finalização, rompimento, definição, decisão, renovação.

- » Em casa de conselho/atitude – transformar a vida, mudar o paradigma.
- » Em casa negativa/invertida – progresso, desenvolvimento, lucros.

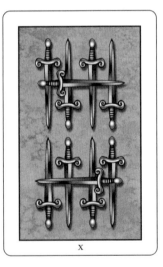

COMPLEMENTO DESTA LIÇÃO

1. Pesquisar em dicionário a palavra-chave (atributo principal) de cada arcano do naipe de espadas.
    - Intriga – Pajem de Espadas.
    - Ímpeto – Cavaleiro de Espadas.
    - Obsessão – Rainha de Espadas.
    - Vitória – Rei de Espadas.
    - Ação – Ás de Espadas.
    - Discórdia – Dois de Espadas.
    - Decepção – Três de Espadas.
    - Inércia – Quatro de Espadas.
    - Desperdício – Cinco de Espadas.
    - Negligência – Seis de Espadas.
    - Cautela – Sete de Espadas.
    - Perigo – Oito de Espadas.
    - Sofrimento – Nove de Espadas.
    - Finalização – Dez de Espadas.

Anotações:

AVALIAÇÃO 8

Lições 17, 18 e 19

1. Qual o simbolismo dos cavaleiros?
    a. Persistência, idealismo, coragem.
    b. Confronto, disputa, batalha.
    c. Dedicação, investigação, vontade.
    d. Todas as opções estão corretas.

2. A corte simboliza qual evolução simbólica?
    a. Ter, Ser, Estar, Ficar.
    b. Vontade, Prazer, Dor, Evolução.
    c. Aspiração, Vontade, Objetivo, Realização.
    d. Todas as opções estão corretas.

3. O que representam os arcanos de número 10?
    a. Iniciativa, vontade, desejo.
    b. Evolução, realização, sucesso.
    c. Prosperidade, equilíbrio, garantia.
    d. Todas as opções estão corretas.

4. O que é representado pelo naipe de ouros?
    a. O mundo tangível e material.
    b. O mundo abstrato e emocional.
    c. O mundo racional e objetivo.
    d. Todas as opções estão corretas.

5. O que é representado pelo naipe de espadas?
   a. O mundo mental, racional e inteligível.
   b. O mundo das diretrizes, metas e ideais.
   c. O mundo do egoísmo, ciúme, raiva e dor.
   d. Todas as opções estão corretas.

6. Qual a diferença entre o Dois de Ouros e o Dois de Espadas?
   a. Um indica discussões por possessividade, e o outro por ciúme.
   b. Um indica rivalidade de ordem material, e o outro social.
   c. Um indica um obstáculo transponível, e o outro intransponível.
   d. Todas as opções estão corretas.

7. Qual a diferença entre o Dez de Ouros e o Dez de Espadas?
   a. Um indica o sucesso desejado, e o outro o final dos problemas.
   b. Um indica a realização pessoal, e o outro o sucesso social.
   c. Um indica o êxito dos desejos, e o outro a prosperidade.
   d. Todas as opções estão erradas.

8. Associe o arcano ao seu atributo principal.
   a. Nove de Ouros.   1) Decepção.
   b. Três de Espadas.   2) Oportunidade.
   c. Pajem de Ouros.   3) Perigo.
   d. Oito de Espadas.   4) Expansão.
   e. Rei de Ouros.   5) Retenção.
   f. Quatro de Ouros.   6) Especulação.
   g. Sete de Ouros.   7) Sucesso.

9. Qual a diferença entre o Quatro de Ouros e o Quatro de Espadas?
   a. Um indica a obstinação sobre a vida, e o outro sobre si mesmo.
   b. Um indica a posse do que se possui, e o outro o ciúme.
   c. Um indica o pleno domínio do que se possui, e o outro a falta.
   d. Todas as opções estão erradas.

10. Em que o Ás de Ouros e o Ás de Espadas se assemelham?
    a. Ambos indicam o controle absoluto sobre a vontade.
    b. Ambos indicam o poder pessoal da realização.
    c. Ambos indicam a chance de prosperidade.
    d. Todas as opções estão corretas.

11. Em que o Ás de Ouros e o Ás de Espadas se diferenciam?
    a. Um indica a chance, e o outro a persuasão.
    b. Um indica a certeza, e o outro a hesitação.
    c. Um indica o poder, e o outro a intenção.
    d. Todas as opções estão corretas.

12. Em que o Rei de Ouros e o Rei de Espadas se assemelham?
    a. Ambos indicam coragem, determinação e praticidade.
    b. Ambos indicam poder, conquista e vitória.
    c. Ambos indicam êxito, sucesso e progresso.
    d. Todas as opções estão corretas.

13. Em que o Rei de Ouros e o Rei de Espadas se diferenciam?
    a. Um indica a generosidade, e o outro a autoridade.
    b. Um indica o paternalismo, e o outro a opressão.
    c. Um indica a perseverança, e o outro a perspicácia.
    d. Todas as opções estão corretas.

14. O que significam os arcanos Oito e Nove de Espadas?
    a. Perdas e sofrimentos causados por erros dos outros.
    b. Perdas e sofrimentos causados pelos próprios erros.
    c. Perdas e sofrimentos causados pelo destino.
    d. Todas as opções estão corretas.

15. Qual a diferença entre o Seis de Ouros e Seis de Espadas?
    a. Um indica a hesitação de algo, e o outro sobre a vida.
    b. Um indica a reflexão sobre o futuro, e o outro em nada.
    c. Um indica a escolha de novos caminhos, e o outro tem preguiça.
    d. Todas as opções estão corretas.

16. Associe o arcano a sua frase:

    a. Quatro de Espadas.
    b. Nove de Ouros.
    c. Rainha de Espadas.
    d. Cinco de Espadas.
    e. Pajem de Espadas.
    f. Sete de Espadas.
    g. Rainha de Ouros.

    1) Eu tenho a inércia e o adiamento da vida, estou muito cansado para continuar.
    2) Eu tenho a recompensa e a estabilidade da vida, trabalhei muito para chegar ao topo.
    3) Eu tenho a preservação e a conservação da vida, nada pode escapar ao meu controle.
    4) Eu tenho a obsessão e a vingança, as marcas que me deixaram causaram minha amargura.
    5) Eu tenho o desperdício e o engano da vida, minhas ideias estão me levando ao fracasso.
    6) Eu tenho a intriga e a imaturidade, acho que minha vaidade é maior que a minha consciência, será?
    7) Eu tenho a cautela e a diplomacia, minha situação é frágil e talvez haja uma possibilidade.

17. Associe o arcano e sua simbologia negativa:

    a. Oito de Espadas.
    b. Ás de Ouros.
    c. Quatro de Ouros.
    d. Dois de Espadas.

    1) Afinidade, harmonia, acordo.
    2) Tristeza, azar, má-fé.
    3) Ajuda, ganho, superação.
    4) Investimento, liberdade, respeito.

18. Indique alguns arcanos divergentes entre cabalistas e simbologistas.

    a. Dois de Ouros, Três de Copas, Dois de Paus.
    b. Quatro de Espadas, Nove de Ouros, Dois de Copas.
    c. Sete de Ouros, Seis de Copas, Dois de Espadas.
    d. Todas estão corretas.

    Obs.: veja o gabarito na página 299; se errou, estude a lição correspondente.

LIÇÃO 20

Terceiro Degrau – Estar

O naipe de copas simboliza o contato exclusivo com o mundo pessoal interno – alma, âmago, desejo – e as repercussões maléficas ou benéficas que o mundo externo – material, social, pessoas, objetos – imprime aos sentimentos. Assim, temos o aspecto pessoal, desde o *desejo* da posse de um bem até a *aspiração* pelo contato físico com alguém. Essa é a série mais mutável, pois os valores emocionais não têm limites, tendem à irracionalidade; é como estar anestesiado para a realidade, quando se observa apenas os desejos do momento. Contudo, esse naipe não apresenta a qualidade mental agressiva e inflexível que vimos na série de espadas, mas a qualidade sonhadora, lírica e poética. Poderíamos dizer que esses dois naipes (espadas e copas) são as polaridades da psique humana (o psicoemocional), que buscam seu cerne no naipe de paus – equilíbrio, maturidade e evolução. Quando analisar o naipe de copas, tenha em mente que tudo é emocional e pessoal nesses arcanos – desejo, paixão, imaginação, sonho; portanto, não há qualidades racionais nem poder material, unicamente valores pessoais. Assim, durante uma consulta, ao abrir esse naipe no *plano material* de uma questão, significa, em primeiro lugar, que há muitos sonhos e promessas a serem realizados, enquanto a numeração ou a corte qualifica o sentido "bom" ou "mau" deste sonho, entretanto já se parte do princípio de que tudo é um ponto de vista. No plano *mental*, revela a imaginação excessiva, enquanto a numeração ou a corte qualifica o tipo racional como "bom" ou "mau". No plano *espiritual*, expõe, em princípio, a busca da espiritualidade, enquanto a numeração ou a corte indica o estágio.

PAJEM DE COPAS

Tarologia: nos tarôs clássicos e modernos, revela um adolescente em pé, com roupas simples, segurando uma taça, e/ou uma imagem *de doação, doçura, sinceridade*. O conjunto simbólico sugere proposta verdadeira e sincera; motivação bem-intencionada para o futuro, desejo de ser feliz; reconciliação com a vida.

Taromancia: confiança, harmonia, renovação, afetividade, aceitação.

- » Em casa de conselho/atitude – ser honesto e servir ao próximo.
- » Em casa negativa/invertida – intriga, mexerico, dissimulação.

PAJEM DE COPAS

CAVALEIRO DE COPAS

Tarologia: nos tarôs clássicos e modernos, revela um homem jovem com roupas elegantes, montado num cavalo, segurando uma taça, e/ou uma imagem *de sedução, bardo, serenata*. A ornamentação simbólica sugere proposta encantadora, mas duvidosa; profunda atração e sedução, com estímulo à fantasia; futilidade e armadilha na própria palavra; prosperidade ilusória e progresso enganoso.

Taromancia: volubilidade, sedução, ilusão, desejo, possibilidade.

- » Em casa de conselho/atitude – entregar-se aos desejos, viver intensamente a vida.
- » Em casa negativa/invertida – amizade, sinceridade, afeição.

CAVALEIRO DE COPAS

RAINHA DE COPAS

Tarologia: nos tarôs clássicos e modernos, revela uma mulher adulta com roupas reais, sentada num trono, segurando uma taça e/ou uma imagem *de mistério, placidez, matriarca*. O conjunto de símbolos sugere a formulação de enigmas sem causar nenhum problema; preservação da vida sem movimento progressivo; aparente insensibilidade. (Esta carta não determina nenhum desfecho do arcano maior.)

Taromancia: dissimulação, mistério, enigma, inconclusão, passividade.

RAINHA DE COPAS

» Em casa de conselho/atitude – ter paciência, não se opor a nada, não assumir nenhuma posição.

» Em casa negativa/invertida – clareza, generosidade, certeza.

REI DE COPAS

Tarologia: nos tarôs clássicos e modernos, revela um homem adulto com roupas reais, sentado num trono e segurando uma taça, e/ou uma imagem *de altivez, utopia, indiferença*. O conteúdo da carta sugere a generosidade sem se importar com as dificuldades; fé e autoconfiança frente aos obstáculos; paixão profunda e entrega total aos desejos; responsabilidade assumida em meio ao caos.

Taromancia: progresso, felicidade, idealismo, diplomacia, vaidade.

REI DE COPAS

» Em casa de conselho/atitude – cuidar de si, manter a vontade e o amor-próprio.

» Em casa negativa/invertida – instabilidade, perdas, hipocrisia.

Terceiro Degrau – Estar | 187

ÁS DE COPAS

Tarologia: nos tarôs clássicos e modernos, revela uma taça e/ou uma imagem *de abundância, alegria, regozijo*. A ornamentação sugere a alegria pessoal pela abundância desejada; resolução de todos os problemas; força vital e proteção nos objetivos; generosidade e plenitude nas diretrizes.

Taromancia: felicidade, alegria, esplendor, sorte, amor.

> » Em casa de conselho/atitude – buscar a felicidade almejada e a harmonia.
> » Em casa negativa/invertida – falsidade, desengano, tristeza.

DOIS DE COPAS

Tarologia: nos tarôs clássicos e modernos, revela duas taças e/ou uma imagem *de romance, namoro, amor*. O simbolismo da carta sugere a troca de afeição e concórdia profunda; associação, união e cooperação; tranquilidade e sucesso nos objetivos; reconciliação e novas perspectivas na vida.

Taromancia: união, amor, sociedade, reciprocidade, harmonia.

> » Em casa de conselho/atitude – ser sincero e ter amizade e afeição pelo próximo.
> » Em casa negativa/invertida – desorientação, desamor, obstáculo.

TRÊS DE COPAS

Tarologia: nos tarôs clássicos e modernos, revela três taças e/ou uma imagem *de alegria, união, bodas*. O conteúdo da carta sugere sublimação, busca da felicidade; término definitivo de situações tensas ou problemáticas; acordos bem-sucedidos e prósperos; amor abundante e sincero.

Taromancia: resolução, prazer, paz, amor, alívio.

» Em casa de conselho/atitude – aceitar tudo o que a vida oferece, ser otimista.

» Em casa negativa/invertida – luxúria, vaidade, ambição.

QUATRO DE COPAS

Tarologia: nos tarôs clássicos e modernos, revela quatro taças e/ou uma imagem *de declínio, cansaço, parada*. O conjunto simbólico sugere crenças inequívocas e acúmulo negativo dos sentimentos; desapontamento; visão estreita; rejeição de oportunidade ou do sentimento alheio; em geral, tudo é causado pelo consulente.

Taromancia: insatisfação, desânimo, dúvidas, aborrecimento, estagnação.

» Em casa de conselho/atitude – deve-se parar, refletir e analisar todos os aspectos.

» Em casa negativa/invertida – prazer, satisfação, disposição.

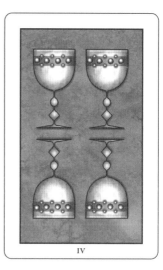

CINCO DE COPAS

Tarologia: nos tarôs clássicos e modernos, revela cinco taças e/ou uma imagem *de tristeza, mágoa, abandono*. A ornamentação da carta sugere resultado frustrante, arrependimento emocional; união e sociedade sem valores; imperfeição nas metas e falta de amor-próprio; amargura e melancolia introjetadas na alma.

Taromancia: frustração, arrependimento, desgosto, melancolia, distanciamento.

» Em casa de conselho/atitude – manter a calma, afastar-se dos problemas e não resolver nada.

» Em casa negativa/invertida – segurança, reconciliação, objetividade.

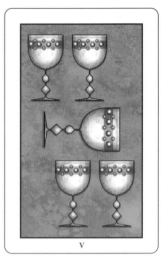

SEIS DE COPAS

Tarologia: nos tarôs clássicos e modernos, revela seis taças e/ou uma imagem *de recordação, morte, tristeza*. O simbolismo da carta sugere saudades e nostalgia de algo que nunca mais retornará; realização por conveniência que não terá um resultado feliz; comparação entre o passado e o presente; recordação angustiante.

Taromancia: lamentação, saudade, nostalgia, lágrimas, angústia.

» Em casa de conselho/atitude – resolver e/ou eliminar situações pendentes do passado.

» Em casa negativa/invertida – esperança, recuperação, entusiasmo.

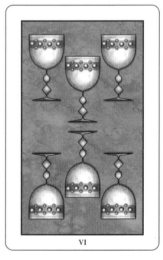

SETE DE COPAS

Tarologia: nos tarôs clássicos e modernos, revela sete taças e/ou uma imagem *de luxúria, prazer, deleite*. O conteúdo simbólico sugere expansão da fantasia e imaginação destrutiva; prosperidade e sucesso ilusório que levarão ao fracasso; palavras e promessas que não serão cumpridas.

Taromancia: devaneio, fantasia, vaidade, obsessão, utopia.

- » Em casa de conselho/atitude – ter mais ambição nos projetos, buscar sempre o melhor.
- » Em casa negativa/invertida – sucesso, conquista, verdade.

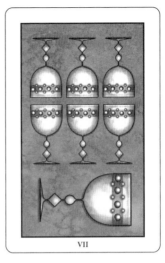

OITO DE COPAS

Tarologia: nos tarôs clássicos e modernos, revela oito taças e/ou uma imagem *de perdas, desgraça, escândalo*. A ornamentação sugere desperdício dos recursos e esforços em algo fadado ao fracasso; o mergulho na parte mais negativa da alma; despedida pesarosa e involuntária de algo que muito se acalentou; forças reversas ao nosso controle pessoal.

Taromancia: fracasso, desilusão, perda, escândalo, erro pessoal.

- » Em casa de conselho/atitude – revelar a verdade e/ou a intenção, mesmo que implique prejuízos ou perdas.
- » Em casa negativa/invertida – felicidade, alegria, união.

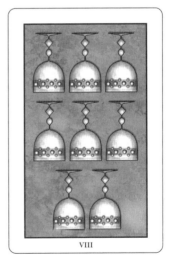

NOVE DE COPAS

Tarologia: nos tarôs clássicos e modernos, revela nove taças e/ou uma imagem *de felicidade, união, noivado*. O simbolismo da carta sugere relação harmoniosa, lealdade e promessa de sucesso; recompensa de todos os esforços com a superação de todos os problemas; felicidade que se aproxima.

Taromancia: solução, acordo, alegria, renovação, vitória.

- » Em casa de conselho/atitude – ser leal, honesto e cumprir a palavra acordada.
- » Em casa negativa/invertida – logro, separação, rivalidade.

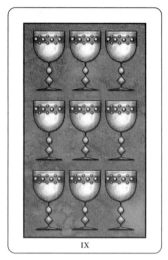

DEZ DE COPAS

Tarologia: nos tarôs clássicos e modernos, revela dez taças e/ou uma imagem *de realização plena, riqueza, família*. O conteúdo simbólico sugere a felicidade pela realização do que se tem vontade; honra e virtude nas palavras e promessas; segurança emocional e riqueza de sentimentos.

Taromancia: plenitude, felicidade, abundância, autoestima, amor.

- » Em casa de conselho/atitude – buscar a própria felicidade em harmonia com o meio ambiente.
- » Em casa negativa/invertida – inimizade, egoísmo, amargura.

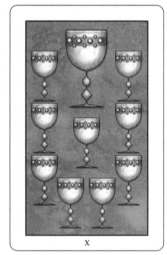

COMPLEMENTO DESTA LIÇÃO

1. Pesquisar em dicionário a palavra-chave (atributo principal) de cada arcano do naipe de copas.
   - Confiança – Pajem de Copas.
   - Volubilidade – Cavaleiro de Copas.
   - Dissimulação – Rainha de Copas.
   - Progresso – Rei de Copas.
   - Felicidade – Ás de Copas.
   - União – Dois de Copas.
   - Resolução – Três de Copas.
   - Insatisfação – Quatro de Copas.
   - Frustração – Cinco de Copas.
   - Lamentação – Seis de Copas.
   - Devaneio – Sete de Copas.
   - Fracasso – Oito de Copas.
   - Solução – Nove de Copas.
   - Plenitude – Dez de Copas.

Anotações:
_____
_____
_____
_____
_____
_____
_____
_____
_____
_____
_____
_____
_____
_____
_____

LIÇÃO 21

Quarto Degrau – Ficar

• • • •

O naipe de paus simboliza o intercâmbio sincero tanto com o mundo interior – alma, âmago, desejo – quanto com o mundo exterior – situações, terceiros, fatos. Simboliza também a relação integral com os três mundos do âmbito social: *material, mental* e *sentimental* em todos os níveis, da *vontade à realização* de algo, ao *desejo e o contato* físico com alguém. Esse naipe revela o equilíbrio entre o "eu" e o "outro", passando a personificar o "nós", a capacidade pessoal de discernimento em relação ao social e ao destino. Quando analisar o naipe de paus, tenha em mente que tudo é harmonioso e equilibrado nessa série – integração, verdade, honra, evolução. Mesmo quando há obstáculos, tudo é visto como parte integrante da vida, ao contrário do que ocorre com as outras séries, que os observam como algo pessoal e inaceitável. Assim, durante uma consulta, ao abrir esse naipe no *plano material* de uma questão, significa, em primeiro lugar, que há muita verdade e luta pela realização de algo, enquanto a numeração ou a corte qualifica a meta, contudo, já se parte do princípio de que há certeza sobre a obtenção. No plano *sentimental*, indica a emoção equilibrada, enquanto a numeração ou a corte qualifica o tipo emocional. No plano *mental*, esclarece, em princípio, completa compreensão dos limites pessoais, enquanto a numeração ou a corte indica o estágio.

Observação importante: tanto o naipe de *espadas* quanto o de *paus* simbolizam as ações sociais humanas, a realização das metas, a luta pelo desejo, a força e a conduta pessoal. Na série de espadas, porém, tem-se a visão exclusiva da própria vaidade e do ego, que tende à incompreensão da vida e à agressividade, enquanto em paus observam-se a sabedoria e a compreensão dos desejos em relação às possibilidades externas, aceitam-se os limites impostos pela vida, numa expressão de integração, facilidade de ambientação e realização. Tanto o naipe de *copas* quanto o de *paus* simbolizam que se está numa situação (num dado momento) e que ambos são transitórios; contudo, copas remete a "estar passivo e emocionalmente envolvido" e paus a "estar ativo e envolvido mental e espiritualmente". Tanto o naipe de *ouros* quanto o naipe de *paus* indicam a realização dos objetivos com maestria; entretanto, ouros expressa a obtenção pela visão pessoal e paus pela visão pessoal e social: o primeiro mostra limitação, insensibilidade a terceiros e observa somente os direitos; o segundo revela expansão, compreensão com todos e observa os direitos e os deveres. Estude atentamente esta observação. Leia e releia a tabela da página 42. Essas informações são a chave da interpretação dos naipes e seus elementos.

PAJEM DE PAUS

Tarologia: nos tarôs clássicos e modernos, revela um adolescente com roupas simples, em pé, segurando um bastão de madeira, e/ou uma imagem *de serviço, oferecimento, ingenuidade*. A ornamentação da carta sugere dedicação e apoio com sinceridade; boas intenções e lealdade nos envolvimentos; promessas e negociações importantes para o futuro.

Taromancia: sinceridade, honestidade, devoção, oportunidade, confiança.

> » Em casa de conselho/atitude – ajudar o próximo sem esperar nada em troca, ter fé.
> » Em casa negativa/invertida – ingratidão, mentira, traição.

PAJEM DE PAUS

CAVALEIRO DE PAUS

CAVALEIRO DE PAUS

Tarologia: nos tarôs clássicos e modernos, revela um homem jovem com roupas elegantes, montado num cavalo, segurando um bastão de madeira, e/ou uma imagem *de ousadia, bravura, arrojo*. O conteúdo simbólico sugere disposição arrojada para mudar a vida; ímpeto e sagacidade nos ideais; chance para realizar projetos importantes na vida; superação dos obstáculos por iniciativa pessoal.

Taromancia: ousadia, arrojo, sagacidade, transformação, renovação.

» Em casa de conselho/atitude – avançar para o novo, não ter medo de nada.

» Em casa negativa/invertida – interrupção, hesitação, confronto.

RAINHA DE PAUS

RAINHA DE PAUS

Tarologia: nos tarôs clássicos e modernos, revela uma mulher adulta com roupas reais, sentada num trono, segurando um bastão de madeira, e/ou uma imagem *de magnetismo, virtude, matriarcado*. O simbolismo da carta sugere vantagens adicionais em todos os projetos e garantia da conquista absoluta; promessas, negociações e uniões sinceras e honestas; sentimento verdadeiro e interativo.

Taromancia: prosperidade, poder, reciprocidade, integridade, honra.

» Em casa de conselho/atitude – ser virtuoso, manter a palavra e a conduta numa única direção.

» Em casa negativa/invertida – falsidade, incoerência, vaidade.

REI DE PAUS

Tarologia: nos tarôs clássicos e modernos, revela um homem adulto com roupas reais, sentado num trono, segurando um bastão de madeira, e/ou uma imagem *de poder absoluto, patriarcado, fartura*. O conjunto simbólico sugere determinação na ação para qualquer êxito pessoal; reconciliação com paz e felicidade; produtividade e empreendimento futuros; fertilidade em qualquer nível.

Taromancia: produtividade, progresso, êxito, equilíbrio, honestidade.

> » Em casa de conselho/atitude – ter convicção dos ideais, reconciliar-se imediatamente com a vida.
>
> » Em casa negativa/invertida – ruína, arrogância, desestabilização.

REI DE PAUS

ÁS DE PAUS

Tarologia: nos tarôs clássicos e modernos, revela um bastão de madeira, e/ou uma imagem *de frutificação, abundância, produção*. O simbolismo sugere força criadora e condições materiais para realizar; fertilidade e fecundidade em todos os níveis; período de sorte e produtividade; segurança e crescimento. (Essa carta amplia o significado bom ou mau do arcano maior.)

Taromancia: fertilidade, produtividade, oportunidade, desejo, sorte.

> » Em casa de conselho/atitude – manter o desejo latente, buscar a criação dos projetos.
>
> » Em casa negativa/invertida – decadência, esterilidade, impossibilidade.

ÁS

DOIS DE PAUS

Tarologia: nos tarôs clássicos e modernos, revela dois bastões de madeira, e/ou uma imagem *de reflexão, parada, observação*. O conteúdo simbólico sugere confronto nos projetos e obstáculo superável; fatos inesperados com melhoria nos resultados; paralisia momentânea do desejo causada por terceiros.

Taromancia: reflexão, adiamento, ponderação, impasse, surpresa.

» Em casa de conselho/atitude – reflexão e meditação necessária para a evolução da vida.
» Em casa negativa/invertida – antecipação, acordos, desenvolvimento.

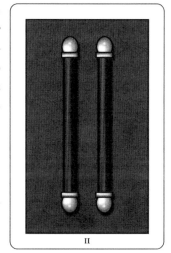

TRÊS DE PAUS

Tarologia: nos tarôs clássicos e modernos, revela três bastões de madeira e/ou uma imagem *de intercâmbio, negociação, satisfação*. A ornamentação da carta sugere a união de forças e intercâmbio; chance e oportunidade de crescimento; ideias criativas, iniciativa e sagacidade em relação a novos caminhos; união e sociedade vantajosa, com êxitos futuros.

Taromancia: inovação, permuta, cooperação, êxitos, união.

» Em casa de conselho/atitude – deve coordenar os planos, trocar, harmonizar.
» Em casa negativa/invertida – rompimento, traição, desfalque.

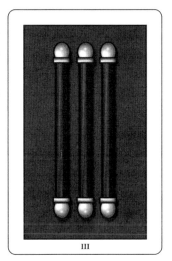

QUATRO DE PAUS

Tarologia: nos tarôs clássicos e modernos, revela quatro bastões e/ou uma imagem *de harmonia, paz, suavidade*. O conjunto simbólico sugere um momento de paz e alianças em meio a conflitos; satisfação e momentos agradáveis em meio a turbulências; repouso em busca de paz e tranquilidade.

Taromancia: harmonia, aliança, superação, favorecimento, administração.

» Em casa de conselho/atitude – ter calma e compreensão do presente para o progresso futuro.

» Em casa negativa/invertida – descontrole, desorganização, insatisfação.

CINCO DE PAUS

Tarologia: nos tarôs clássicos e modernos, revela cinco bastões e/ou uma imagem *de disposição, reunião, trabalho*. A ornamentação sugere retomada do livre-arbítrio e elevação da vida; dificuldades que serão sanadas; divergências e discussões construtivas; início de uma reconstrução.

Taromancia: recuperação, reconstrução, sorte, abertura.

» Em casa de conselho/atitude – ter disposição e se esforçar para solucionar os problemas.

» Em casa negativa/invertida – dificuldade, obstrução, insolubilidade.

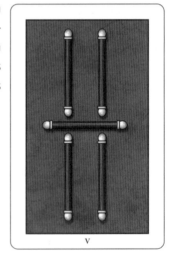

SEIS DE PAUS

Tarologia: nos tarôs clássicos e modernos, revela seis bastões e/ou uma imagem *de ganho, felicidade, triunfo*. O simbolismo da carta sugere disciplina na vida e prosseguimento favorável das metas; boas expectativas ou obtenção de recursos; palavras e promessas que serão cumpridas; fase de autoconfiança fortalecida.

Taromancia: benefício, segurança, recursos, recompensa, realização.

» Em casa de conselho/atitude – buscar a reclassificação dos objetivos e o retorno dos investimentos.

» Em casa negativa/invertida – ilusão, desonestidade, distração.

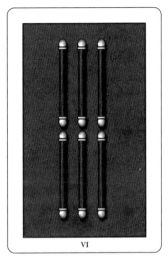

SETE DE PAUS

Tarologia: nos tarôs clássicos e modernos, revela sete bastões e/ou uma imagem *de vantagem, confronto, força*. O conjunto simbólico sugere sucesso através da determinação contínua; capacidade para enfrentar qualquer adversidade; obstáculos que poderão ser superados; vitória futura através do esforço honrado.

Taromancia: vantagem, superação, luta, reorganização, capacitação.

» Em casa de conselho/atitude – ter determinação para atingir o êxito, não dispersar.

» Em casa negativa/invertida – incerteza, decadência, perda.

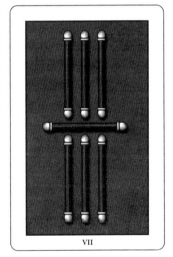

Quarto Degrau – Ficar | 201

OITO DE PAUS

Tarologia: nos tarôs clássicos e modernos, revela oito bastões e/ou uma imagem *de término, fim, ponte*. O simbolismo da carta sugere o fruto de um trabalho elaborado que chega ao fim; novas oportunidades e progresso promissor; mudança geral ou atividade inesperada para a prosperidade; transformação natural ou conclusão desejada.

Taromancia: término, mudança, perfeição, prosperidade, progresso.

> » Em casa de conselho/atitude – buscar a evolução pessoal e social através de uma nova fase de vida.
>
> » Em casa negativa/invertida – involução, autodestruição, autocomiseração.

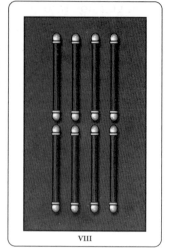

NOVE DE PAUS

Tarologia: nos tarôs clássicos e modernos, revela nove bastões e/ou uma imagem *de obstáculo, parada, opressão*. O conjunto simbólico sugere adiamentos e expectativas favoráveis; atrasos e obstáculos transponíveis; disputa e hesitação para um recomeço; momento de opressão marcada pela incerteza.

Taromancia: obstáculo, disputa, dúvidas, superação, expectativa.

> » Em casa de conselho/atitude – ter responsabilidade e amadurecimento para vencer os obstáculos.
>
> » Em casa negativa/invertida – liberdade, conclusão, ajuda.

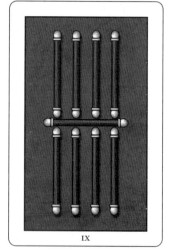

DEZ DE PAUS

Tarologia: nos tarôs clássicos e modernos, revela dez bastões e/ou uma imagem *de nova vida, recomeço, esforço*. A ornamentação da carta sugere independência progressiva; fim de problemas e esforço com sucesso; passagem para uma nova fase de vida; palavras e promessas que serão cumpridas no futuro; investimentos em longo prazo.

Taromancia: recomeço, redefinição, realização, evolução, sucesso.

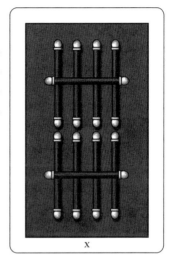

> » Em casa de conselho/atitude – permanecer numa única posição e lutar para renovar a vida.
> » Em casa negativa/invertida – derrota, retrocesso, aniquilamento.

COMPLEMENTO DESTA LIÇÃO

1. Pesquisar em dicionário a palavra-chave (atributo principal) de cada arcano do naipe de paus.
   - Sinceridade – Pajem de Paus.
   - Ousadia – Cavaleiro de Paus.
   - Virtude – Rainha de Paus.
   - Produtividade – Rei de Paus.
   - Fertilidade – Ás de Paus.
   - Reflexão – Dois de Paus.
   - Inovação – Três de Paus.
   - Harmonia – Quatro de Paus.
   - Recuperação – Cinco de Paus.
   - Benefício – Seis de Paus.
   - Vantagem – Sete de Paus.
   - Término – Oito de Paus.
   - Obstáculo – Nove de Paus.
   - Recomeço – Dez de Paus.

   OBS.: releia a Lição 4 e sua respectiva aula eletiva.

AVALIAÇÃO 9

Lições 20 e 21

1. Associe o arcano à sua frase:

   a. Cavaleiro de Paus.

   b. Pajem de Copas.

   c. Rei de Copas.

   d. Pajem de Paus.

   e. Rainha de Copas.

   f. Rei de Paus.

   g. Cavaleiro de Copas.

   h. Rainha de Paus.

   1) Eu tenho a sinceridade e a devoção, estou a favor de todos e da humanidade.

   2) Eu tenho a volubilidade e a sedução, mas sou verdadeiro nas máscaras que visto.

   3) Eu tenho a ousadia e a sagacidade, não suporto mais a rotina, quero coisas novas!

   4) Eu tenho a confiança e a candura, minha palavra é sincera e verdadeira.

   5) Eu tenho a virtude e a integridade, tudo o que faço é para o bem-estar de todos.

   6) Eu tenho a produtividade e o equilíbrio, tudo porque sou honrado e autoconfiante.

   7) Eu tenho o progresso e a felicidade, mas tudo tem que ser como eu sonho.

   8) Eu tenho a dissimulação e o mistério, mas não faço o mal a ninguém.

2. Qual o significado básico do Dois de Paus e do Nove de Paus?
   a. Ambos indicam obstáculos superáveis causados por terceiros.
   b. Ambos indicam a reflexão para melhoria futura e a evolução.
   c. Um indica adiamento pela falta de acordo e o outro, por força maior.
   d. Todas as opções estão corretas.

3. Qual grupo contém arcanos que indicam a realização do desejo?
   a. Rei de Ouros, Cinco de Paus, Pajem de Espadas, Três de Ouros.
   b. Rei de Paus, Ás de Ouros, Dez de Copas, Nove de Ouros.
   c. Rei de Copas, Sete de Ouros, Cinco de Espadas, Dois de Paus.
   d. Todas as opções estão corretas.

4. Qual grupo contém arcanos que indicam obstáculos intransponíveis?
   a. Dois de Ouros, Seis de Ouros, Sete de Espadas.
   b. Dois de Espadas, Oito de Espadas, Nove de Espadas.
   c. Dois de Paus, Quatro de Ouros, Cinco de Copas.
   d. Todas as opções estão corretas.

5. Qual grupo contém arcanos que indicam progresso?
   a. Dez de Copas, Três de Ouros, Rei de Paus, Três de Paus.
   b. Dez de Ouros, Rei de Copas, Seis de Paus, Sete de Ouros.
   c. Dez de Paus, Nove de Ouros, Rei de Ouros, Nove de Copas.
   d. Todas as opções estão corretas.

6. Associe o arcano com seu principal atributo:
   a. Quatro de Paus.
   b. Cinco de Paus.
   c. Seis de Paus.
   d. Quatro de Copas.
   e. Cinco de Copas.
   f. Seis de Copas.

   1) Harmonia.
   2) Recuperação.
   3) Benefício.
   4) Insatisfação.
   5) Frustração.
   6) Lamentação.

7. Qual dos seguintes grupos de arcanos indica harmonia e/ou amor?
   a. Dois de Copas, Pajem de Copas, Ás de Copas, Dez de Copas.
   b. Rei de Copas, Pajem de Ouros, Ás de Paus, Três de Paus.
   c. Cavaleiro de Copas, Nove de Ouros, Quatro de Paus, Seis de Paus.
   d. Todas as opções estão corretas.

8. Qual dos seguintes grupos de arcanos indica adversidade?
   a. Três de Espadas, Pajem de Copas, Cinco de Paus, Oito de Ouros.
   b. Nove de Espadas, Quatro de Ouros, Oito de Paus, Nove de Paus.
   c. Oito de Copas, Pajem de Espadas, Dois de Espadas.
   d. Todas as opções estão corretas.

9. Associe o arcano ao seu simbolismo negativo:

   a. Dez de Copas.   1) Inimizade, amargura.
   b. Nove de Paus.   2) Autodestruição, involução.
   c. Nove de Copas.   3) Logro, rivalidade.
   d. Oito de Paus.   4) Liberdade, conclusão.
   e. Dez de Paus.   5) Derrota, traição.
   f. Oito de Copas.   6) Felicidade, união.

10. O que significa o Quatro de Paus?
    a. Momento de paz e aliança em meio aos conflitos.
    b. Momento de harmonia e juras de amor.
    c. Momento de tranquilidade e prosperidade.
    d. Todas as opções estão corretas.

11. O que significa o Cavaleiro de Copas?
    a. Momento de grande alegria e sucesso nos desejos.
    b. Momento de prosperidade ilusória e progresso enganoso.
    c. Momento de falsidade, vingança e frustração.
    d. Todas as opções estão corretas.

12. O que significa o Oito de Copas?
    a. Momento de erros pessoais com prejuízo moral e/ou material.
    b. Momento de dificuldade fadado ao fracasso e ao sofrimento.
    c. Momento de manter algo que é impossível ou não existe no destino.
    d. Todas as opções estão corretas.

13. O que significa o Dez de Paus?
    a. Momento final dos problemas e esforço para renovar a vida e evoluir.
    b. Momento de realização e prosperidade do que se sonhou.
    c. Momento de sucesso absoluto e preservação do que se conquistou.
    d. Todas as opções estão corretas.

14. O que significa o Sete de Copas?
    a. Momento de sonhos e ideais de conquistar o que se deseja.
    b. Momento de reflexão e ambição de conquistar o que se deseja.
    c. Momento de vaidade e ilusão de conquistar o que se deseja.
    d. Todas as opções estão corretas.

15. O que significa o Três de Copas?
    a. Momento de felicidade por realizar um sonho antigo.
    b. Momento de prosperidade após realizar um sonho antigo.
    c. Momento de sucesso após muitos problemas antigos.
    d. Todas as opções estão corretas.

16. Quais as diferenças entre os Cincos de Ouros, de Espadas e de Copas?
    a. Todos falam que algo está se perdendo temporariamente.
    b. O primeiro indica o afastamento físico; o segundo, o mental; e o último, o emocional.
    c. O primeiro indica prejuízo; o segundo, engano; e o último, arrependimento.
    d. Todas as opções estão corretas

17. No tarô de Crowley a carta princesa e cavaleiro é igual...
    a. ... ao pajem e rei dos tarôs clássicos.
    b. ... ao pajem e rei dos tarôs surrealistas.
    c. ... ao pajem e rei dos tarôs transculturais.
    d. Todas as opções estão corretas.

18. Quais os atributos dos arcanos Dois de Ouros, de Espadas, de Copas e de Paus?
    a. Impasse, discórdia, união, reflexão.
    b. Discussão, rivalidade, utopia, paz.
    c. Negligência, perigo, amor, benefício.
    d. Todas as opções estão corretas.

    OBS.: veja o gabarito na página 299; se errou, estude a lição correspondente.

LIÇÃO 22

Metodologia – Parte 3

Há diversos modos de usar o tarô completo, sendo os mais comuns utilizar os dois conjuntos em separado (método europeu), usar todos os arcanos misturados (método americano) ou escolher um naipe que deseja para juntar aos maiores (método italiano); no entanto, cada uma dessas técnicas possui metodologias específicas. Neste curso utilizaremos o MÉTODO EUROPEU – *um arcano maior e um menor em conjunto, formando um par de cartas para cada casa da tiragem* –, pois dentre todas as que conheço esta é a mais segura e eficaz, sendo que utilizei com segurança ao longo de minha carreira profissional. Por isso, desde as primeiras lições, tenho ensinado fórmulas de leitura para essa técnica. Volto a salientar: não fique preocupado com o volume de informações que está aprendendo, pois com o tempo, o estudo, a revisão e a prática o tarotista estará apto a fazer a melhor consulta possível. Confie em si, e em mim, é claro!

Uma questão que sempre surge é: "Se posso jogar somente com os 22 arcanos maiores, por que vou acrescentar os 56 arcanos menores?" Comum ouvir ou ler: "Não se usam os arcanos menores..." Bem, se essas 78 cartas não fossem necessárias, elas não estariam sendo produzidas por mais de seiscentos anos, não acha? O que ocorre é o seguinte: começamos a jogar com os 22 arcanos principais para tomar mais contato com o mundo simbólico, com as leituras; contudo, as respostas serão sempre tendenciosas, nada práticas e objetivas. No início, o estudante não percebe essa dinâmica, somente com o tempo ele sente falta de algo mais claro, mais objetivo. Poderíamos dizer, de uma forma bem coloquial, que os arcanos maiores são o alimento e os menores, o tempero. Às vezes, comer uma salada sem sal ou azeite é agradável, mas sempre, torna-se insosso, não é? Então, no início, o leitor-tarotista poderá praticar só com os maiores, mas aconselho que, na medida do possível, vá acrescentando a leitura com os menores.

Para expressar com exatidão o valor do arcano maior estudamos que a pergunta e/ou a casa do método devem estar relacionadas no mesmo plano (elemento) – não é diferente quando utilizamos os dois conjuntos. Porém, vimos no estudo dos *arcanos menores* que possuem uma única análise na taromancia, então, como será? Lembre-se: o *arcano menor* tem o mesmo significado em qualquer plano que for analisado e somente fornecerá dimensões ao arcano maior (reveja as Lições 3, 4 e 5). Nos exemplos a seguir, à medida que forem sendo detalhados e não compreender, sugiro que retome a lição do respectivo arcano.

REGRAS DE OURO

Cuidado com o vício de linguagem ou erro de entendimento: "o arcano menor é o futuro do maior", "o arcano menor é uma projeção". Não e não! O arcano menor é a *manifestação* do maior na ação questionada, eles estão juntos e são inseparáveis no tempo e espaço; não devem ser vistos como autônomos e passíveis de mutações. Posso dizer que o arcano maior emana o arcano menor, mas o arcano menor não será uma projeção (!), pois é o movimento do maior – ideia/forma, lembra? Agora, observe atentamente as explicações a seguir. As combinações com o *naipe de ouros*, independentemente de algo positivo ou negativo, tendem a produzir atitudes e aspectos psicoemocionais sem grandes afetações, o excesso de sofrimento ou de felicidade não é sentido como em outras combinações, tudo é comedido; contudo, cria-se pré-disposição ao equilíbrio e a resultados sempre satisfatórios. Oposto a essa condição favorável encontramos o *naipe de espadas* que, devido à autopreservação e à busca excessiva da perfeição, produz insatisfação em todos os níveis: a dor será aumentada e a felicidade diminuída – raramente encontrará algum contentamento ou conseguirá realizar exatamente como deseja. Por sua vez, o *naipe de copas* é antagônico aos dois conjuntos (ouros-espadas), pois, distancia-se da dor e da praticidade, aproximando-se do sonho, da fantasia ou da imaginação; também, não observa a realidade (boa ou má) – tudo é sentido e notado unicamente pelo prisma da busca da felicidade pessoal. Por fim, o *naipe de paus* vive intensamente a perda/ganho ou a dor/amor exatamente como eles se apresentam, tenta entender o sucesso e o fracasso para prosperar/evoluir – certa maturidade/compreensão acompanha essa formação. Vejamos as principais regras, estude-as e sempre faça uma revisão!

1. O arcano maior (principal) sobrepõe o atributo do arcano menor (auxiliar).

O arcano 19 com o arcano Dois de Espadas, no plano material: promoção e ganhos com disputas e brigas. O atributo do Dois de Espadas é rivalidade sem vencedor, mas neste caso, o arcano 19 simboliza o sucesso garantido; então haverá ganho com dificuldades e lutas. O arcano 12 com o arcano Dez de Copas, no plano afetivo: há sofrimento, mas muita esperança. Acredita-se que tudo acabará bem, mas não acabará, pois o arcano 12 revela a impossibilidade de ser feliz. Observe que *a linguagem adivinhatória do arcano maior sempre prevalecerá sobre o menor*.

2. O arcano menor (auxiliar) indica a dimensão do arcano maior (principal).

O arcano 16 com o arcano Seis de Copas, no plano sentimental: decepção profunda, desespero e lágrimas com lembranças do passado ou do que se perdeu. O atributo do arcano Seis de Copas é a nostalgia, por isso ele contribui para aumentar a dor retratada pelo arcano 16. Se fosse com o arcano Dez de Ouros: a decepção existiria; porém, não seria sentida profundamente, passa-se por cima e segue-se em frente. Neste caso, o atributo de ganho do Dez de Ouros elimina o sentido da dor. Observe que *o arcano auxiliar influencia a interpretação psicoemocional do arcano principal, mas nunca mudará a linguagem adivinhatória*. O arcano menor pode, inclusive, bloquear o sentido do maior; porém jamais eliminá-lo. Por exemplo: o arcano 16 com o arcano Quatro de Espadas no plano sentimental: dor e angústia ao extremo, tendendo ao desespero por não se resolver nada. O arcano 19 com o arcano Dez de Espadas no plano material: o sucesso ocorrerá por outros caminhos que não o desejado (pode-se ganhar; contudo, haverá mudanças).

> OBS: A) Quando o arcano maior e o menor possuem a mesma direção ou sentido, indica ampliação da energia, da ação, do resultado. Por exemplo. Temperança + Quatro de Espadas = prorrogação, adiamento maior que o previsto, falta de ação ou solução, talvez, impossibilidade. Imperatriz + Dez de Ouros = plenitude, progresso, prosperidade, júbilo, felicidade!
>
> B) Arcanos divergentes indicam conflito ou obstáculos criado pelo próprio consulente, não havendo uma resposta clara. Por exemplo. Temperança + Cavaleiro de Espadas = ímpeto e esforço diante de algo que demora ou não há solução imediata; ação intrépida onde deveria ter paciência. Torre + Nove de Copas = busca de acordo/retorno de uma situação que é dificílima; acredita que ainda será feliz onde só há adversidades. Nos arcanos divergentes sempre teremos um anacronismo do consulente — quando tempo, planejamento e realidade estão em desarmonia.

3. É errado analisar o arcano menor (auxiliar) como a solução futura do maior (principal).

O arcano 16 com o arcano Dez de Copas no plano material. Leitura errada – Está perdendo algo importante, mas no futuro encontrará a felicidade; terá dificuldades e obstáculos, mas ganhará o que deseja. Leitura certa – Está perdendo algo importante, não está percebendo os erros, pensa que sairá vitorioso, mas isto nunca ocorrerá; terá dificuldades e obstáculos não percebendo as falhas, perderá e passará por cima de tudo, não aprenderá com os erros.

> Obs.: temos sempre que observar os dois arcanos como um conjunto no tempo-espaço; no caso, o arcano 16 se manifesta no arcano Dez de Copas, ou seja, a dor e a dissolução se projetam na felicidade. Mas qual é a tônica do arcano 16 dentro da estrutura simbólica? É o momento em que temos que aprender a reconhecer nossos erros, continuar por um novo caminho e esquecer o passado. Qual é o atributo do arcano Dez de Copas? Felicidade e harmonia em tudo o que temos. Entretanto, como podemos ser felizes e alegres com algo que não existe mais e que estimávamos profundamente? Copas é o mundo dos sonhos, das fantasias e das crenças pessoais, então existe uma espécie de anestesia contra a dor, não se vê ou não se quer ver o problema em volta. Por exemplo: uma mulher e o marido não têm mais um convívio afetivo e sexual, contudo eles mantêm a fachada social do casamento, não querem assumir uma separação.

O arcano 19 com o arcano Nove de Copas no plano sentimental. Leitura errada – O seu amor dará certo e será feliz para sempre (se for casada); encontrará um grande amor que a fará feliz (se for solteira). Leitura certa – O seu amor por João é profundo, sincero, estando muito feliz (se for casada); vai se apaixonar profundamente e se sentir muito em paz e feliz (se for solteira).

> Obs.: parecem iguais, mas não são! Observe que a leitura que classifiquei como errada sugere que alguém a amará e a fará feliz, quando o correto é que a consulente se sentirá ou estará feliz, independentemente do parceiro.

Resumindo: toda combinação (arcano maior/principal + arcano menor/auxiliar) contém regras para uma boa leitura; em primeiro lugar, deve-se observar o significado do arcano maior (ele sempre será o condutor principal) no plano a ser analisado (taromancia). O arcano menor revela como a energia do principal é vivenciada/dimensionada, fornecendo detalhamento de como a situação decorre ou se pronunciará, também podemos observar como uma atitude/ação do consulente. A análise é simples quando os arcanos (maior e menor) possuem significados similares (taromancia); contudo, fique atento nas combinações adversas para não se equivocar na interpretação. Dentre os arcanos auxiliares, o único conjunto capaz de manter a energia do arcano principal, sem deturpá-lo, é o naipe de paus – este sempre indicará uma solução positiva, mesmo no pior dos obstáculos.

MONTAGEM DOS JOGOS COMPLETOS

Releia atentamente a Lição 13, observando todos os passos de uma abertura. A técnica de escolha e montagem será sempre a mesma, não importa o método ou a quantidade de cartas em uso. Assim, ao efetuarmos uma abertura completa com o tarô, devemos primeiro embaralhar e escolher os 22 arcanos maiores e, separadamente, fazer o mesmo com os 56 arcanos menores. Ao montar o jogo, tome o devido cuidado em juntar a primeira carta escolhida do arcano maior com a primeira carta escolhida do arcano menor e, então, posicioná-las na primeira casa do método previamente selecionado. O mesmo procedimento deve ser arranjado com as outras cartas (segunda/segunda, terceira/terceira etc.), tudo aos pares.

LIÇÃO 23

Técnicas – Parte 4

• • • •

A partir desta lição usaremos o tarô completo para os métodos aprendidos anteriormente. Faça uma revisão se desejar, mas como o leitor-tarotista chegou até aqui, acredito que esteja apto a desenvolver os estudos avançados de tarô, meus parabéns! Vamos ver exemplos com o método de CONSELHO. Analise atentamente cada combinação nas respectivas casas – se tiver dificuldade, reveja as Lições 4, 5, 12, 13, 14 e 22; pegue o tarô e monte os jogos a seguir; faça outras combinações para treinar.

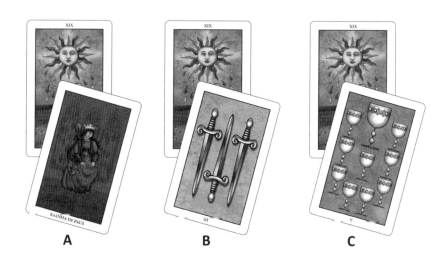

a) QUAL O CONSELHO PARA O MEU CASAMENTO? Arcano 19 com Rainha de Paus: indica que o otimismo e a crença na vida devem prevalecer. A honestidade, a palavra e as atitudes precisam ser as mais corretas possíveis.

b) Qual o conselho para o meu trabalho? Arcano 19 com Três de Espadas: indica que se deve diminuir o senso de otimismo, ponderar e analisar de acordo com a realidade profissional, eliminar os excessos e não ir além dos limites.

c) Qual o conselho para as minhas finanças? Arcano 19 com Dez de Copas: indica amar a vida acima de qualquer coisa, acreditar na felicidade e ter a esperança de um futuro melhor.

Alguma vez na vida você já analisou qual a razão de insistirmos em dar conselhos? Geralmente as pessoas estão erradas e não percebem, certo? Então, orientamos de forma oposta a que elas estão traçando o destino. Assim, no exemplo A, provavelmente o consulente esteja traindo; no B, ambicioso demais; no C, altamente descrente. Observe que se tivéssemos somente o arcano 19 diríamos apenas para ser otimista ou ter amor-próprio; entretanto, adicionando o arcano auxiliar, temos a clara indicação de *como* serão a conduta e seus detalhes! Esta é a importância do uso do arcano menor – uma direção clara e precisa!

Confesso que em matéria de aconselhamento, em qualquer método, raramente alguém o aceita ou procura executá-lo. Muitos retornos às consultas se fazem exatamente porque o consulente não procurou avaliar de forma correta a orientação – infelizmente! Um aspecto interessante dos métodos que contêm uma casa desse gênero – Mandala, Árvore da Vida, Cruz Celta, Pequeno Mestre e tantos outros – é que sabemos de antemão o sentido que ela traduz; portanto, ao abri-la, temos a grata satisfação de confirmar aquilo que foi revelado pelo conjunto de arcanos anteriores.

COMPLEMENTO DESTA LIÇÃO

1. Estude o texto "Almas gêmeas" – Aula eletiva 10, página 289.

Anotações:

LIÇÃO 24

Técnicas – Parte 5

Exemplo com o tarô completo no método de Peladan. Analise atentamente cada combinação nas respectivas casas – se tiver dificuldade, reveja as Lições 4, 5, 12, 13, 15 e 22. Observe que temos duas questões – uma sentimental e outra material – para a mesma combinação do jogo (pág. 219). O objetivo é que analise e perceba como as respostas são diferentes para uma mesma tiragem! Pegue seu tarô, monte o jogo demonstrado a seguir e estude.

1. Desejo namorar João; o que ele sente por mim é amor?

   RESPOSTA: Não, ele é um amigo leal e sincero. Não nutra sentimentos amorosos ou deseje algum tipo de união com ele, pois jamais será um namorado, somente um bom amigo.

- AS CASAS 1 E 2 revelam que João sente afeto, amizade e consideração pela consulente, porém nenhuma forma de desejo ou atração afetivo-sexual – o arcano 5 no *positivo* indica o respeito afetivo e a amizade sincera, mas sua manifestação, o arcano Sete de Espadas, mostra que ele tem receios do que possa ocorrer, por isso não é claro no que deseja e a trata com cautela. O arcano 15 em posição *negativa* revela a falta de atração sexual e paixão; sua manifestação, o arcano Cinco de Espadas, nega que João esteja agindo errado com a consulente.

- AS CASAS 3 E 4 indicam que a amizade se fortalecerá e não há nenhum indício de algum tipo de sentimento amoroso – o arcano 17 no *caminho* revela que a pureza de sentimentos beira o amor fraterno; sua manifestação, o arcano Três de Paus, que ele provará sua sinceridade prestando alguma ajuda e apoio para a consulente. O arcano 14 no *resultado* expressa novamente a manutenção verdadeira da amizade com tendência à rotina; sua manifestação, o arcano Ás de Ouros, que a amizade é sólida e eterna.

- A casa 5 indica que a *consulente* tem grandes expectativas amorosas para com João, está apaixonada e deseja um namoro sincero. Talvez por isso ele se retraia tanto no momento – revelado na casa 1 – ou seja, por não querer causar mágoa e estragar uma amizade que julga ser muito sincera.

2. Vou comprar o carro este ano?

    Resposta: será difícil adquiri-lo no período desejado; no entanto, a compra se efetuará com sucesso e ao melhor custo-benefício no próximo ano.

- As casas 1 e 2 revelam que o momento é muito delicado e deve-se tomar cuidado com as compras e gastos – o arcano 5 no *positivo* sugere a realização com observação de documentos e financiamentos, mas sua manifestação é o arcano Sete de Espadas, que indica cautela e incerteza. O arcano 15 no *negativo* anula o poder de compra, barganha e sucesso presente, mas sua manifestação, o arcano Cinco de Espadas, indica que, embora o consulente não tenha condições financeiras no momento, ele não deve desistir do carro. O Cinco de Espadas, que simboliza o desperdício de tempo e planejamento, aqui se encontra em posição reversa e, assim, representa o contrário de seu atributo: não há displicência no projeto. Complementando a primeira fase da análise: no presente momento, é melhor não adquirir o bem, pois o período é desfavorável, mas deve continuar tentando.

- As casas 3 e 4 indicam que ao longo do ano haverá muitas oportunidades de realização, mas que somente no ano seguinte a compra se efetuará – o arcano 17 no *caminho* revela a oportunidade de realizar o desejo, e sua manifestação, o arcano Três de Paus, mostra que haverá ofertas tentadoras, escambos ou excelentes promoções. Contudo, o arcano 14 no *resultado* indica um adiamento para o período posterior devido a pequenos obstáculos de natureza superior, e sua manifestação, o arcano Ás de Ouros, indica a realização final com pleno sucesso!

- A casa 5 revela que o *consulente* está tentando negociar o mais rápido possível e buscando a melhor oferta na compra do veículo. Entretanto, ele já foi alertado de que o momento não é indicado e que deve se precaver. As orientações espirituais foram dadas, mas o cliente possui o livre-arbítrio. Cada um é o senhor do seu destino.

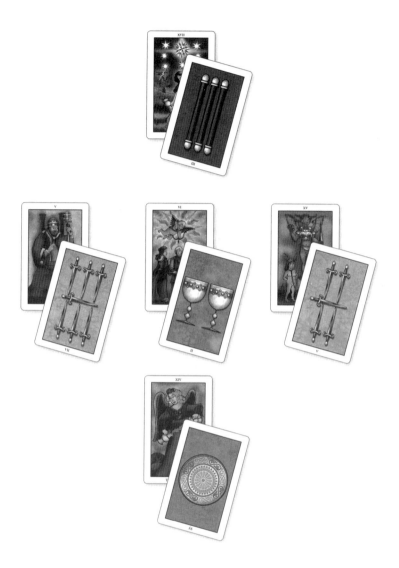

Obs.: não se esqueça de que a casa 5 somente esclarece a posição psicoemocional do consulente em relação à pergunta. Jamais será algum complemento futuro da casa 4, apenas orientações adicionais se for necessário enfatizar algum aspecto da questão.

COMPLEMENTO DESTA LIÇÃO

1. Estude o texto O Tarô e a Inquisição – Aula eletiva 11, página 292.

LIÇÃO 25

Técnicas – Parte 6

• • • •

São poucos os que chegam a esta última lição, e sei que foi um árduo caminho. Tenha a certeza de que *o leitor* faz parte de uma elite de estudantes-tarotistas que se propuseram a aprender e conquistaram, com perseverança, o conhecimento básico dos 78 arcanos do tarô. Foram muitas pesquisas, textos e questionários, não foram? Mas valeu a pena, porque o leitor, agora um tarotista, pode fazer uma avaliação de seu conhecimento tanto histórico quanto prático, assim como uma análise do tarô. Continue seus estudos, leia meus outros livros para se aprofundar no estudo do tarô ou da terapia, e nunca deixe de praticar os jogos. Vamos ao exemplo com o tarô completo no Método MANDALA, demonstrado na figura a seguir. Analise atentamente cada combinação nas respectivas casas – se tiver dificuldade, reveja as Lições 4, 5, 12, 13, 16 e 22.

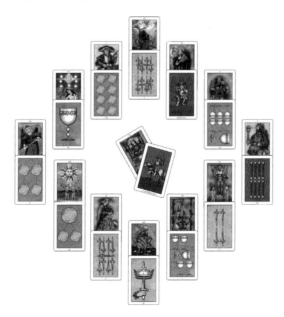

- Casa 0 (central). O arcano Carro com o arcano Cavaleiro de Paus indica que o destino do consulente está aberto, tudo tende à solução dos problemas e ao surgimento de novos caminhos; porém as outras casas ditarão se o consulente está ou não afinado com o sucesso que o destino está oferecendo.
- Casa 1. O consulente está refletindo profundamente sobre a vida (Temperança), porém, o arcano 14 se manifesta no Quatro de Ouros, avisando que os projetos estão estagnados e que não vale a pena continuar com esses pensamentos. O estado de obsessão mental é visível, a fixação num único ponto – já é possível determinar que o consulente não se encontra em harmonia com o destino, pois a casa 1 está passiva em relação à casa central.
- Casa 2. O aspecto financeiro está bem equilibrado (Sol); como o Três de Ouros é a manifestação do arcano 19, esta configuração sugere que a pessoa deve estar guardando algum dinheiro e não tem problemas de ordem material – já é possível antecipar que a questão do consulente não é financeira!
- Casa 3. Na expressão verbal e na comunicação, ele demonstra educação, mas não transmite suas reais ideias, fala o necessário (Força). A combinação com o Nove de Espadas indica que ele deseja mais falar de seus dissabores do que ouvir conselhos, o que revela uma expressão negativista da vida e, pior, que está querendo impor sua obsessão – não se esqueça que esta casa expressa os valores da casa 1, às vezes, também há influência da casa 5.
- Casa 4. Podemos considerar uma combinação clássica de *brigas, raiva e rancor* a junção do arcano 13 (mudança, dor) com o Ás de Espadas (vontade, ação). O lar não está agradável, há muitas discussões e desarmonia. O consulente pode estar prestes a sair de casa ou a mandar alguém embora. De qualquer forma, a alteração no âmbito familiar ou residencial é um fato, mas se dará da pior forma possível – é preciso aconselhá-lo a se acalmar.
- Casa 5. O lado sentimental está muito afetado, um amor por algo ou alguém que não é alimentado (Pendurado), e esse desejo se encontra em total estado de frustração e abandono (Cinco de Copas). O aconselhamento urgente é: perdoar e esquecer o passado, mudar o paradigma da vida, buscar o novo horizonte que o destino oferece. Observe que tanto esta casa quanto a casa 1 se encontram repletas de ideias e vontades obsessivas, que se expressam com amargura na casa 3.
- Casa 6. No aspecto profissional, existem muitas oportunidades e chances de trabalho (Diabo), porém o consulente perdeu a vontade de trabalhar (Quatro de Espadas) – a combinação indica que há muita negligência.

Vale outro conselho: as atitudes emocionais negativas estão prejudicando o aspecto profissional.
- Casa 7. A casa da parceria está fechada: o arcano 4 com o Oito de Paus, que representa o final de um ciclo, o término da conquista – não há mensagem de bons augúrios afetivos. Se o consulente for casado, talvez a parceira esteja querendo mudar o relacionamento; se for solteiro, não conhecerá ninguém nos próximos três meses.
- Casa 8. Em seu íntimo, o consulente está ansioso, com muitas emoções transitando do bom ao mau humor, angústias sem sentido (Roda da Fortuna). Como há a presença do Sete de Copas, tudo não passa de pura ilusão. Ele está alimentando sonhos impossíveis, e mais, não sabe o que fazer com eles. Como sempre se lê esta casa em conjunto com a casa 5, podemos deduzir que o consulente foi abandonado e se sente perdido, suas emoções transitam do sonho à fantasia. Vale novamente o conselho, agora enfático, de esquecer o passado, procurar uma ajuda terapêutica ou espiritual para eliminar a mágoa.
- Casa 9. Apesar de toda a utopia sentimental apresentada nas casas anteriores, o consulente consegue ter a visão e/ou o projeto de reconstruir seu futuro da melhor maneira possível (Eremita), de forma coerente, progressiva e próspera (Rei de Paus). Entretanto, com a visão negativista que tem de sua vida atual, dificilmente alcançará esse patamar no futuro – observe que esta casa é um *projeto de vida* e deve ser analisada com a casa 1. Mais um conselho: manter os ideais é uma forma saudável de vida, porém, tentar resolver o problema presente é mais urgente.
- Casa 10. O presságio para os próximos meses é a dissolução total do passado (Torre) e rompimentos definitivos (Dez de Espadas) – esta é outra combinação clássica do tarô (perda total e irreversível). Por estar na casa 10, indica que todos os problemas serão solucionados de forma diferente da que o consulente deseja. Todavia, há uma indicação de que o estado emocional se modificará e ele será obrigado a dar outro rumo à sua vida. Segue outro conselho: perdoar, transcender, buscar um novo caminho, pois uma nova vida bem melhor se aproxima!
- Casa 11. Esta combinação indica que o consulente está buscando novos amigos (Mago), diferentes, melhores e de outro circuito social (Oito de Ouros). Esta combinação também sugere que ele receberá ajuda de pessoas que conheceu recentemente e que no futuro poderá vir a namorar uma delas.

- Casa 12. Este é o grande conselho e desafio para o consulente nesse período de três meses: a combinação do arcano Estrela (fé, esperança) com o Ás de Copas (abundância, alegria) sugere que ele deve ter confiança na vida, amor-próprio, perdoar, esquecer o passado e seguir liberto de toda opressão e erros.

ESTRUTURA NEI NAIFF

Na ESTRUTURA DO TARÔ existem cartas que qualificam todo tipo de situação, isto é um fato! Os arcanos expressam situações que dependem de nós mesmos, outras de terceiros e há, ainda, as que dependem do destino. Algumas são reversíveis, outras intransponíveis. O tarô não é uma novela onde tudo acaba bem, há finais nem tão felizes, pode acreditar; contudo, as cartas sempre sinalizarão aconselhamentos para um novo paradigma. Lembra-se dos caminhos nas primeiras lições? É imprescindível tê-los em mente, pois são importantes e complementares e seria interessante que lesse somente o início da Lição 6 a 11 e da 18 a 21, observando atentamente o esquema de interação entre aquelas vias.

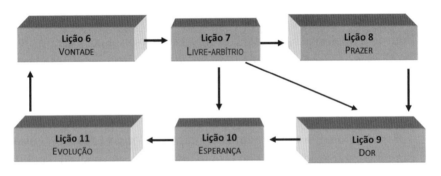

Arcanos principais – estrutura Nei Naiff

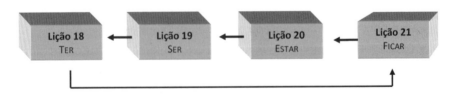

Arcanos auxiliares – estrutura Nei Naiff

Por exemplo: os arcanos do Caminho da Vontade (1-5) determinam que nós temos o pleno domínio da vida, jamais terceiros ou o próprio destino. Se um consulente dissesse que encontrou a alma gêmea e, ao verificar a casa 5 do Método Mandala, observássemos o Imperador, saberíamos que não. Tudo seria uma grande vontade pessoal; não que isso fosse ruim, mas o alertaríamos para viver aquele desejo na proporção exata daquele momento. Já as cartas do Caminho da Dor (12-16) esclarecem que nosso poder pessoal se esvaiu; o destino ou terceiros estão no comando. Se um amigo dissesse que a vida financeira estava sob controle e, ao verificar a casa 2 do Mandala, víssemos o arcano Torre, revelaríamos que haveria uma dívida eminente onde teria de arcar com as decisões erradas. E, ainda, o arcano menor que estivesse acompanhado forneceria a dimensão exata dessas situações. Reflita sobre essas variações e possibilidades durante uma consulta. Boa sorte!

Quer saber mais sobre o assunto?

Assista a palestra *Caminhos do Tarô* e vários outros temas (livre-arbítrio, autoconhecimento, esoterismo) pelo canal digital: www.youtube.com/neinaiff e em nossa escola: www.tarotista.com.br.

AVALIAÇÃO 10

Lições 22, 23, 24 e 25
Aula Eletiva 10 e 11

1. Analise a combinação da Imperatriz com o Dez de Ouros no plano material.
   a. Desenvolvimento eficaz, controle absoluto sobre o plano material.
   b. Sucesso e possessividade, tendência a perdas no plano material.
   c. Realização sobre tudo o que se deseja com pequenos obstáculos.
   d. Todas as opções estão corretas.

2. Analise a combinação da Torre com o Três de Ouros no plano sentimental.
   a. Existe possibilidade de rupturas e mágoa, mas tudo acabará bem.
   b. Existe perda e afastamento, mas não se está percebendo os erros.
   c. Existe sofrimento, dor e tendência à depressão pelo amor que se foi.
   d. Todas as opções estão corretas

3. Analise a combinação da Morte com a Rainha de Espadas no plano mental.
   a. Há planos analíticos de melhoria baseados num futuro promissor.
   b. Há planos analíticos de vingança baseados na obsessão.
   c. Há planos analíticos de mudança baseados na prosperidade.
   d. Todas as opções estão corretas.

4. Analise a combinação da Morte com o Dez de Paus no plano material.
   a. Situação de labuta e obstáculos para uma vida melhor.
   b. Busca a mudança de status, visando melhores condições de vida.
   c. Uma situação de imposição do novo desejo para renovar o futuro.
   d. Todas as opções estão corretas.

5. Analise a combinação do Diabo com o Sete de Copas no plano sentimental.
   a. Uma paixão profunda, porém, errada e fantasiosa; é aconselhável revê-la para não se autodestruir.
   b. Uma paixão maravilhosa, fogosa e cheia de fantasias sexuais; é aconselhável mantê-la como está.
   c. Uma paixão ilusória, passageira e sem nenhuma consequência; é aconselhável viver o momento.
   d. Todas as opções estão corretas.

6. Analise a combinação do Eremita com o Pajem de Copas no plano espiritual.
   a. Vivência e busca da perfeição humana e espiritual.
   b. Vivência e busca da religiosidade e filantropia.
   c. Vivência e busca do autoconhecimento e meditação.
   d. Todas as opções estão corretas.

7. Analise a combinação do Imperador com o Quatro de Ouros no plano sentimental.
   a. Não há amor, só um sentido de controle e posse sobre a relação – é preciso ser mais flexível.
   b. Não há amor, só um sentido de poder e intolerância sobre a relação – é preciso ser mais afetivo.
   c. Não há amor, só um sentido de autoridade e opressão sobre a relação – é preciso ser mais meigo.
   d. Todas as opções estão corretas.

8. Analise a combinação do Imperador com o Dois de Copas no plano sentimental.
   a. O consulente é possessivo, porém existe afeto, carinho e atenção.
   b. O consulente é ciumento, porém existe afeto, carinho e atenção.
   c. O consulente é volúvel, porém existe afeto, carinho e atenção.
   d. Todas as opções estão corretas.

9. Analise a combinação do Pendurado com o Dez de Espadas no plano mental.
   a. O consulente está cansado de ter o mesmo pensamento obsessivo, está mudando de paradigma.
   b. O consulente se encontra com as ideias utópicas, mas se esforça para mantê-las e/ou realizá-las
   c. O consulente deseja mudar, mas não tem forças, prefere sacrificar-se e ficar como está.
   d. Todas as opções estão corretas.

Pegue o tarô, monte o jogo do Método Mandala (a seguir) e responda às questões 10 a 16.

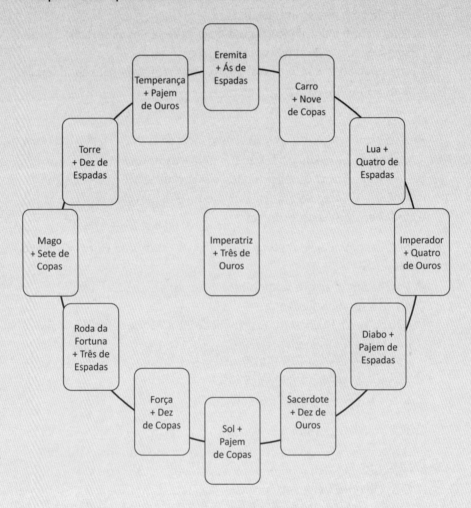

10. Como o consulente está pensando no dia a dia?
    a. As ideias atuais são criativas, cheias de novos planos e perfeitas – ele não deve mudar nada.
    b. As ideias presentes estão cheias de novidades, mas são enganosas – ele deve revê-las.
    c. Atualmente, as ideias estão sendo renovadas, porém são confusas e erradas.
    d. Todas as opções estão erradas.

11. Como está a situação do consulente no trabalho?
    a. Dinâmica, tudo indica que haverá a promoção desejada – ele deve manter o modo de trabalhar.
    b. Passiva, tudo indica que não haverá mudanças – ele deve ter mais ambição e planejamento.
    c. Problemática, tudo indica que o consulente está agindo errado – ele deve ser mais responsável.
    d. Todas as opções estão erradas.

12. Como está o relacionamento afetivo?
    a. Superafetivo, tanto o consulente quanto o parceiro se respeitam em profundidade.
    b. Superssocial, tanto o consulente quanto o parceiro apenas mantêm a aparência.
    c. Superpossessivo, tanto o consulente quanto o parceiro exigem total fidelidade.
    d. Todas as opções estão erradas.

13. Qual o principal conselho do jogo?
    a. Mudar gradativamente o modo de pensar e agir, ter esperança na vida.
    b. Transformar imediatamente o modo de pensar e agir, renovar a vida.
    c. Modificar, quando desejar, o modo de pensar e agir, ter otimismo.
    d. Todas as opções estão erradas.

14. Como se encontra a situação financeira do consulente?
    a. Instável, porém, dentro de três meses o consulente conseguirá pagar suas dívidas como deseja.
    b. Instável, o consulente acumula dívidas e perdas irreparáveis, terá que reparar o prejuízo.
    c. Instável, o consulente está ansioso e sofre por causa das dívidas, deve se acalmar.
    d. Todas as opções estão erradas.

15. Como se encontra o destino do consulente?
    a. O consulente está em paz e esperançoso, mas o destino se encontra fechado; ele deve esperar.
    b. O consulente está decepcionado e o destino está bloqueado; ele deve aguardar um tempo melhor.
    c. O consulente está iludido e com problemas, mas o destino se encontra aberto e próspero; ele deve rever a situação.
    d. Todas as opções estão erradas.

16. O que acontecerá nos próximos três meses?
    a. O consulente conseguirá resolver lentamente seus problemas, solucionará tudo a longo prazo.
    b. O consulente ainda enfrentará obstáculos e as situações não mudarão, mas ele está no caminho da solução.
    c. O consulente terá ajuda do destino e de amigos para transpor todos os obstáculos da vida.
    d. Todas as opções estão erradas.

17. Compra de uma casa. Conselho: arcano Torre com Ás de Ouros.
    a. Apesar da dificuldade, tudo sairá perfeito.
    b. Deve-se, primeiramente, solucionar os problemas antigos.
    c. Haverá prejuízos e obstáculos, desista.
    d. Todas as opções estão erradas.

18. Marcar o casamento. Conselho: arcano Sacerdote com Dois de Espadas.
    a. Discórdia e brigas, melhor adiar a data.
    b. Desarmonia com a família, aguarde melhor data.
    c. Não desista, insista e marque a melhor data.
    d. Todas as opções estão erradas.

Obs.: veja o gabarito na página 299; se errou, estude a lição correspondente.

LIÇÃO 26

Técnicas – Parte 7

A presentarei aqui algumas tiragens auxiliares que são importantes complementos em consultas. Muitas vezes, após o lançamento do Método Mandala (Lição 16 e/ou 25) ou do Peladan (Lição 15 e/ou 24) ficam ainda algumas dúvidas que podem ser respondidas melhor por outras tiragens. Também há momentos em que desejamos apenas resolver pequenos detalhes ou ser mais pragmáticos na consulta. No livro *Tarô, oráculo e métodos* (3º volume da trilogia dos estudos completos do tarô) há um estudo profundo de como interpretar as diversas metodologias, já nesta nova lição apresentarei jogos que permitirão maior capacidade oracular. As técnicas de leitura básica já foram apresentadas (Lição 12, 13 e 22), bem como alguns exemplos de interpretação, aqui veremos apenas a montagem da tiragem e o modo de leitura de acordo com o tema exposto.

1. **AMOR.** Neste âmbito, necessitamos atenção em não colocar nosso ponto de vista ou aquilo que julgamos ser importante em uma relação. Validemos que o consulente pode ter expectativas diferentes ou valores afetivos distintos aos nossos, uma vez que nem todos são românticos, gostam de beijos ou carícias em qualquer momento.

    » *Peladan:* uma dica valiosa sobre amor é entender o que se deseja de uma relação afetiva (releia o tópico "Atenção" na Lição 12). O amor é importante, mas não é garantia de namoro ou casamento! Quando alguém pergunta se "Tal pessoa pensa em mim? Ainda me ama? Sairei com meu flerte (crush)?" é sinonímia de que deseja ter ao lado, anseia pelos beijos e abraços de uma noite, um namoro ou um casamento. Assim, o *melhor* sempre é perguntar: "Iremos ficar juntos?", "Vamos namorar?", "Faremos sexo?"; ou seja, tudo é melhor analisado pelo plano material do arcano.

Atenção: se realmente deseja saber se "Tal pessoa o ama?", não há necessidade de acrescentar "tempo" a pergunta; afinal, queremos saber algo deste momento! O tempo na questão somete é valido para questões que ainda serão conquistadas ou realizadas (futuro).

» *Mandala:* enfatizando que, para os casados, o amor da C5 se refere ao parceiro (C7). Se o consulente estiver sem alguém, a C5 será seu desejo de encontrar um(a) parceiro(a), já a C7 indicaria se alguém estaria flertando/chegando naquele período.

Atenção: mesmo que uma pessoa solteira (livre) esteja em uma relação extraconjugal e/ou oculta, as casas C5 e C7 jamais serão lidas para essa condição, pois estarão abertas para um namoro real. No caso de amantes, use outra tiragem, como o Anel do Amor ou perguntas com o Peladan, por exemplo.

» *Anel do Amor:* esta tiragem é útil quando desejamos entender qual o grau de comprometimento em uma situação afetiva (namoro, casamento, extraconjugal), analisando a harmonia, o conflito e a solução. Não há perguntas, as posições apresentam significados próprios. A casa 1 deve ser lida com o plano sentimental; as casas 2 e 3 serão interpretadas com o plano mental (relação) e a casa 4, com um aconselhamento. Abertura muito importante para autoanálise e descobertas de falhas ou entraves para serem corrigidos considerando aspectos interiores (casa 1) e a visão afetiva do outro (casa 3).

1. O que realmente sente/percebe da RELAÇÃO AFETIVA?
2. Como acredita que se mostra/revela ao OUTRO?
3. Como o outro observa/percebe seu COMPORTAMENTO?
4. CONSELHO para o equilíbrio e a harmonia afetiva.

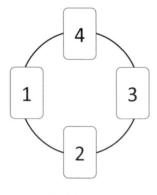

Anel do Amor

Comentários: aqui podemos abrir com o arcanos maiores (Método Básico) ou em combinação com os menores (Método Europeu) e sempre em relação ao significado da casa.

> *Exemplos de leitura (Método Básico)*. C1 – Sol, indicaria um amor pleno, estando feliz com a relação. Se houvesse Pendurado, diria que amaria, mas não se sente correspondido. C2 – Imperatriz, acredita que se mostra capaz, inteiro, verdadeiro. Se houvesse Morte, se acharia racional, prático, objetivo. C3 – Roda da Fortuna, sugere que o consulente é observado com atitude incoerente, confusa. Se fosse a Estrela, seria visto como uma pessoa gentil, clara, inteligente. C4 – Torre, indicaria mudar o comportamento, o paradigma. Se houvesse Diabo, apontaria para ser mais audacioso, pensar mais em si e nos próprios sentimentos.

> *Exemplos de leitura (Método Europeu)*. C1 – Força + Três de espadas, revela que ama, mas está sofrendo ou triste por algum problema. Se tivesse com Ás de Copas, indicaria amor profundo, vislumbrando a felicidade. C2 – Sacerdote + Nove de ouros, o consulente acredita que passa a imagem de rigidez, segurança e autoconfiança. Se fosse uma combinação com Cinco de copas, passaria um conceito de rígido, melancólico e distante. C3 – Imperador + Dez de copas, indica que é visto como racional, mas afetuoso e feliz. Se tivesse com o Quatro de ouros, indicaria que seria observado como racional, controlador e possessivo. C4 – Pendurado + 4 de Espadas, aconselha que o momento é de não fazer nada, ficar calado, refletir sobre o futuro. Se tivesse com o Dez de espadas ou Oito de paus, diria que chegou o momento de romper com o silêncio, agir para um novo tempo.

2. DINHEIRO: esta é uma área relativa, pois encontramos pessoas esbanjadoras e outras muito econômicas; algumas dão valor ao que possuem e preservam, todavia encontramos aquelas que não valorizam nada que compram ou ganham. Muito dinheiro pode ser pouco, e o inverso é verdadeiro! Tudo dependerá do grau de cultura, educação ou consciência que a pessoa possua sobre o uso do próprio orçamento.

» *Peladan:* devemos ter muito cuidado em não colocar o pensamento ou ideal de vida material em comparação ao que o consulente deseja ou possua. Igualmente tenhamos em mente que "dinheiro" não tem sentimento/emoção, estando sempre no plano material da carta.

» *Mandala:* lembrando que a C2 se refere ao dinheiro circulante e disponível (plano material do arcano), não analisamos bens móveis e imóveis, tampouco aplicações ou especulações financeiras. Lemos o arcano em relação ao orçamento, à entrada e à saída do dinheiro, aos recursos disponíveis e imediatos. Aqui, não se analisa a posição social; pois, ricos e pobres poderão ter dívidas!

» *Templo de Zeus:* tiragem indicada para análise de investimentos, negócios, dinheiro circulante ou aspectos financeiros de ordem geral. As casas são autoexplicativas, ou seja, o PASSADO (1), o PRESENTE (2) e o FUTURO (3) do que foi solicitado, além de um CONSELHO (4). O conjunto se refere a aproximadamente um ano; assim, a casa 1 (passado) pode ser considerada um período de três a quatro meses antes da consulta, e a casa 3 (futuro) inicia sua força espiritual em três ou quatro meses.

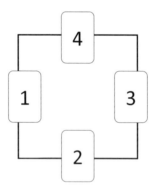

Templo de Zeus

Comentários: direcione a consulta a uma das áreas estabelecidas previamente antes de embaralhar e escolher as cartas, por exemplo: *Como se encontra minha vida financeira? Terei sucesso em tal investimento? Haverá progresso financeiro em tal negócio?* Monte a tiragem, leia somente o plano material, observando a sequência e sua relação.

Exemplos de leitura (Método Básico). C1 – PENDURADO, indica que há mais ou menos quatro meses a situação estava crítica, havia muitas dívidas ou dificuldades financeiras, ocorrendo sérios obstáculos para equilibrar o orçamento. Se houvesse ESTRELA, a vida financeira estaria equilibrada. C2 – TEMPERANÇA, sugere que a vida financeira do período anterior permanece de modo similar. Se houvesse Torre, indicaria que muitos obstáculos e prejuízos ocorre no presente momento. *Atenção*: aqui, independentemente do arcano, temos sempre que verificar a C1 para entender a mudança ou a continuidade do orçamento positivo ou negativo. C3 – Morte, revela que no futuro, de aqui a quatro meses, parte ou o todo das dívidas poderá ser saldada, um novo caminho financeiro será encontrado e tudo tenderá ao equilíbrio de maneira rápida. Se fosse Pendurado, indicaria que haveria dívidas ou obstáculos à frente. C4 – Sacerdotisa, orienta para que a consulente, no momento, fique mais tranquila, planeje melhor o próprio orçamento e não se desespere; pois refletindo e meditando conseguirá encontrar uma boa saída. Se houvesse Carro, indicaria para ser mais dinâmica e objetiva no trato financeiro.

Exemplos de leitura (Método Europeu). C1 – Carro + Ás de espadas, nos meses passadas, tudo progredia de acordo com suas vontades financeiras, as possibilidades de crescimento eram visíveis. Se tivesse a combinação com o Três de espadas, diríamos que houve perdas ou dívidas no orçamento. C2 – Diabo + Oito de espadas, informaríamos que, atualmente, há grande potencial de ganho ou solução financeira, mas haveria questões fora dos parâmetros legais. Se fosse a combinação com Três de ouros, o sucesso e a prosperidade financeira seriam imensos. C3 – Justiça + Dois de paus, nos meses seguintes, necessita ter cautela em relação às finanças/investimentos, haverá obstáculos a serem superados. Se tivesse a combinação com Dez de copas, indicaria que haveria soluções financeiras bem positivas. C4 – Mago + Sete de espadas, aconselha a ser criativo, cauteloso e diplomata nas finanças. Se tivesse a combinação com Sete de paus, aconselharia que, além da busca de novos planos, fosse mais arrojado.

LIÇÃO 27

Técnicas – Parte 8

• • • •

Esta é mais uma lição bônus, complementando à Lição 26, por isso seguimos com a numeração dos tópicos anteriores. As lições bônus surgiram a partir de inúmeras solicitação dos leitores. Acho importante estarmos abertos à revisão de conteúdo, pois o tarô segue seu tempo e nada é fechado em seu saber, a evolução é constante!

3. **SAÚDE:** o tarólogo/tarotista apenas orienta qual o melhor caminho ou solução, jamais diagnostica ou avia medicamentos! Podemos analisar se o tratamento a ser realizado (remédio, cirurgia, exames, etc.) terá efeito positivo (retorno à saúde ou ao seu equilíbrio), orientando alguma solução. Lembre-se: *tarólogo não é médico tampouco psicólogo*.

   » *Peladan:* usamos essa tiragem para perguntas como: "O tratamento médico terá bom resultado?", "A cirurgia será bem-sucedida?", "Conseguirei solucionar minha doença?", "Devo continuar o tratamento com o médico/clínica atual?". Observe que nesses casos não houve a inclusão de tempo (fator importante no método Peladan), pois estas questões já se encontram em andamento, apenas precisando de confirmação ao que se deseja: retorno à saúde (plano material)! Lembrando que C1 e C2 se reportam ao que já existe (passado-presente) e que C3 e C4 apontam para o desenvolvimento e ao resultado (presente-futuro).

   » *Mandala:* a C6 possui leituras para o trabalho (se estiver empregado), de rotina (se for desempregado, aposentado, estudante) e para a saúde (orgânica, física), sempre lidas no plano material. Neste quesito podemos vislumbrar apenas a saúde de um modo geral (boa ou não), mas havendo algum desequilíbrio não há como identificar, apenas aconselhar muita atenção ou buscar algum médico, caso haja algum problema (arcanos do item b, a seguir).

a. Arcanos de bem-estar, equilíbrio ou retorno à saúde: 1, 3, 4, 5, 7, 8, 9, 11, 14, 17, 19, 20, 21.
b. Arcanos de cautela, desestabilidade ou dificuldade: 2, 6, 10, 12, 13, 15, 16, 18, s/n (22).

» *Templo de Asclépio:* tiragem indicada para analisar a saúde em dois planos, independentemente de haver algum distúrbio. Os arcanos apontarão o bem-estar ou a desarmonia, devendo o consulente ficar em alerta ou procurar um médico, caso encontre algum problema na tiragem. A C1 lê-se no plano material (físico/orgânico), a C2 analisamos pelo plano mental e/ou sentimental (psicoemocional), a C3 encontramos como haverá o equilíbrio (plano material, resultados) e a C4 indica um conselho (atitude a ser tomada) para encontrar o equilíbrio da C3.

1. A saúde física.
2. A saúde psicoemocional.
3. O equilíbrio
4. A solução.

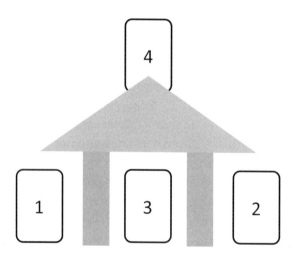

Templo de Asclépio

Comentários: esta tiragem é bem simples, podendo usar parâmetros dos tópicos anteriores (arcanos do bem-estar ou de cautela), acrescentando o plano material do arcano; também é possível ler somente com os arcanos maiores ou em combinação com os menores. Esta tiragem pode ser complementada com uma pergunta ao Peladan.

Exemplos de leitura (Método Básico). C1 – CARRO, boa saúde física ou controle de algum tratamento (se houver), poderia acrescentar que tudo será positivo, uma vez que esse arcano acena vitórias. Se houvesse PENDURADO, indicaria problemas na saúde física ou problemas em algum tratamento, pois aponta dificuldades e obstáculos (plano material). C2 – LUA, indica desestabilidade emocional ou psicológica (plano mental). C3 – SOL aponta que haverá equilíbrio, pois esta carta tem boas realizações no plano material (saúde em geral). Se houvesse TORRE, teríamos algum problema, retrocesso ou obstáculo; contudo, muitas vezes é necessário alguma invalidação para que se encontre algo mais positivo! C4 – MORTE, revela que o consulente tem que mudar os hábitos e/ou o tratamento para conseguir bons resultados. Se houvesse FORÇA, pediria mais confiança, mais resiliência.

Exemplo de leitura (Método Europeu). Aqui teremos detalhamentos precisos de cada elemento, ficando atento às regras de combinações explicadas na Lição 22 – Metodologia, Parte 3. C1 – CARRO + QUATRO DE ESPADAS, indica que embora haja boa saúde física ou controle de algum tratamento (se houver), demoraria algum tempo para que tudo se reestabelecesse ou a dificuldade para a solução; contudo, poderia dizer que ao final tudo será positivo. Se houvesse a combinação com o DEZ DE COPAS, apontaria que tudo está em perfeita ordem e com ótima saúde ou que (se houver tratamento ou cirurgia) ficaria muito satisfeito com o resultado! Observe que nada muda do contexto do arcano maior, apenas qualificamos melhor a dimensão e o tempo da situação ao acrescentarmos o arcano menor.

4. **ESPIRITUALIDADE:** a vida espiritual não deve ser confundida com a religiosa, mas sempre com um aspecto evolucional de compreensão do Universo. Geralmente o consulente não entende essa questão ou algo transcendente. Vejamos, é comum ter o arcano 4 ou 13 no plano espiritual, sugerindo ceticismo ou ausência de fé momentânea; assim, essas cartas alertam para o retorno à generosidade e à esperança! No entanto, por serem pragmáticas, creem que nada os afetará.

» *Peladan:* quando perguntar "Como está meu plano espiritual", "Estou protegido espiritualmente?", não há necessidade de acrescentar algum tempo relativo à pergunta. Assim como já vimos no tópico saúde e amor, somente apontamos um período para questões que ainda ocorrerão.

» *Mandala:* Na C9 também podemos analisar a espiritualidade (fé, esperança, religiosidade, misticismo, etc.). A principal razão de se classificar os arcanos em "planos/elementos" se trata em alavancar conceitos pertinentes à interpretação, visto que um mesmo arcano pode ter linguagens diferentes (de acordo com a questão ou casa relativa). Por exemplo. PENDURADO, tem pensamentos equivocados com o mundo real, mas muito positivo em questões místicas e religiosas. Assim, na C9, ARCANO 12 indicaria ideias fantasiosas ou obsessivas; porém, haveria muita fidúcia ou devoção espiritual. IMPERADOR teria excelentes ideias para o futuro; contudo, pouca atenção espiritual (incompreensão, materialismo ou ceticismo).

» *Janela astral:* a maior parte das pessoas desejam saber se possuem ajuda ou proteção dos mestres espirituais! Esta tiragem é um importante instrumento para análise do plano astral em cuja interpretação é possível descobrir a força interior e o controle do caos espiritual. No astral está concentrada a energia motriz, o poder pessoal diante de forças humanas ou de entidades que não pertencem ao nosso campo espiritual. Nele ainda reside o escudo protetor de forças negativas, como a inveja e o mau-olhado. Os atributos para uma boa interpretação são: espiritual (posição 1), mental (posição 2), material (3), conselho (4); adicione também a *Ação/equilíbrio* para cada uma delas.

1. Como está minha força astral?
2. Tenho o domínio da negatividade?
3. O momento cármico material.
4. O que devo fazer para me proteger?

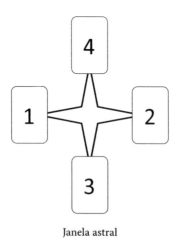

Janela astral

Comentários: esta tiragem tem dois campos de análise: o mundo espiritual e o material. Comparamos qual área estaria o problema; muitas vezes pensamos em "magia ou inveja" para os obstáculos da vida quando, em verdade, seria um movimento cármico ou apenas nossas decisões equivocadas.

Exemplos de leitura (Método Básico). C1 – PENDURADO, indicaria que a força astral está bem fortalecida, com devoção espiritual. Se houvesse, MORTE indicaria ceticismo e poderia haver enfraquecimento nesse plano. C2 – IMPERADOR, aponta que os pensamentos são objetivos e práticos, há poder mental contra a negatividade. Se fosse PENDURADO teríamos fraqueza e perturbação espiritual. C3 – DIABO, sugere bom período material, com muitos ganhos. Se fosse o PENDURADO, indicaria que há muitos erros e prejuízos. C4 – SACERDOTISA, aconselha a manter a calma, não fazer nada. Se tivesse ESTRELA, pediria para manter a esperança e a fé.

Exemplo de leitura (Método Europeu). C1 – EREMITA + AS DE COPAS, aponta ter muita iluminação espiritual, boa intuição. Se tivesse uma combinação com QUATRO DE ESPADAS, revelaria ausência da intuição ou, momentaneamente, sem fé. C2 — LOUCO + OITO DE COPAS, aponta não ter poder sobre forças espirituais externas, tudo é caótico e perigoso. Se apresentasse uma combinação com o NOVE DE COPAS, teria sorte ou vitória sobre as interferências negativas. C3 – DIABO + DEZ DE OUROS, revelaria que a vida material estaria maravilhosa, repleta de sucesso. Se fosse uma combinação com o DEZ DE ESPADAS, indicaria que haveria muitos prejuízos e toda conquista seria enganosa. C4 — MUNDO + 8 DE PAUS, aconselha a mudar o comportamento, encontrando novos paradigmas. Se fosse uma combinação com DOIS DE PAUS, o conselho seria adiar qualquer mudança e refletir sobre a vida.

LIÇÕES BÔNUS

LIÇÃO 28

Técnicas – Parte 9

• • • •

GRANDE MESTRE

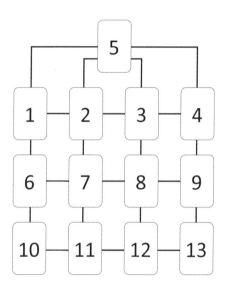

Esta tiragem serve como orientação e aconselhamento para as situações gerais de um período, geralmente a tiramos entre três e seis meses. Observe os planos de leitura e sua evolução/involução entre o tempo passado e futuro. Ótimo *como fonte de estudo direcionada para o autoconhecimento ou uma orientação holística para a vida*. Utilize 13 arcanos, montando na exata sequência numérica.

1, 2, 3, 4. **LINHA DO PASSADO.**
Equivale a aproximadamente três meses de acontecimentos.

5. CONSELHO.
O que fazer para equilibrar as situações atuais?

6, 7, 8, 9. LINHA DO PRESENTE.
O que se passa atualmente? O que vive?

10, 11, 12, 13. LINHA DO FUTURO.
Equivale aos próximos acontecimentos em um período de três meses.

As casas também terão os seguintes valores:

1, 6, 10 – Plano MATERIAL.
2, 7, 11 – Plano MENTAL.
3, 8, 12 – Plano SENTIMENTAL.
4, 9, 13 – Plano ESPIRITUAL.

Instruções: leia por coluna vertical: 1-6-10, 2-7-11, 3-8-12, 4-9-13 e, por último, a carta de posição 5 (conselho), mantendo um ritmo de leitura como se um fosse o resultado do outro. Assim teremos, por exemplo, a leitura do plano material no passado/presente/futuro (entenda-se: como foram os três meses passados, como está sendo o mês em curso e como será o próximo trimestre). Também se deve observar na sequência vertical como se transforma o arcano de um período a outro. Ainda, na horizontal, leia o que havia no passado recente dos quatro planos, o que há no presente e o que haverá no futuro próximo.

Analisemos um exemplo taromântico completo, pegue seu tarô, faça a montagem de acordo com os arcanos a seguir e estude!

Casa 1 – Mago	Casa 8 – Lua
Casa 2 – Estrela	Casa 9 – Sol
Casa 3 – Imperatriz	Casa 10 – Pendurado
Casa 4 – Sacerdotisa	Casa 11 – Força
Casa 5 – Justiça	Casa 12 – Enamorado
Casa 6 – Roda da Fortuna	Casa 13 – Eremita
Casa 7 – Carro	

MAGO, RODA DA FORTUNA, PENDURADO (casas 1, 6, 10): no passado recente houve muitas *oportunidades positivas* no plano material, mas no presente momento estão *instáveis* ou o consulente não soube lidar com as chances ofertadas; no futuro próximo, o imbróglio atual tende a *não* se resolver, ocorrendo muitas dificuldades ou impossibilidade de alguma solução rápida.

> - *Se na posição 10 houvesse o arcano 5, por exemplo, ele indicaria que a instabilidade presente iria se dissipar no futuro, porque haveria certa organização, ordem e reclassificação.*

ESTRELA, CARRO, FORÇA (casas 2, 7, 11): no passado recente os pensamentos estavam bem *aclarados* com o desejo; atualmente, o planejamento ainda se encontra *determinado* em seu objetivo e tende a continuar no mesmo ritmo de *autocontrole* e boa administração.

> - *Se na posição 11 houvesse o arcano 10, por exemplo, ele indicaria que a determinação e a confiança absoluta iriam se dispersar no futuro, mudaria de planos e se tornaria incoerente.*

IMPERATRIZ, LUA, ENAMORADO (casas 3, 8, 12): no passado recente o plano sentimental se encontrava *alegre* e jovial; no presente, está profundamente *apaixonado*, com grandes expectativas e continuará sob este mesmo aspecto romântico e *amoroso*.

> - *Se na posição 12 houvesse o arcano 16, por exemplo, ele revelaria que a atual paixão iria terminar brevemente, havendo grande decepção. Contudo, esse arcano é cármico, também indicaria que sob o aspecto espiritual não poderia haver a continuidade... Coisas do destino...*

SACERDOTISA, SOL, EREMITA (casas 4, 9, 13): no passado recente o aspecto espiritual estava em completa *devoção* e entrega com o destino; no presente, há continuidade da força espiritual e da *fé* que se estenderá para o futuro próximo com muita meditação e *sabedoria*.

> - *Se na posição 13 houvesse o arcano 13, por exemplo, ele revelaria que a espiritualidade seria rompida surgindo o ceticismo e o questionamento sobre a existência de um verdade espiritual.*

JUSTIÇA (casa 5): este arcano solicita muita *cautela* nas ações ou que se conjecturem as responsabilidades assumidas, pois se reporta à lei da causa e efeito. Sugere que seja mais *lógico*, tendo conduta imparcial, sendo um período de avaliar o todo e não o particular.

> - *Essa casa é a última a ser analisada; contudo, antes de ser aberta, deve-se saber do consulente se deseja um aconselhamento geral ou particularizar para um determinado plano que foi analisado nas colunas verticais. No exemplo citado, essa carta talvez fosse melhor para o plano material que se revelou mais frágil, as outras colunas se encontraram em escala crescente de harmonia. Nunca se esqueça de que a casa de conselho indica o que o consulente DEVE fazer.*

LIÇÃO 29

Técnicas – Parte 10

• • • •

CRUZ CELTA

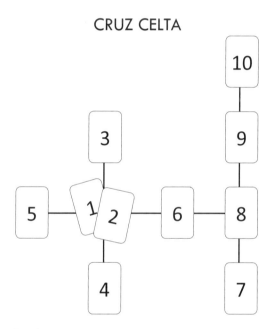

Tiragem utilizada para situações que exijam todas as possibilidades de análise, sendo ideal para negócios, finanças, saúde, relacionamento, trabalho. Sua abrangência torna possível esclarecer e orientar perfeitamente tudo o que envolve a questão formulada. Escolha dez cartas, monte o lançamento e leia na sequência dos blocos 1-2, 3-4, 5-6, 7, 8, 9 e 10. Basicamente, os arcanos das posições 1, 2, 3, 5 e 7 revelam informações que o consulente já sabe (são aspectos que vivencia); no entanto, as cartas das posições 4, 6, 8, 9 e 10 indicam situações de que ele ainda não tem ciência (ações futuras, sem percepção dos fatos, sem memória emocional). A linha de leitura 4, 6 e 10 revela o desenvolvimento da questão, a sequência do futuro no prazo máximo de um ano. Há muitas variações dessa abertura, e aqui apresento o lançamento mais antigo que conheço. Ele se encontra bem estruturado e sempre tive ótimo resultado/resposta para mim e meus consulentes, mas se preferir outra técnica, é preciso respeitar a formação mística.

1. ORIGEM
De que forma a situação começou? Leia conforme o atributo da questão solicitada: casamento ou namoro (material), trabalho ou dinheiro (material), amor ou desejo (sentimental), profissão ou estudo (mental), relação afetiva ou amizade (mental), religião (espiritual), concursos ou provas (mental), etc.

2. QUESTIONAMENTO
Por que está formulando a pergunta? Leia conforme o atributo mental (sempre).

3. CONSCIENTE
Como o consulente percebe a situação? O que ele sabe? Leia conforme o atributo da questão.

4. INCONSCIENTE
O que desconhece? O que não sabe? Leia conforme o atributo da questão.

5. PASSADO RECENTE
Como estava a situação? (Até seis meses antes.) Leia conforme o atributo da questão.

6. FUTURO PRÓXIMO
Como ficará a situação? (Até seis meses adiante.) Leia conforme o atributo da questão.

7. CONSULENTE
Estado mental e emocional em relação à questão. Leia conforme o atributo mental e emocional, juntos (sempre).

8. SÍNTESE
Como se desenvolverá nos próximos meses? Leia conforme o núcleo/definição (sempre).

9. OBSTÁCULOS
Qual o principal problema? Qual a advertência? Leia conforme o atributo obstáculo/oposição (sempre).

10. FUTURO

Como se desenvolverá após os seis meses da casa 6? (Mais seis meses.) Leia conforme o atributo da questão.

Exemplo taromântico de um consulente que estava muito preocupado porque não conseguia vender sua casa. Queria saber quando conseguiria tal propósito, o que estava errado e por que ninguém desejava comprá-la. Observe que poderíamos responder por intermédio do Peladan, mas o consulente deseja inúmeras respostas da mesma situação, sendo preferível usar a Cruz Celta (tiragem para situações complexas, que necessita de várias orientações). Pegue seu tarô, faça montagem de acordo com os arcanos a seguir e estude!

Casa 1 – Torre	Casa 6 – Eremita
Casa 2 – Roda da Fortuna	Casa 7 – Estrela
Casa 3 – Imperatriz	Casa 8 – Morte
Casa 4 – Temperança	Casa 9 – Mago
Casa 5 – Imperador	Casa 10 – Diabo

Torre (casa 1) e Roda da fortuna (casa 2) – a venda do imóvel é originada de uma grande *dívida* que deve ser saldada ou, talvez, da necessidade de honrar algum sério imprevisto (16); o questionamento ao oráculo se faz em razão de o consulente se encontrar sem parâmetros de respostas, tudo é *indefinido* para ele, não há convicção da venda (10).

Imperatriz (casa 3) e Temperança (casa 4) – o consulente tem a *certeza* de que venderá sua casa nas condições e valores solicitados (3); porém, o oráculo *adverte* que não será no prazo previsto e nem da forma como planeja. Muitos acertos ainda devem ser feitos antes de efetuar a venda (14).

Imperador (casa 5) e Eremita (casa 6) – no passado recente o consulente tem ofertado o apartamento de maneira *intransigente*, sob sua única necessidade, e talvez não tenha aceitado contrapropostas ou não tenha observado o ponto de vista do comprador (4); no futuro próximo, no máximo em seis meses, a venda ainda não se efetuará, haverá poucas visitas e muitos *obstáculos* nas negociações (9).

Estrela (casa 7) – o consulente está tranquilo e *esperançoso* de que venderá o imóvel do modo desejado, talvez esteja perguntando ao oráculo somente para confirmar seu ponto de vista.

- *Já teríamos elementos suficientes para perceber que ele se encontra obstinado em sua meta (Torre, Imperatriz) e sob o ponto de vista pessoal tudo acontecerá como tem solicitado (Imperador); contudo, a parte que desconhece e que o oráculo alerta é que ele não está vendo, está impondo (Imperador); também que deverá resolver problemas com o imóvel antes da venda (Temperança, Eremita), talvez o valor, a reforma, a documentação.*

Morte (casa 8) – o desenvolvimento da venda nos próximos meses terá *mudanças* significativas por parte do próprio consulente, talvez oferte propostas mais vantajosas. Essa posição deve ser analisada com a casa 6, então, a sequência Eremita-Morte nos fornece uma visão de *superação*, alteração de planos ou mudança de paradigma ao longo dos próximos seis meses. Caso encontrássemos Sacerdotisa nesta casa, não haveria solução imediata, tudo permanecia exatamente como se encontra.

Mago (casa 9) – o principal *obstáculo* é a falta de flexibilidade, não há negociação ou criatividade na venda, talvez o consulente não queira colocar em uma imobiliária, anunciar em jornais, colar cartazes na vizinhança ou no prédio onde resida; talvez tenha feito melhorias para disfarçar algum problema estrutural, mas os compradores estão percebendo o erro.

- *Não compete ao tarólogo adivinhar exatamente a situação ao lidar com os arcanos maiores (Método Básico), mas, sim, dar uma gama de opções relativas ao arcano e sua posição, a precisão somente viria com os arcanos menores. No caso, o arcano Mago, que é um gênio da negociação, encontra-se bloqueado, com suas características negativas bem acentuadas.*

Diabo (casa 10) – após superar o obstáculo da casa 9 e as mensagens das casas 4, 6, 8, a venda se efetuaria sem problema algum, a *realização* é garantida em longo prazo, talvez de seis meses a um ano, não antes.

- *Muitas vezes as respostas não são totalmente afirmativas, tudo dependerá essencialmente da posição do arcano e sua respectiva mensagem. Neste exemplo, o consulente ainda não vendeu o imóvel por causa do próprio comportamento; contudo, não quer dizer que quando houver cartas altamente realizadoras signifique uma atitude honesta e boazinha por parte do consulente. Muitas vezes, a pessoa está agindo desonestamente e o tarô simplesmente responde que conseguirá o que deseja, pois cada caso é um caso; o tarô não tem cunho moral, ele é universal!*

LIÇÃO 30

Técnicas – Parte 11

Para encerrar as lições bônus (26 a 30), celebrando os 20 anos de publicação ininterrupta desta obra, colocarei uma série de tiragens inéditas! Treine, use todo seu conhecimento, jogue com os arcanos maiores (Método Básico) ou a sua combinação (Método Europeu). Toda luz!

CIFRÃO – Como terei mais dinheiro?

1. Situação financeira atual.
2. Haverá melhorias do dinheiro em breve?
3. Encontrarei oportunidades para ganhar mais?
4. O que traria mais dinheiro?
5. Qual a situação nos próximos seis meses?

FLECHA — Como resolver as dívidas financeiras?

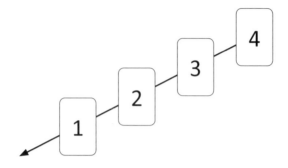

1. A causa da dívida.
2. Ajuda externa.
3. A solução da dívida.
4. Advertência.

CORAÇÃO VAZIO – O que me satisfaz no amor?

1. Como foi a experiência afetiva no passado?
2. Como está meu coração agora?
3. O que desejo de uma relação afetiva?
4. O que realmente preciso da relação a dois?
5. O que posso oferecer do meu amor ao outro?
6. Qual a possibilidade de um romance em breve?

CUPIDO – Como será o novo romance?

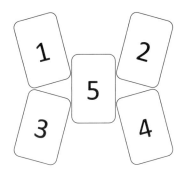

1. O que contribuo para a nova relação?
2. O que a outra pessoa acrescenta ao namoro?
3. Encontrarei a felicidade nessa parceria?
4. A outra pessoa será feliz ao meu lado?
5. Esse namoro durará?

LIVRE-ARBÍTRIO – Os passos de um evento.

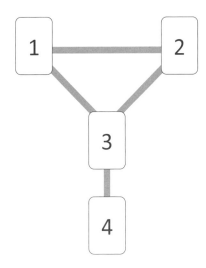

1. O que aconteceu no passado?
2. Por que está acontecendo no presente?
3. Qual a projeção ou o desfecho?
4. Posso alterar o resultado?

EVOLUÇÃO – Quais os acontecimentos sobre uma situação?

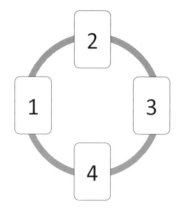

1. O contexto da situação (presente).
2. O que acontecerá em 4 semanas?
3. Haverá obstáculo, melhora, fluidez?
4. O resultado a longo prazo.

VASO DA SORTE – Minhas oportunidades?

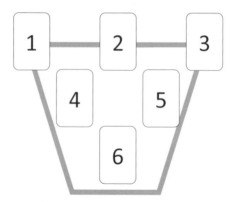

1. Visão geral da sorte na vida atual.
2. Como o fator sorte afeta os acontecimentos?
3. A sorte surgirá em breve no que planejo?
4. Como a sorte me ajudará no que desejo?
5. A sorte auxiliará a superar obstáculos?
6. Como devo agir para a sorte chegar?

CARO TARÓLOGO-ESTUDANTE

Adoraria poder ensinar e escrever muito mais, no entanto, como sabe, chegamos ao final deste curso. Se seguiu corretamente todos os passos solicitados, sem pular uma única instrução, tenho a certeza de que será um bom tarotista; todavia, se ainda encontrar certa dificuldade, deve ter desprezado alguma informação ou falte mais prática que somente o tempo trará. Não importa, sei que está no caminho da luz e vai conseguir transpor as barreiras iniciais. Insista, invista! Como sempre digo: o autoconhecimento é a única evolução.

Agradeço a aquisição deste livro e desejo todo o amor em sua vida!

Anotações:

Lições Complementares

• • • •

AULA ELETIVA 1: CURIOSIDADES HISTÓRICAS

1. Sabia que já existiu a profissão de artesão de tarô?

A produção do tarô esteve tão enraizada na cultura europeia que surgiram os produtores oficiais de cartas. Em 1455 foi instaurado por João II, rei de Navarra e Aragão (região que hoje compreende o sul da França e o nordeste da Espanha), o decreto que incorporou os artesãos de cartas à Confraria de São Juliano dos Mercadores de Barcelona e regularizou o exercício da profissão, também a fabricação e a venda das cartas. A exemplo do que ocorreu na Espanha, foi criada, em 1594, em Paris, a Associação dos Fabricantes de Cartas, denominados *tarotiers*. A partir desse período e até o final do século 19 existiram 492 gerações de famílias responsáveis pelas edições oficiais de tarôs, sem contar as centenas de artistas autônomos.

2. Sabia que o tarô foi monopólio estatal?

O consumo de cartas foi uma febre na Europa entre os períodos da Renascença (séculos 15 e 16) e do Barroco (fins do século 16 a meados do século 18), a tal ponto que alguns governantes tentaram monopolizar a produção, e conseguiram! De 1583 a 1811, o governo espanhol manteve a Real Fábrica de Cartas, produzindo uma média mensal de 240 mil pacotes de cartas (tanto de tarô como de baralho comum) para consumo interno e de suas colônias. O governo português manteve a Gráfica Real de Cartas de 1769 a 1832. Outros governos preferiram confiar a produção a famílias locais, porém introduziram decretos proibindo a exportação e a importação das cartas, como ocorreu na Itália (1441), na França (1605) e na Inglaterra (1628).

3. Sabia que havia um selo de tributação federal nas cartas do tarô?

Com exceção dos monopólios estatais que vimos anteriormente, todos os governos estabeleceram altas tributações para a produção de cartas. Oficialmente, o selo de taxação federal mais antigo que se conhece foi instituído por decreto pelo rei da França, Henrique III, em 1583, e impunha tributos sobre todos os tipos de cartas (tarô e baralho). Cada carta produzida deveria ser carimbada pelos oficiais do rei, na parte inferior (veja figura ao lado). Sua revogação só viria a ocorrer no governo Vichy, em 1940! Um fato histórico interessante é que em 1751, o rei da França, Luís XV, ordenou que todas as taxas provenientes das cartas fossem aplicadas diretamente no fundo monetário da Academia Militar. Atualmente, em alguns países, o selo foi abolido, mas é óbvio que os tributos continuam.

Seguem-se os períodos em que o selo de taxação federal vigorou em alguns países: Itália (1588-1945), Áustria (1692-1939), Dinamarca (1752-1963), Suíça (1799 até a atualidade), Estados Unidos (1862-1965), Alemanha (1870-1981).

4. Sabia que houve várias manifestações artísticas sobre o tarô?

Talvez um dos aspectos mais fascinantes do tarô, depois de sua aplicação oracular, tenha sido a sua representação nas artes. Há vários afrescos do século 15 que mostram mulheres jogando tarô, como os do Castelo de Issogne (Aosta, Itália), os da Casa Borromeo (Milão, Itália) e os do Castelo Sforza (Milão). O tarô também está presente em poemas, como os de Merlini Cocai (1527) e de Girolando Bargalli (1572); em óperas, como as de Tomazo Garzoni (*Opera di Tomazo*, 1585), de Georges Bizet (*Carmen*, 1873) e de Tchaikovsky (*La Dame du Pic*, 1890); e em pinturas, como as de Lucas Van Leuden (1520) e de José Carbonero (1860). Enfim, o tarô teve sua influência nas artes europeias.

5. Sabia que o tarô nunca foi proibido pela Igreja antes do século 20?

Nunca ninguém foi condenado pela Inquisição (1231-1834) por utilizar as cartas do tarô, pois a Igreja nunca o proibiu. Somente no século 20 a Igreja faz sua oposição oficial à utilização do jogo de cartas como forma adivinhatória para os devotos, decisão que também adota em relação a outros oráculos (astrologia, numerologia, quirologia). As proibições que existiram foram somente em relação aos seus clérigos, pois não podiam jogar cartas ou ter qualquer outro tipo de distração profana – gamão, xadrez, *tetractis*, dança, música popular; até aí, nenhuma novidade, pois o sacerdócio impõe sacrifícios à carne.

6. Sabia que os baralhos são diferentes em alguns países?

Se ainda não ouviu falar, talvez ouça um dia que a carta do cavaleiro foi retirada do conjunto da corte, que a carta do curinga substituiu a carta do Louco ou, ainda, que os baralhos se originaram do tarô, tudo para despistar a Inquisição, ocultando que o tarô fosse uma arte sagrada. Bem, já vimos que a Igreja nunca perseguiu quem jogava o tarô, agora vamos analisar esse devaneio místico. Tarôs e baralhos coexistem desde o século 14! Também, desde o século 14, a carta do cavaleiro permanece nos baralhos espanhóis, alemães e italianos, nos quais não há a carta da rainha (corte = pajem, cavaleiro, rei).

E ainda, desde o século 14, a carta da rainha permanece nos baralhos franceses, ingleses, holandeses e russos, nos quais não há a carta do cavaleiro (corte = pajem, rainha, rei). O curinga surgiu pela primeira vez na cidade de Nova Iorque, por meio da empresa Samuel Hart & Co., em 1840, e chegou à Europa apenas em 1910! Seu aparecimento se deve à invenção, pelos americanos, de vários jogos que demandavam uma carta neutra, mestra.

7. Sabia que o tarô não é uma arte cigana?

Os ciganos são de origem indiana, e não egípcia, conforme devaneiam alguns. Os ciganos eram uma tribo nômade que perambulava pela Índia, de onde foram expulsos pelo conquistador islâmico Timor Lang, entre 1390 e 1400. A tradição cigana era (e ainda é) a da leitura de mãos (quiromancia/quirologia). Os ciganos vagaram pelos desertos da Pérsia até se dispersarem pelas regiões do Mediterrâneo e do Leste Europeu. Precisamente em 1417 entraram no norte da Itália, pelo porto de Veneza, e no sul da França, em 1422, pelo porto de Marselha, de onde partiram para todos os países da Europa. Portanto, quando os ciganos aportaram no continente europeu as cartas já eram produzidas com a simbologia da sociedade local (roupas medievais) e por artesãos oficiais. Eles só começaram a jogar as cartas de forma oracular a partir do início do século 19, depois que Antoine Court de Gébelin (1775), numa declaração insensata, atribuiu aos ciganos a origem egípcia e a introdução do tarô no continente europeu. À declaração de Gébelin seguiu-se uma história inventada por Vaillant (1857) sobre como eles haviam trazido o conhecimento das cartas. Bem, tais histórias perduram até hoje no imaginário popular.

8. Sabia que foi Antoine Court de Gébelin quem inventou o passado egípcio das cartas?

Entre 1775 e 1784 o francês Gébelin, pastor evangélico e historiador, declarou em suas obras ter descoberto as origens do tarô, durante uma simples visita de 15 minutos a uma cartomante. Disse que as cartas eram hieróglifos egípcios escondidos dos bárbaros, disseminadas pelos ciganos e que ele havia encontrado a chave para a tradução da escrita arcaica. Gébelin traduziu a palavra *tarot* como a "estrada real da vida" e também muitos papiros, mas não escreveu sua obra para os ocultistas, mas, sim, para os historiadores e arqueólogos. Em 1820, quando Jean Champollion descobriu verdadeiramente a chave para a escrita egípcia e copta, revelou-se que tudo que Gébelin havia traduzido estava errado. Não existe a palavra *tarot* na língua egípcia e nenhum símbolo que se associe às cartas; assim, os conceitos de Gébelin acabaram esquecidos pela ciência, mas foram acalentados pelos místicos. Independentemente dos erros que cometeu em suas análises históricas, é inegável que Gébelin foi o primeiro a escrever sobre o tarô sob um aspecto adivinhatório ou a tentar desvendá-lo, despertando o interesse de muitos ocultistas da época.

9. Sabia que outros ocultistas inventaram outras histórias sobre a origem do tarô?

Entre 1850 e 1860 o jornalista e ocultista francês Éliphas Lévi fez sérias restrições ao trabalho de Gébelin e de Vaillant, sugerindo que ambos estavam errados: nem os ciganos teriam trazido o tarô para a Europa nem os egípcios o teriam inventado, mas, pasmem – os hebreus! Segundo Lévi, as cartas foram introduzidas na cultura egípcia por Moisés! Outros ocultistas, para não ficarem sem suas glórias, foram um pouco mais além: Papus e Paul Christian, entre 1870 e 1900, disseram que não foi nada disso: o tarô teria sido introduzido por Hermes Trismegisto, o não menos famoso deus Thoth! Em 1936, outro ocultista inglês, Carl Zain, que também não queria ficar com menos mérito que seus antecessores, declarou que o tarô surgiu na legendária Atlântida! Bem, está faltando quem diga que ele foi trazido pelos extraterrestres.

10. Sabia que Éliphas Lévi foi o primeiro a associar o tarô à cabala?

Antes de 1850 nenhum ocultista havia sequer pensado, escrito ou comentado sobre uma ligação simbólica entre o tarô e a cabala (sistema místico da Torá). Lévi criou uma correspondência entre os 22 arcanos maiores do tarô e as 22 letras do alfabeto hebraico, fazendo inúmeras ponderações metafísicas a respeito e especulando sobre os passos da magia ritualística. Muitos seguem suas teorias até hoje, mas outros criaram relações diferentes, dizendo que Lévi estava errado. Assim, atualmente, temos diversas escolas de pensamento sobre o mesmo assunto, e o simples fato de se fazer diferentes associações, algumas até contraditórias, lança suspeitas de manipulação do sistema. Vale salientar que a cabala serve à magia e à meditação; e o tarô, ao oráculo.

11. Sabia que foi MacGregor Mathers quem introduziu o tarô no âmbito esotérico, depois copiado por todas as fraternidades e exotéricos solitários?

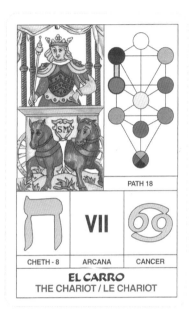

Em 1888, tomando por base o trabalho de Éliphas Lévi, o ocultista inglês MacGregor amplia os conceitos e modifica as relações entre a cabala e o tarô. Desenvolve seu próprio sistema, fazendo a seguinte relação: cada letra do alfabeto hebraico tem uma relação astrológica e numérica, então, cada carta do tarô terá uma referência da letra, número e signo cabalístico. A partir da aplicação desses conceitos cabalísticos às cartas do tarô, ele funda a ordem mística *Golden Dawn*. Pela primeira vez, no final do século 19, o tarô é estudado exclusivamente por esotéricos; por fim, no século 20, todas as fraternidades se rendem ao estudo das cartas de tarô. Muitos dissidentes dessa ordem, tais como Arthur Waite, Aleister Crowley, Carl Zain, Paul Case, Manley Palmer e Israel Regardie, discordaram de seu grande mestre MacGregor, e cada um deles criou uma fraternidade com diferentes sistemas simbólicos para a associação do tarô à cabala. Atualmente, há mais de dez escolas diferentes aplicando esse conhecimento; portanto, tome muito cuidado quando estudar livros sobre o assunto.

12. Sabia que o primeiro a modernizar as imagens do tarô foi Arthur Waite?

Durante séculos as cartas do tarô tiveram praticamente as mesmas cores, ornamentos e formas simbólicas. A tecnologia existente, desde a descoberta da imprensa até o início do século 20, não permitia grandes modificações na confecção de cartas, tudo era muito rudimentar: litografia ou xilografia. Somente nas cartas pintadas à mão a simbologia era perfeita em seu ornamento e cor; porém, o tarô custava tão caro que era incluído em espólios familiares. Existem vários documentos que relatam esse tipo de herança na Espanha, França e Itália. Um exemplo é o tarô de Visconti-Sforza, que perdura desde 1440. Com o desenvolvimento tecnológico no início do século 20, o avanço das teorias sobre a cadeia simbólica e a aceitação do tarô como uma ferramenta oracular, o ocultista Arthur Waite e a artista Pamela Smith editaram, em 1910, o tarô de Rider (Rider-Waite Tarot) – todas as 78 cartas são ricas em seu colorido e sua simbologia é bem traçada. Pela primeira vez também, nos arcanos menores, que continham somente o quantitativo do naipe, são desenhadas imagens simbólicas de seu significado. A partir de então, todos os tarôs foram representados em diversas manifestações artísticas e transculturais.

13. Sabia que o ducado de Milão jogava tarô comendo panetone?

O panetone, muito consumido durante a época do Natal, é originário da Itália, e como todos sabem há diversas formas de prepará-lo. Por volta de 1395, um membro da família Visconti, Gian Galeazzo, criou uma receita de panetone que os brasileiros conhecem muito bem – Panetone Visconti. Essa mesma família, apaixonada por cartas e guloseimas, mandou produzir o famoso tarô que chamamos de Visconti-Sforza, cujas cartas foram desenhadas para a comemoração do casamento entre Felipo Visconti (filho de Gian Galeazzo) e Maria Sforza, em 1441; as famílias se uniram para fortalecer o ducado (governo) do norte da Itália. Também mandaram fazer em seus castelos vários afrescos inspirados nas cartas, que datam de 1450 e são as primeiras pinturas artísticas a retratar o tarô de que se tem notícia.

14. Sabia que o tarô egípcio mais estudado foi criado na Argentina?

As famosas cartas do tarô egípcio da Kier, tão comentado que esteve nas mãos dos sacerdotes egípcios guardando os grandes segredos do Universo, foi, na realidade, editado em Buenos Aires, pela Editora Kier, em 1970! Esse tarô foi elaborado sob encomenda para acompanhar uma obra: *La Cabala de Prediction,* escrito por Julio Iglesias Janero na década de 1940. Na história do tarô, foram poucos os que tiveram iconografia egípcia: o primeiro foi fabricado em 1896 (Falconnier) e os demais em 1910 (Papus), 1970 (Kier), 1981 (Ansata) e 1989 (Íbis), entre tantos no século 20.

15. Sabia que existem grandes acervos da história do tarô? Vejamos alguns...

Cartas do século 15
- Tarô de Visconti-Sforza – Biblioteca P. Morgan, Nova Iorque, EUA.
- Tarô de Gringonneur – Biblioteca Nacional da França, Paris.
- Cartas de Guidhall – Galeria Guidhall, Londres, Inglaterra.
- Cartas de Rothschild – Museu do Louvre, Paris, França.
- Cartas de Tarocchi – Biblioteca Nacional, Torino, Itália.
- Cartas de Correr – Museu Correr, Veneza, Itália.

Cartas do século 16
- Tarô da Real Fábrica Espanhola – Museu Fournier, Alava, Espanha.
- Cartas Italianas – Museu Metropolitano de Nova Iorque, EUA.
- Cartas de Veneza – Museu de Arte Popular, Roma, Itália.
- Cartas de Agnolo Hebreo – Museu Britânico, Londres, Inglaterra.
- Cartas de Sola Busca – Museu Britânico, Londres, Inglaterra.
- Tarô de Catlin Geofroy – Museu de Artes, Frankfurt, Alemanha.
- Tarô de Vandenborre – Museu de Cartas Fournier, Alava, Espanha.

Cartas do século 17
- Tarô de Jacques Vieville – Biblioteca Nacional da França, Paris.
- Tarô da Gráfica Real Portuguesa – Museu Fournier, Alava, Espanha.
- Tarô Florentino Minchiate – Museu Fournier, Alava, Espanha.
- Tarô de Jean Noblet – Biblioteca Nacional da França, Paris.
- Tarô de François Chosson – Biblioteca Nacional da França, Paris.

Cartas do século 18
Ainda são editadas e podem ser encontradas em livrarias especializadas. Há centenas de cartas desse século.

- Tarô Veneziano – Museu de Cartas Fournier, Alava, Espanha.
- Tarô de Beltramo – Museu de Cartas Fournier, Alava, Espanha.
- Tarô de Jean Pierre Payen – Museu de Cartas Fournier, Alava, Espanha.
- Tarô de Pierre Madenié – Museu Nacional de Zurique, Suíça.
- Tarô de François Heri – Museu Nacional de Zurique, Suíça.
- Tarô de Claude Tomasset – Coleção de Stuart Kaplan.
- Tarô de Grimaud – Coleção de Stuart Kaplan, Stamford, EUA.
- Tarô de Claude Burdel – Coleção de Stuart Kaplan, Stamford, EUA.
- Tarô de Bernard Schaer – Museu de História, Basel, Suíça.

Cartas do século 19

Ainda são editadas e podem ser encontradas em livrarias especializadas. Seus originais estão em poder de colecionadores particulares, raramente em museus:

- Tarô de Jean Jerger
- Tarô de Jacques Burdel
- Tarô de Benois
- Tarô Suíço 1JJ
- Tarô Clássico
- Tarô de Oswald Wirth – primeiro com simbologia hebraica, 1889.
- Tarô de Falconnier – primeiro com iconologia egípcia, 1896.

AULA ELETIVA 2: TARÔ É TARÔ

Às vezes fico constrangido quando um aluno novo chega a mim indagando qual tipo de tarô irei ensiná-lo: Marselha, Mitológico, Crowley, Rider, Egípcio? Ou ainda perguntando qual minha visão de determinado arcano: "*O que acha da Lua, da Morte, da Torre... qual sua visão? Qual, qual, qual?*" Ou, na pior das hipóteses, perguntando: "Você *ensina a cabala para que se aprenda o tarô? Ensina Numerologia? Astrologia? Mitologia?*" Vamos com calma... Para satisfazer as "simples" perguntas do estudante eu necessitaria de algumas horas para colocar certa coerência no caos simbólico que se instalou no tarô nas últimas décadas.

Em primeiro lugar, tarô é tarô. Todos seguem a mesma estrutura simbólica: o leitor-tarotista nunca verá o arcano 9 (nos tarôs clássicos) retratado por um jovem, nem o arcano 1 simbolizado por um idoso ou sem os quatro elementos à sua disposição. Coloque lado a lado quinhentos tarôs e quinhentos livros sobre o assunto – as imagens parecerão diferentes à primeira vista, mas todos terão os mesmos simbolismos básicos. Agora pasme: esses livros trazem as mesmas informações, algumas originais, outras compiladas; alguns mais bem escritos, com mais verbos ou adjetivos, mas todos são substancialmente iguais! Eu nunca li que o Mago simbolizasse o final de um ciclo; a Morte, a felicidade; o Carro, a derrota, ou que a Sacerdotisa fosse sinônimo de alegria e ação. O leitor, já? Claro que não! Ou melhor, nunca vai ler tais conceitos! O Mago simboliza o livre-arbítrio, o início, as inúmeras possibilidades latentes da vida; a Morte, a dor de mudar as ideias e os planejamentos, a aceitação de uma nova vida mesmo que não se deseje; o Carro, o desenvolvimento, a diretriz correta, o caminho aberto para a vitória; a Sacerdotisa, a reflexão, a passividade nas diretrizes, a fidelidade aos princípios pessoais. Bem, acho que já respondi qual tipo de tarô eu ensino: *o tarô*. Seja qual for o nome que se dê a ele, não importa!

Ancient Italian Tarot
(Lo Scarabeo, Itália)

Le Tarot Junguien
(Urania Verlag, Suíça)

EM SEGUNDO LUGAR, não se pode ter uma visão diferente dos diversos tarôs ou de seus arcanos, senão tudo terminará em caos. O conceito de cada carta não pode ser alterado, aliás, nenhum livro faz isso. Mas infelizmente, instrutores ou mestres, às vezes por participarem de alguma seita ou por terem uma visão limitada da estrutura do tarô, podem transmitir conceitos distorcidos. Assim, teve início um sério problema na instrução oral do tarô nas últimas décadas... Quando alguém se refere ao tarô da seguinte forma: – *A minha visão de tal arcano é...*, isso reflete a incapacidade de analisar o tarô, sua estrutura, seus símbolos e sua história. Limitações referentes ao vernáculo, à semântica, à linguística ou ao conhecimento simbólico também podem impedir que se transmita toda a amplitude dos 78 arcanos do tarô, sua diferenciação, bem como sua aplicação. É nesse preâmbulo que se encontram as maiores divergências para explicar o tarô: falta de cultura sobre o próprio tarô! Não deve haver visões ou conceitos diferentes.

EM TERCEIRO LUGAR, é abominável explicar um sistema simbólico por outro sistema simbólico! Explicar um mito por outro mito, uma história por outra história; ou seja: é um equívoco explicar o tarô unicamente por intermédio da cabala, da numerologia ou da mitologia. Os arcanos são ricos em atributos próprios e não é necessário aplicar-lhes outros conceitos, basta analisar unicamente o ornamento clássico! É óbvio que as leis que regem o universo oculto (esotérico e exotérico) são as mesmas para todo sistema simbólico – é neste ponto perene e sutil que elas se conectam. Existem as ligações conceituais, mas cada sistema tem a sua estrutura particular e peculiar; podem apresentar pontos em comum, todavia, não são iguais. A falta de conhecimento sobre o próprio tarô leva o estudante a incorrer nesse erro.

Até hoje eu não conheci ninguém que estudou o tarô por meio da cabala e tenha aprendido o seu significado ou como usá-lo adequadamente. O que observo é uma análise cabalística que qualquer estudante de cabala diria sem precisar estudar o tarô. O mesmo acontece com quem aprende o tarô por intermédio das outras áreas; as cartas perdem força simbólica, amplitude e valor real: esvaziam-se. Essas analogias poderão ser feitas depois que se tenha absorvido completamente a estrutura simbólica do tarô e, mesmo assim, muito mais por interesse pessoal do que para transmitir conhecimentos.

EM QUARTO LUGAR, o que é o tarô? Um alfabeto mágico? Talvez um diagrama da vida, uma mensagem do inconsciente? Uma ponte entre a alma e o espírito, um contato com os planos divinos? É difícil responder, uma vez que o tarô se enquadra em cada uma das sugestões; contudo, posso garantir que é um oráculo baseado nos fatos naturais da vida; seus símbolos são transposições arquetípicas de nosso comportamento – tudo que se refere à nossa existência pode ser encontrado nas cartas do tarô, basta saber ler esse maravilhoso alfabeto mágico. O tarô não é *apenas* adivinhação, nem vidência, tampouco autoconhecimento – é tudo isso ao mesmo tempo! As vias oraculares dos arcanos não se destinam somente a verificar o amor, a saúde, as finanças e tudo o mais que desejamos saber; todos esses aspectos fazem parte do universo simbólico do tarô, que inclui também a meditação e o autoconhecimento em seus estudos.

O tarô pode ser considerado a arte mais eclética que existe em nossa era, pois é capaz de agregar todas as filosofias das ciências ocultas – alquimia, hermetismo, gnosticismo, astrologia, numerologia, cabala, teosofia, magia – sem, contudo, estabelecer qualquer vínculo direto, sejam dogmas ou doutrinas. Nesse preâmbulo das ciências ocultas reside muito da confusão simbólica sobre o tarô, pois a maioria dos estudantes quer estabelecer ligações diretas quando só existem conexões indiretas, apenas um elo perene e nunca didático. Estude o tarô, deixe o resto para depois... muito tempo depois...

FINALIZANDO. Não sou o dono da verdade, nem quero ser, mas nas últimas décadas tenho pesquisado em bibliotecas e museus de vários países a vasta literatura sobre a história e os símbolos do tarô. No campo histórico, tenho visto muito mais divergências do que uma direção, percebo mais opinião pessoal do que filosófica; no campo institucional, observo mais incoerência do que uma certeza e uma diretriz. Não tenho todas as respostas, a única coisa de que tenho certeza é que estamos na contramão da verdade histórica e filosófica do tarô. Na última década apareceram muitas pessoas que pensam como eu – ou talvez eu pense da mesma maneira que elas. De qualquer forma, nós, pesquisadores dos símbolos do tarô, estamos preocupados com uma possível deturpação simbólica e conceitual do pouco que conhecemos, mas estamos abertos para uma evolução estruturada em uma visão filosófica, espiritual e histórica.

Atenção!

TARÓLOGO: aquele que estuda os símbolos, a história e a estrutura do tarô; professor, pesquisador, estudante.

TAROTISTA: aquele que interpreta as cartas do tarô (adivinhação, orientação, autoconhecimento); taromante, oráculo, leitor de símbolos.

TAROMANCIA: arte de usar as cartas do tarô para jogos de adivinhação, orientação psicológica ou espiritual.

AULA ELETIVA 3: CONFUSÃO SIMBÓLICA

Muitos estudantes pensam que para aprender o tarô é necessário estudar a cabala, a astrologia e a numerologia; bem, não é. Não sou contra os que defendem ou gostam dessas áreas, eu mesmo já as estudei profundamente, porém nunca achei as respostas que procurava para a estrutura (tarologia) ou para seus jogos (taromancia). Na verdade, nunca encontrei alguém que as tenha estudado e aplicado numa consulta – talvez o tenham feito para si... Perdi tanto tempo procurando entender a cabala, a astrologia e a numerologia *aplicadas* aos arcanos, que aprendi profundamente com cada uma dessas áreas, mas nenhuma delas me ensinou o que é o tarô. O que posso dizer *é que quase me afastei do próprio tarô ao estudá-las!* Com o tempo, fui percebendo a diferença entre elas, suas utilidades e, principalmente, os pontos falhos. Por exemplo, na numerologia, o número 5 é símbolo de rebeldia, êxtase, diversão, com indicação favorável para questões financeiras e viagens; no tarô, o arcano 5 simboliza ordem, disciplina, contratos sociais, dogmas, moralidade. Ora, são bem antagônicos, não são? Na astrologia, o signo de câncer simboliza todo valor familiar, afetivo, materno, passivo, concentra-se no passado e na educação; no tarô, algumas cartas têm o símbolo de câncer, como o arcano 7. Bem, essa carta representa determinação, coragem, impulsividade, uma força rumo ao futuro! Bem diferentes, não são? Alguns tarôs consideram a letra hebraica *alef* similar ao arcano Mago; outros, ao arcano Louco. Confuso, não?

Nós vimos nas lições e textos anteriores que por muitos séculos não houve vínculo algum entre o tarô e o esoterismo, e que somente a partir do período 1775-1850 os ocultistas perceberam a importância desse oráculo e começaram a estudá-lo. Bem, não havia muita coisa escrita, somente as cartilhas de famosas cartomantes parisienses, chamadas de *sibilas*, tais como Mlle. Lenormand e Julia Orsini, e do cartomante Etteilla. Como os ocultistas do século 19 adoravam filosofar sobre metafísica e não encontraram nada escrito sobre o tarô entre as grandes obras literárias dos séculos anteriores, começaram a estabelecer todo tipo de argumentação sobre os arcanos e a reinventar seu passado. Essa iniciativa teve um aspecto positivo formidável, pois permitiu que se descobrisse uma fonte maravilhosa de autoconhecimento e de orientação do livre-arbítrio, despertando o interesse da área esotérica; contudo, teve também um aspecto negativo, pois induziu muitas pessoas a pesquisar em direções erradas, e algumas delas até deturparam a simbologia e a estrutura dos arcanos. Somente no final do século 20 o estudo do tarô começou a entrar em seu verdadeiro ritmo e direção, mas ainda se detecta muita superstição e desinformação por parte de antigos instrutores e no que se comercializa sobre o tema. Atualmente, são oferecidos, em média, quinhentos tipos de tarôs em catálogos de várias empresas estrangeiras especializadas, tais como a U.S. Games (EUA), A.G. Müller (Suíça), Lo Scarabeo (Itália) e Naipes-Fournier (Espanha), e uns 15 tipos no Brasil. Na Lição 2 aprendemos a classificá-los; entretanto, há uma particularidade em muitos deles que é importante saber para não achar que estão errados. O leitor encontrará muitos tarôs em que o arcano 8 é o símbolo da *Força* e o arcano 11 é o da *Justiça* – ao contrário do que vimos na Lição 4. Tudo começou quando Arthur Edward Waite – ao criar o *Rider-Waite Tarot,* em 1910, pelas mãos de Pamela Smith – trocou o número de dois arcanos: posicionou a Justiça com o número 11 e a Força com o número 8; porém, manteve os valores significativos e adivinhatórios, ou seja, estão apenas com a numeração diferente da dos tradicionais.

"Por que isso ocorreu?" Quando nos reportamos ao tarô de Waite ou ao de Crowley, não podemos nos esquecer de que os dois autores ocuparam os mais altos postos hierárquicos na ordem inglesa *Golden Dawn* e dela sorveram a base dos "conhecimentos ocultos" atribuídos ao tarô pelo magista inglês MacGregor Mathers, em 1888. Assim, se relacionar o tarô de Waite com o alfabeto hebraico e este aos caminhos da Árvore da Vida obteremos a fórmula doutrinária da referida ordem e a "troca" de posição entre os arcanos 8 e 11. Volto a insistir que isso não altera em absolutamente nada os valores tradicionais dos arcanos nem sua leitura. Na tabela a seguir veremos somente as relações necessárias.

Rider-Waite Tarot
(AGMüler, Suíça)

Lições Complementares | 269

Sequência – ARCANO x letra			Sequência – LETRA x arcano
Tarô de Crowley	**Proposta de MacGregor**		**Tarô de Waite**
s/n – Louco	1ª aleph	1ª aleph	s/n – Louco
1. Mago	2ª beth	2ª beth	1. Mago
2. Sacerdotisa	3ª guimel	3ª guimel	2. Sacerdotisa
3. Imperatriz	4ª daleth	4ª daleth	3. Imperatriz
4. Imperador (Tzaddi)	5ª he	5ª he	4. Imperador
5. Sacerdote	6ª vav	6ª vav	5. Sacerdote
6. Enamorado	7ª zain	7ª zain	6. Enamorado
7. Carro	8ª chet	8ª chet	7. Carro
8. JUSTIÇA	12ª lamed	9ª teth	**8. FORÇA**
9. Eremita	10ª yod	10ª yod	9. Eremita
10. Roda da Fortuna	11ª kaph	11ª kaph	10. Roda da Fortuna
11. FORÇA	9ª teth	12ª lamed	**11. JUSTIÇA**

OBSERVE: Arthur Waite não trocou de posição as cartas da Justiça e da Força na estrutura do tarô; pois, a simples associação da 12ª letra hebraica ao arcano 8 e da 9ª letra ao arcano 11 é que propicia esta disfarçada e indigesta mudança, que terminou por desorientar muitos estudantes e ilustradores de tarô no século 20.

Outra alteração que encontraremos em diversos tarôs é a dos nomes dos personagens da corte (arcanos auxiliares) nas cartas de *Thoth* – tarô desenhado por Frieda Harris, em 1935, sob a orientação de Aleister Crowley para ser usado em sua fraternidade (ver quadro a seguir). Alguns escritores e ilustradores têm clonado o sistema de Crowley e/ou de Waite por considerá-lo uma regra geral, sem saber o porquê, e isto contribui para a deturpação da estrutura do tarô. Essa onda de criatividade faz com que estudantes pensem na existência de tarôs corrigidos, modernos ou melhores. Contudo, chamo a atenção para o fato de que as explicações adivinhatórias fornecidas por Crowley e Waite são as mesmas de qualquer literatura, eles apenas estilizaram as imagens do tarô, mudando nomenclaturas e ampliando as analogias, porém, insisto, o conteúdo adivinhatório permanece o mesmo!

TRADICIONAL	CROWLEY	SIGNIFICADO
Pajem	Princesa	igual
Cavaleiro	Príncipe	igual
Rainha	Rainha	igual
Rei	Cavaleiro	igual

Atualmente, a maioria dos estudantes e tarotistas da nova geração analisa e questiona os trabalhos do final do século 19 e do início do século 20, numa tentativa de elaborar melhores condições de avaliação histórica e estrutural. Hoje, os mais esclarecidos sabem que todos os estudos sobre tarô com a cabala, a astrologia, a numerologia e a mitologia ainda são suposições, pontos de vista, formas de pensar. Essa concepção argumentativa não traduz o que é o tarô, não esclarece os valores dos arcanos, não revela para que servem as cartas ou como jogá-las. Todos têm se voltado cada vez mais para o estudo purista dos tarôs com simbologia e nomenclatura clássica, afinal é a fonte original.

Vamos à minha famosa frase: TARÔ É TARÔ!

AULA ELETIVA 4: DEGRAUS DA EVOLUÇÃO

PRIMEIRO DEGRAU – **Elemento Terra – Aprendizado do** TER
(Plano material do arcano maior ou do naipe de ouros)

O grande aprendizado humano é adquirir. Nós nascemos sós e nada nos pertence, nem a nossa vontade. Somos alimentados, vestidos e conduzidos pelos familiares até a idade adulta, quando procuramos estabelecer estruturas pessoais. Durante esse período de "incubação familiar" tudo parece fácil, não sabemos o que é lutar para sobreviver, pois tudo de que necessitamos advém da família. Mesmo os mais pobres e sem lar, quando jovens, dependem da boa vontade social. Somente a partir da maturidade damos valor ao plano material e tentamos estruturar o futuro adquirindo todas as nossas vontades. Esse degrau simboliza as AQUISIÇÕES e tudo que podemos ter de resultados em nosso poder: bens, imóveis, pessoas, casamento, relação, dinheiro, status, trabalho, investimentos.

Segundo degrau – **Elemento Ar – Aprendizado do ser**
(Plano mental do arcano maior ou do naipe de espadas)

Quando entramos na adolescência, começamos a pensar e analisar de forma consciente nossas vontades. Temos a necessidade de ser alguém e mostrar nosso ter. Lutamos contra a família para nascermos para a sociedade, sermos livres e donos de nosso próprio destino. Inicia-se o livre-arbítrio. Nesse estágio, o aprendizado é se esforçar de forma elaborada para alcançar tudo que queremos ter: bens, pessoas, profissão, status. A paixão pela vida brota da ânsia de sermos felizes através do mundo social. Esse degrau simboliza nossas filosofias e tudo que podemos ser através de nossas metas, planejamentos, ações, idealizações, diretrizes, conhecimento, profissão, razão e lógica.

Terceiro degrau – **Elemento Água – Aprendizado do estar**
(Plano sentimental do arcano maior ou do naipe de copas)

Apenas na maturidade surge o aprendizado de sentir a vida, de perceber as necessidades mais profundas de nossa alma. Nessa fase desenvolvemos a capacidade de amar verdadeiramente a nós e aos outros, descobrindo quem somos e o que queremos. Temos a sensação de mergulhar no abismo do inconsciente, pois dentro de nossa alma não há limites emocionais; eles são percebidos, mas não aprendidos nem amadurecidos. Esse degrau simboliza a nossa alma e todo o nosso estar, aqueles momentos em que vivenciamos sentimentos cruéis e benévolos, ódio ou amor. Esse estágio é totalmente individual – não podemos amar por dois nem dividir uma vingança –, o mundo emocional é exclusivamente nosso: sentimentos, sonhos, fantasias, desejos, imaginações, sensações, amor, vida interior.

Quarto degrau – **Elemento Fogo – Aprendizado do ficar**
(Plano espiritual do arcano maior ou do naipe de paus)

Depois de várias etapas em nossa vida, de observar o ter, o ser e o estar, finalmente aprendemos que nada é para sempre, ou eterno, e aprendemos a ficar. Nessa última fase de evolução pessoal desenvolvemos a capacidade de lutar sem nenhum subterfúgio, a permanecer enquanto é possível. Entendemos as dificuldades da vida, os dissabores, as desilusões, os êxitos e as glórias. Passamos a ser mais condescendentes e, por fim, aprendemos os nossos limites pessoais e sociais. Podemos seguir em frente lutando eternamente pela vontade de adquirir nosso lugar no mundo e sermos felizes. Esse degrau simboliza a transcendência de todos os nossos valores e a aquisição da capacidade de produzir a vida em sua totalidade com compreensão, empreendimento, honra e verdade. Temos, finalmente, uma EVOLUÇÃO.

> OBS.: é de suma importância o entendimento dos quatro elementos e a pesquisa do significado dos verbos *ter, ser, estar* e *ficar*. Eles serão as bases filosóficas das manifestações dos arcanos (nos planos material, mental, sentimental, espiritual), bem como serão o meio de classificação da pergunta para que se estabeleça uma relação com o arcano e/ou a casa ao método escolhido.

> ATENÇÃO: cuidado com a ansiedade! A partir da próxima lição iniciaremos o estudo simbólico das cartas, sendo importante saber que existem inúmeras possibilidades de abertura. Podemos jogar somente com os arcanos principais (22) ou com o tarô completo (78), mas cada qual contém regras distintas, linguagem própria. A didática desta obra se encontra na técnica mais antiga (Método Europeu) que é a combinação aos pares (arcano maior + arcano menor) ou somente o uso do arcano principal e, todos, sem o emprego da carta invertida (Aula eletiva 9). A montagem do tarô encontra-se nas Lições de 13 a 16 (estrutura básica) e nas Lições de 22 a 25 (estrutura avançada). A forma correta de perguntar ou escolher um método acha-se na Lição 12 e todas as orientações complementares para um bom tarotista estão nas aulas eletivas 3, 5, 6, 8, 9. No entanto, tenha paciência, chegaremos a todas elas, não pule lição alguma, faça todas as pesquisas! Ao terminar o curso, não se acanhe, revise todas; tenho a certeza de que encontrará pequenos detalhes que farão enorme diferença na leitura do tarô. Luz!

AULA ELETIVA 5: TAROLOGIA X TAROMANCIA

Fazer um estudante entrar no mundo do tarô não é uma tarefa fácil. *Primeiro*, porque ele vem imbuído de uma visão mística – uma "entidade espiritual" vai revelar o poder cósmico do destino através de imagens holográficas que surgirão diante das cartas, seguida por vozes angelicais, mestres espirituais e sons divinos – uma verdadeira multimídia esotérica... *Segundo*, porque ele pensa que não precisa saber nada, apenas decorar algumas palavras mágicas que seu mestre vai ensinar. Assim, ele pode saber tudinho o que vai acontecer na vida dos outros... *Terceiro*, e o pior, ele acredita que é necessário uma iniciação através de rituais diante do tarô com vela, taça, incenso e tudo a que tem direito, pois sem esse ritual as "cartas" não funcionarão... Bem, fui um pouco sarcástico, não fui? Claro, mas algo do gênero sempre paira no ar em minhas primeiras aulas. Posso assegurar que o tarô não é nada disso! Ele está aberto a qualquer um que deseje estudá-lo, não pertence a qualquer segmento espiritual e não está relacionado a sistema de crença algum, ele se encontra à disposição de todos que queiram aprendê-lo.

É difícil, eu entendo, para um iniciante, absorver rapidamente a engrenagem simbólica, a doutrina e a filosofia do tarô. Devemos aceitar o fato de que estamos aprendendo uma nova linguagem, um alfabeto simbólico, uma leitura de planos holísticos. Mas geralmente os alunos querem saber como o tarô funciona na prática, sem terem a real dimensão da abrangência ou do próprio limite de um arcano. O primeiro passo rumo ao verdadeiro conhecimento de uma carta se processa com seu estudo simbólico. O segundo e decisivo passo se desenvolve na estrutura geral do tarô, em todo o arcabouço dos arcanos, com a diferenciação da *tarologia* e da *taromancia* – são duas áreas distintas, mas impossíveis de serem desagregadas pelo *tarotista*. Sem esses dois preciosos passos não será possível chegar a uma leitura prática satisfatória ou a certeza de que se trilha caminhos verdadeiros rumo ao autoconhecimento e ao entendimento do oráculo.

TAROLOGIA = estudo dos símbolos

Nesse parâmetro pesquisamos símbolos, sintomas e atributos de cada arcano, as relações estruturais, as possibilidades de interpretações, as manifestações, a história escrita, as lendas, as conjecturas. Aprendemos a conhecer a evolução de uma situação ou pensamento através da sequência dos arcanos, levando-se em conta todos os caminhos de erros e acertos inseridos na estrutura do tarô. Porém, considero a parte mais gratificante da tarologia o rumo ao autoconhecimento a partir desses entendimentos. Observo que tanto eu quanto meus alunos e amigos do campo místico começamos a traçar melhor objetivos e planejamentos tomando por base o conhecimento hermético contido no tarô. Cada passo da vida pode espelhar, ou identificar, um arcano regente e, consequentemente, observar o direcionamento para outro arcano, sintoma e evolução.

A meditação com os símbolos do tarô serve para equilibrar o cerne da psique, buscar um novo propósito de vida em determinado momento, procurar um arcano que melhor se adapte às necessidades desejadas – não como realização externa, mas como evolução interna. Também poderemos buscar um arcano que venha preencher, com uma nova visão, certa lacuna em nossa personalidade, na tentativa de formar uma nova *persona* individualizada e equilibrada. Na meditação com o tarô residem muitos aspectos referentes à psicologia junguiana, que se reporta sempre aos efeitos dos impactos simbólicos que ocorrem na personalidade humana. Esse tipo de trabalho é visto como uma magia pessoal ou aprendizado espiritual da vida e representa uma fórmula para nos adaptarmos à tão atribulada vida social.

A filosofia de vida através do tarô é um campo pouco utilizado conscientemente, que tanto se confunde com o aprendizado espiritual quanto com o profano. Ela se reporta às análises da vida. Quem já esteve em contato com estudantes de tarô deve ter ouvido falar: "Tive que passar por uma Torre para conhecer os erros de minha vida", "Preciso ser como o Pendurado neste momento" ou "Estou numa fase de Estrela". O que significa tudo isso, senão uma autoanálise? Ou seja, quem conhece um pouco do tarô sabe o que é certo e errado ou as consequências de determinados atos, sem precisar abrir o oráculo. Sempre ensino aos meus alunos que o autoconhecimento através do tarô é obtido apenas por quem o estuda. Ao entender o tarô, é possível realizar análises filosóficas que nos permitem compreender os processos naturais, pessoais e cíclicos de qualquer situação, ou a própria evolução.

TAROMANCIA = jogos, oráculo, orientação

Nessa classificação aplicamos todos os conceitos teóricos que estudamos na tarologia, em forma decodificada, para um assunto inicial. A leitura correta de determinada manifestação do arcano para um assunto em particular é fundamental. Fazemos análises simbólicas para definir uma projeção natural dos acontecimentos pesquisados, observando como está sendo evidenciado o período. Para toda essa aplicação necessitamos de uma diretriz, e a taromancia depende de métodos, ou seja, da forma de expor as cartas em jogos – sem um método adequado é impossível ler o tarô e almejar uma resposta conclusiva. Os arcanos sozinhos serão apenas um alfabeto simbólico, como nosso alfabeto do A ao Z. Nos jogos de tarô precisamos primeiro de uma pergunta ou questão; em seguida, da aplicação de um método adequado à situação, para que possamos obter a resposta desejada. Voltando ao nosso alfabeto: juntando as letras, formamos palavras e frases; no caso do tarô, relacionando as cartas de um jogo, ilustramos histórias pessoais.

O campo de atuação mais conhecido do tarô são, sem dúvida, os jogos oraculares, que são procurados a partir do desejo, da orientação ou da curiosidade. Nesse aspecto, o tarô é visto como uma arte mística e divinatória, que está muito mais num parâmetro intuitivo e mediúnico do que de estudo, pesquisa e análise. Independentemente do que se pense de um tarotista, os jogos de tarô servem para nortear propósitos, orientar o livre-arbítrio sem, contudo, determinar uma única direção para o desfecho, pois na dialética humana sempre haverá a interferência dos seres envolvidos. Não há um fatalismo tendencioso nesse oráculo; quando houver uma transformação necessária, esta será sempre para o aprendizado pessoal e a evolução espiritual. Em uma leitura de tarô, poderemos observar quem está complicado: nós, os outros ou o destino?

No âmbito da taromancia, algumas pessoas dizem que não se deve falar "as cartas do tarô", mas, sim, as "lâminas do tarô", ou que o tarô é "orientação" e não "adivinhação"; bem, isso se deve à tradução de diversas obras. Estudamos nas primeiras lições que tanto o americano quanto o europeu usam o tarô para jogos lúdicos e oraculares e que eles fazem tal diferenciação – jogar, ler, adivinhar – para distinguir com que objetivo se utilizará o tarô. Assim, algumas das obras mencionavam tais diferenciações para que o iniciante pudesse aprender a empregar o termo correto. Entretanto, os latinos não têm a cultura de jogar o tarô de forma lúdica; portanto, para nós, tanto faz falar: as cartas, as lâminas, os arcanos, ou, ainda, jogar, abrir, adivinhar ou ler – *absolutamente tudo é uma questão linguística ou de gosto pessoal, jamais de base esotérica!*

TAROTISTA = leitor de cartas de tarô

Existem muitos videntes utilizando o tarô em suas consultas, mas eles poderiam estar usando bola de cristal, conchas ou moedas, pois teriam as mesmas respostas. Um tarotista não é, necessariamente, um vidente, o que ele deve ser é um estudioso da simbologia e da metodologia do tarô – um verdadeiro tarólogo. Podemos fazer uso de nossa intuição, mas o tarô é essencialmente simbólico, lógico nas análises. Além disso, o tarô não é jogado apenas por intuição, também por percepção e sensibilidade. É preciso ter muito cuidado ao utilizá-lo por vidência ou somente por intuição – é preferível uma análise técnica e correta a um devaneio místico. Muitas pessoas têm um belo canal mediúnico, mas por não cuidarem da vida espiritual, por intermédio de alguma religião ou fraternidade, desenvolvem interferências psicoespirituais. Assim, muitos sabem que o possuem, mas não fazem nada para desenvolvê-lo. Quando essas pessoas utilizam o tarô para expressar sua vidência, podem fazê-lo de forma incorreta. Para evitar uma leitura errada, por mais intuição ou vidência que tenha, estude sempre a simbologia e aprenda o que é a tarologia, depois, a taromancia, para então se tornar um tarotista. Em todo caso, o tarotista *não* necessita ser médium, paranormal ou fazer qualquer tipo de ritual ou magia para aprender o tarô, basta querer e estudar!

Sem tarologia não há taromancia, pode haver "achomancia"...

AULA ELETIVA 6: NOMES E IMAGENS

Durante meus cursos de tarô, tanto em salas de aula quanto pela internet, uma das perguntas campeãs refere-se aos nomes e imagens dos arcanos. Todo estudante deve partir do princípio de que existem mais de quinhentos tipos de tarôs sendo ofertados e que a produção artística é inesgotável; assim, num mercado consumista direcionado para os mais diversos gostos, o tarô não iria ficar de fora! A cada ano, são oferecidas dezenas de tarôs novos, uns mais belos que outros; porém, para o iniciante, sempre ficam questionamentos como: – *Que tarô é esse? É tão diferente*... Ou ainda: – *Não consigo entender o nome da carta, é diferente do que aprendi... As imagens são tão diferentes*... Vimos nas primeiras lições que os tarôs foram desenhados a partir das estruturas clássicas e que há uma enorme variação artística. *Vale sempre a regra:* ninguém inventa um tarô! Se não tiver a estrutura preestabelecida, não é um tarô! São as "cartas de fulano de tal", mas mesmo essas cartas têm seu mérito particular – xamânicas, florais, anjos, ciganas. Contudo, essa questão das imagens foi bastante discutida anteriormente, espero que esteja esclarecida. Agora, passarei à complementação da nominação das cartas.

Uma carta de tarô é essencialmente constituída de imagens (símbolos). O seu nome (signo) é o que menos importa para o seu estudo; *contudo* é no que a maioria dos alunos se baseia para *falar ou estudar o arcano*. Só se consegue entender os tarôs estudando a estrutura simbólica clássica. Se o iniciante não compreender de uma vez por todas, por exemplo, que não existe um arcano 4 sem a imagem de um governador, que não encontramos um arcano 5 que não contenha a imagem de um homem com vestes sacerdotais, não conseguirá entender o tarô! Exceção para os tarôs transculturais e surrealistas, mas que com um pouco de conhecimento simbólico é possível perceber que são análogos aos clássicos. Bem, as cartas do tarô são únicas em toda a sua estrutura – não existem duas imagens com o mesmo contexto simbólico. Assim, a única imagem de um governante nos arcanos maiores é a do arcano Imperador, como a única imagem de um religioso é a do arcano Sacerdote.

Portanto, não é difícil saber o nome da carta quando se conhece o conteúdo simbólico! Apenas uma carta dos arcanos maiores mostra um homem em cima de uma biga – o arcano 7; somente uma carta apresenta uma mulher sentada com livros e/ou chaves na mão – o arcano 2... Insisto para que estude bem os conceitos básicos da tarologia de cada arcano, pois são princípios fundamentais para se ler rapidamente qualquer outro tarô clássico ou moderno. Fechando a questão das imagens, outro aspecto que fatalmente vai encontrar, e que pode gerar grandes dúvidas, são os 56 arcanos menores ou auxiliares. Nos tarôs clássicos e em alguns modernos somente as cartas da *corte* são constituídas de imagens; os *numerados* contêm símbolos em quantidades análogas ao número da carta.

Ancient Italian Tarot
(Lo Scarabeo, Itália)

Ancestral Path Tarot
(U.S. Games Systems, EUA)

Por exemplo: o Dois de Copas contém duas taças; o Dez de Ouros contém dez moedas e assim por diante. As imagens – símbolos dos arcanos menores – só começaram a aparecer a partir de 1910, com o tarô de Rider-Waite, e desde então muitos outros ilustradores de tarô passaram a desenhar situações análogas ao sentido do arcano. Por exemplo: no Dois de Copas, que simboliza a união, o amor e a sociedade, começaram a desenhar duas pessoas namorando, a assinatura de um contrato, uma situação de amizade ou de harmonia, etc. Assim, no que se refere à maioria dos tarôs atuais, o tarotista tem que conhecer o sentido do arcano para entender o porquê da imagem.

Quanto aos nomes dos arcanos, propriamente ditos, esbarramos nos mesmos problemas de tradução que expliquei na Aula eletiva 5: apresentam conceitos linguísticos da própria região de origem e/ou erros de tradução técnica. Fora essa polêmica, existem muitos tarôs importados com os quais perdemos tempo na tentativa de traduzir o nome da carta quando as imagens simbólicas estão bem na frente! Por exemplo, o arcano 5 pode levar o nome de hierofante, hierarca, papa, grande sacerdote, sacerdote, pai de santo, pastor... Acaso, já teve a curiosidade de pesquisar esses nomes em um bom dicionário? Pois é, são variações para a mesma coisa... *Assim como temos símbolos análogos, também temos nomes análogos...* Em todo caso, segue-se uma lista dos possíveis nomes que se podem encontrar para cada arcano nos tarôs clássicos e modernos, pois nos transculturais e surrealistas os nomes estão baseados na mitologia ou na fábula que está sendo analisada e, nesse caso, precisaríamos de umas trezentas tabelas para organizar tudo! Em relação à nomenclatura estrangeira, deixei de lado as línguas: italiana, alemã, suíça, russa e grega, por haver poucos tarôs com esses idiomas à venda no Brasil. No caso das línguas escolhidas (inglês, francês, espanhol), transcrevi os nomes mais usuais; entretanto, também há muitas variações – nunca se esqueça: *o simbolismo é a chave!*

Juntando as três tabelas dos arcanos menores o tarotista terá as diversas nomenclaturas; entretanto, vale lembrar que a maioria dos tarôs atuais contém imagens em vez de quantitativos de símbolos (uma moeda, duas moedas, etc.). Por isso, torna-se difícil fazer uma determinação de imagens como nos arcanos maiores. Devemos ter como parâmetro o significado simbólico da carta (a velha e boa regra de sempre!). Vejamos como ficam alguns exemplos da tabela:

» PAJEM DE PAUS = Pajem de Bastões, Pajem de Fogo, Pajem de Varetas, Valete de Paus, Valete de Bastões, Valete de Fogo, Valete de Varetas, Criança de Paus, Criança de Fogo, Criança de Varetas, Criança de Bastões, Princesa de Paus, Princesa de Bastões, Princesa de Fogo, Princesa de Varetas; Page of Wands, Page of Fire, Princess of Wands, Princess of Fire, Knave of Wands, Valet des Batóns, Sota de Bastos.

» DOIS DE COPAS = Dois de Taças, Dois de Vasos, Dois de Água; Two of Cups, Deux des Coupes, Dos de Copas.

22 ARCANOS MAIORES (PRINCIPAIS)

Carta	Nome	Variação	Variação	Inglês	Francês	Espanhol
1	Mago	Ilusionista	Prestidigitador	Magician / Juggler	Bateleur	Mago
2	Sacerdotisa	Papisa	Juno	High Priestess	Papesse	Papesa
3	Imperatriz	Guardiã	Mãe	Empress	Impératrice	Emperatriz
4	Imperador	Governante	Faraó	Emperor	Empereur	Emperador
5	Sacerdote	Hierofante	Papa	Pope / High Priest	Pape	Papa
6	Enamorado	Amantes	Amor	Lovers	Amoureux	Enamorados
7	Carro	Carruagem	Triunfo	Chariot / Car	Chariot / Voyage	Carro
8	Justiça	Ajustamento	Ordem	Justice	Justice	Justicia
9	Eremita	Ermitão	Sabedoria	Hermit	Ermite	Ermitaño
10	Roda da Fortuna	Fortuna	Destino	Wheel of Fortune	Roue de la Fortuna	Rueda
11	Força	Luxúria	Persuasão	Strength / Lust	Force	Fuerza
12	Pendurado	Enforcado	Apostolado	Hanged Man	Pendu	Colgado
13	Morte	Ceifador	Sem nome	Death	Mort	Muerte
14	Temperança	Arte	Alquimia	Temperance / Art	Tempérance	Templanza
15	Diabo	Fogo	Pan	Devil	Diable	Diablo
16	Torre	Casa de Deus	Raio	Tower	Maison de Dieu	Casa de Dios
17	Estrela	Esperança	–	Star	Etoile	Estrella
18	Lua	Crepúsculo	Noite	Moon	Lune	Luna
19	Sol	–	–	Sun	Soleil	Sol
20	Julgamento	Novo Eon	Nova Era	Judgment	Jugement	Juicio
21	Mundo	–	–	World	Monde	Mundo
s/n	Louco	Criança	–	Fool	Fou	Loco

280 | Curso Completo de Tarô

NAIPES DOS ARCANOS MENORES (AUXILIARES OU SECUNDÁRIOS)

Naipe	Variação	Variação	Variação	Inglês	Francês	Espanhol
Ouros	Moedas	Terra	Pentáculo	Pentacles / Earth	Deniers	Oros
Espadas	Gládios	Ar	Lança	Swords / Air	Epeés / Pic	Espadas
Copas	Taças	Água	Vasos	Cups / Water	Coupes	Copas
Paus	Eastões	Fogo	Varetas	Wands / Fire	Batóns	Bastos

CORTE DOS ARCANOS MENORES (AUXILIARES OU SECUNDÁRIOS)

Corte	Variação	Variação	Variação	Inglês	Francês	Espanhol
Pajem	Princesa	Criança	Valete	Page / Princess	Valet	Sota
Cavaleiro	Fríncipe	Jovem	Sábio	Knight / Prince	Cavalier	Caballero
Rainha	Dama	Mãe	Mulher	Queen	Reine / Dame	Reina
Rei	Cavaleiro	Pai	Homem	King / Knight	Roi	Rey

NUMERAÇÃO DOS ARCANOS MENORES (AUXILIARES OU SECUNDÁRIOS)

Números	Variação	Variação	Variação	Inglês	Francês	Espanhol
Ás				Ace	As	As
Dois				Two	Deux	Dos
Três				Three	Trois	Tres
Quatro	Até o momento não houve, espero que ninguém invente moda.			Four	Quatre	Cuatro
Cinco				Five	Cinq	Cinco
Seis				Six	Six	Seis
Sete				Seven	Sept	Siete
Oito				Eight	Huit	Ocho
Nove				Nine	Neuf	Nueve
Dez				Ten	Dix	Diez

Lições Complementares | 281

AULA ELETIVA 7: O PORTAL DA LUZ

As estruturas do tarô são formas filosóficas de analisar nossa vida e instrumentos para entender os contextos dos jogos. Estudamos até o momento que cada arcano está relacionado com outro e que todos formam uma grande escala espiritual. Existem outras estruturas simbólicas entre os arcanos maiores, e agora vamos ampliar mais um pouco este conceito. Os arcanos principais de 1 a 11 representam os estados alertas e egocêntricos em relação ao que desejamos, sem, contudo, observarmos a construção da vida interior – chamaremos esse conjunto de Via Solar. Os arcanos principais de 12 a 21, mais o sem número, refletem a necessidade de estruturar corretamente a própria alma rumo ao destino verdadeiro; a tônica é o aprendizado com o meio ambiente – denominamos esse conjunto de Via Lunar. Os arcanos da Via Solar representam que tudo pode ser realizado e/ou transformado pela própria vontade, nós nos adaptamos aos eventos e tudo termina sem problemas, tanto pelo aspecto material quanto emocional. Porém, é na Via Lunar que descobrimos nossos limites, obstáculos e problemas e também que aprendemos a valorizar as pessoas, a ampliar nossa luz interior e a resgatar o amor incondicional.

ARCANOS MAIORES	**VIA SOLAR**	Caminho da Vontade	Forças do plano consciente
		Caminho do Livre-arbítrio	
		Caminho do Prazer	
	VIA LUNAR	Caminho da Dor	Forças do plano inconsciente
		Caminho da Esperança	
		Caminho da Evolução	

O autoconhecimento se inicia por meio dos degraus evolutivos do arcano 12 ao 16 e, como estudamos, todos se reportam ao aprendizado da libertação das amarras impostas pelo meio ambiente ou por nós mesmos. No arcano 17, a essência pura e cristalina do próprio espírito, liberto do passado e pronto para conhecer a si mesmo, prepara-se e abre espaço para o arcano 18, o estágio final do autoconhecimento: *o mundo das sombras*. Somente a partir da vivência completa desses degraus, vislumbramos a luz verdadeira do arcano 19 retomando a paz e a felicidade na vida. Do arcano 20 ao sem número seguimos livres e confiantes em nossos projetos, com a certeza de que mais uma etapa do destino foi realizada, que novos rumos surgirão ao longo de nossa jornada espiritual, que estaremos aptos a conhecer um mundo novo e transcendente.

Muitos questionam por que o arcano Lua, o mundo das SOMBRAS, está posicionado entre a CLAREZA do arcano Estrela, e a ILUMINAÇÃO do arcano Sol. O arcano 18 revela o lado escuro (ou obscuro) da vida, as formas sombrias que povoam nossa mente, situações que ocultamos de nós mesmos, *provocando um confronto com a própria realidade*. A sua natureza é sempre dupla: amor/ódio, prazer/dor, alegria/tristeza, conduzindo inevitavelmente à "noite negra da alma". Nesse arcano tudo depende de nossa consciência e da vontade pessoal em querer equalizar os caminhos do destino; quando vivemos a energia da carta 18, ficamos quase que impossibilitados de observar o nosso verdadeiro caminho e, consequentemente, a confusão se instala!

O que fazer?

Primeiro, nada é o que parece ser, devemos discernir o falso do verdadeiro e o imaginário do real, não devemos acreditar naquilo que achamos ser o melhor – não podemos "achar", temos que ter a certeza, a lucidez da vida e dos fatos, doa a quem doer. Em segundo lugar, devemos dar atenção à nossa intuição e aspiração mais profunda, deixar livres a mente e o coração para que o verdadeiro mundo surja diante de nós – o arcano Lua prenuncia a prosperidade se soubermos controlar nossas ações. Caso não se passe por essa prova final da evolução espiritual, sendo subjugado pelo planejamento ou emoção do passado, então, retorna-se ao estágio inicial da Via Lunar (arcano 12). Assim, novamente iremos enfrentar as forças opostas do destino representadas no arcano 16 quantas vezes for necessário para que o aprendizado cármico seja concluído, ou seja, para que o passado se dissolva e o ego se transforme em uma nova personalidade.

O leitor já deve ter ouvido falar de repetição cármica negativa, ou ouvirá um dia; todo padrão autodestrutivo se classifica nesta sequência: 12-18-12, ou seja, nunca se aprende com as experiências pessoais e tudo se repete na vida. Por exemplo: uma pessoa deseja ardentemente se casar, namorou três pessoas e todas eram casadas. Bem, talvez ela pense que na vida nada dá certo porque somente consegue parceiros comprometidos; mas as escolhas são somente dela, que não aprendeu a esperar, a ser seletiva e a construir seu verdadeiro caminho. Nestes degraus evolutivos: do 12 ao 18, o ego, a vaidade, a vingança, a paixão, o orgulho, a inveja, a hipocrisia, DEVEM ser eliminados para que a verdadeira essência luminosa floresça e o PORTAL DA LUZ se abra no arcano 19!

Aprender com as experiências, boas e más, é fundamental para a evolução da personalidade, quiçá da própria vida.

AULA ELETIVA 8: FALHAS E CONSELHOS

Bem, antes de iniciar os jogos – sei que deve estar ansioso – é importante que saiba de alguns conceitos técnicos e/ou espirituais que envolvem uma abertura. O leitor deve estar pensando: "Meu Deus, quantos detalhes..." Sinceramente, toda teoria deste curso é de extrema importância para uma boa leitura do tarô – a didática exclusiva da *Escola On-line de Tarô Nei Naiff* (www.tarotista.com.br) surgiu para elucidar os questionamentos mais comuns dos tarotistas e tarólogos. Tenha paciência para estudar absolutamente tudo que foi indicado, pois tenho a certeza de que além de obter uma excelente base de conhecimento, certamente irá voltar a alguma lição para tirar dúvidas. Sempre observo que o estudante tende a querer abrir um jogo pensando, como já vimos na Aula eletiva 5, que vai aparecer uma multimídia esotérica – sinto muito, não vai! Por causa disso, o aluno se frustra e começa a dizer que tudo é complicado, que não tem o dom necessário.

A PRIMEIRA GRANDE FALHA que influencia um iniciante na interpretação das cartas é a ideia de vê-la como algo do além, esperando constantemente uma mensagem de entidades espirituais. Se o estudante tem essa peculiaridade, não precisa estudar o tarô, deve assumir a vidência de outra forma. Isso atrapalha profundamente a leitura, pois o iniciado não crê em seu potencial e se aliena em algo externo, sem contar o total desgaste energético que sofre por usar três veículos oraculares para análise: uma entidade espiritual, a vidência e os símbolos do tarô. Tenha sempre em mente: é o tarotista, com sua condição mental e espiritual de conhecimento, quem está lendo as cartas.

A SEGUNDA GRANDE FALHA é colocar diversos elementos figurativos de expressão espiritual, tais como velas, pirâmides, anjos, faca, copo d'água, flores, frutas, cristais, bonecos, em cima da mesa em que se vai executar um oráculo, acreditando que sem eles o tarô nunca irá funcionar! O tarô não pertence a um segmento espiritual específico, pois ele funciona independentemente da crença, e até sem ela! Portanto, poderá utilizar o que desejar: incenso, velas, cristais, etc. Mas lembre-se: é uma crença sua! Cuidado com o misticismo, ele só leva a erros. Utilize aquilo em que crê, tenha fé e, principalmente, conheça o que está usando, e saiba para que serve! Não utilize algo somente porque ouviu alguém falar que é "bom" ou que leu em algum livro. Não há necessidade de consagrar as cartas, basta comprá-las e jogar! Novamente, temos o aspecto da crença: se acredita em anjos, reze para eles! Se acredita em mestres iluminados, ore por eles; se acredita em Santa Teresinha, faça uma devoção a ela; se acredita em elementais, invoque-os... E se não acreditar em nada... não faça nada! Dentre as diversas instruções de como se deve preparar o local de leitura, a única realmente válida para qualquer credo é a utilização do tecido em cima da mesa por duas preciosas razões: para evitar que as cartas se sujem rapidamente e para melhor visualização dos símbolos. A cor do tecido poderá ser a que mais lhe agradar, porém evite as cores de tonalidades agressivas, muito floridas e fortes, porque os olhos se cansam facilmente.

A TERCEIRA GRANDE FALHA é atribuir o mesmo significado ao arcano, não importando o método utilizado ou a questão formulada. As condições interpretativas dos arcanos são infinitas e um método serve para analisar a simbologia e os atributos; portanto, é impossível ter sempre a mesma linguagem; tenha muita atenção na relação pergunta/método/posição da carta/plano correspondente.

Outra observação importante: já ouviu falar que o tarô lê o presente momento da pessoa? Já parou para pensar o que é este "presente", "tempo atual"? A qualidade *presente* numa leitura de tarô não se refere ao dia de hoje ou ao mês em curso, mas, sim, à característica de vivenciar algo enquanto isso durar e for desejado. Por exemplo: "Estou trabalhando há vinte anos numa empresa." – O tarô interpretará esses vinte anos e a tendência futura do que foi construído! "Estou casado há dez anos." – O tarô analisará os dez anos e a tendência futura do que foi construído!

A qualidade *passado* refere-se a aspectos que NÃO existem mais no pensamento do consulente ou são desejados por ele. O aspecto *futuro* é algo em que o consulente NÃO acredita, pois não tem acesso emocional a isso, ainda não viveu! Então, o tarô estará sempre falando de algo atual na mente, no coração e no mundo físico. Mesmo que o consulente esteja amando alguém que já partiu, odiando um amigo traidor, esbravejando pela demissão, é sinal de que ele ainda SENTE, de que a situação ainda é PRESENTE! Mesmo que ele acredite que no futuro se casará com Maria, passará na prova ou comprará o carro, também é sinal de que sente o seu desejo e crença... Ainda será um tempo presente, não futuro! Para que existem os arcanos 12, 13, 14, 15, 16? Para falar que o passado ainda reside no mundo presente. Por que esses arcanos solicitam mudança de paradigma? Para esquecer o passado que não existe (mas no qual o cliente insiste) e buscar um novo futuro, uma nova visão, uma nova construção de vida. Então, o próprio arcano tem em seu simbolismo, como já estudamos, atributos que revelam se uma situação se encontra com ideias presentes e futuras (1 a 11), com ideias passadas (12 a 16) ou com ideias somente futuras (17 ao 21 + sem número). Contudo, todos estruturados em ideias e desejos presentes.

Conselhos úteis para um bom tarólogo e tarotista

1. Tente sempre discernir o estudo do tarô (tarologia) de sua prática (taromancia).
2. Tente sempre pensar: "O que o arcano faria em tal situação?" Por exemplo: como o arcano 1 compraria um carro? Como o Mago agiria num relacionamento afetivo? Como ele venderia uma casa? Como ele planejaria um desejo? De que forma a Sacerdotisa compraria um carro? Como ela agiria num relacionamento?... E assim por diante. Filosofe! É saudável para o aprendizado.
3. Cuidado para não querer "observar" o começo, o meio e o fim em um único arcano, pois somente o tarô como um todo tem essa qualidade. Um arcano é uma pequena parte do todo: ou será o começo ou será o meio ou será o fim, ele identifica o passo de determinada situação.
4. Esteja sempre na interpretação do arcano, nunca avance em sua simbologia (tarologia) e nos seus atributos (taromancia). Por exemplo: os atributos do arcano Mago: possibilidade, livre-arbítrio, vontade, expectativa. Portanto, ele não tem a qualidade da realização, do amor, da certeza, da diretriz, da determinação (que pertencem a outros arcanos). Então, o arcano 1 sempre será uma possibilidade que dependerá do consulente, ou seja, se ele não agir na mesma proporção de sua vontade, não vai conseguir realizar! Cuidado com a expressão "Ele *consegue* tudo o que quer...". O correto é: "Ele tem *possibilidade* de realizar aquilo que deseja..."
5. Nem todos os arcanos são cármicos ou fatalistas, a maioria absoluta expressa a vontade e o livre-arbítrio! Os arcanos cármicos (interferência

espiritual, destinação, irreversibilidade) não fazem parte deste curso[7], mas adiantarei seu conjunto: 8, 10, 14, 16 e 20, dentre os arcanos principais, mais os arcanos auxiliares de número 8. As cartas restantes terão sempre como tônica a própria vontade (consciência ou vaidade) humana construindo ou destruindo sua própria vida, buscando o bem ou o mal para si ou para terceiros.

6. Não veja o tarô como uma história bonitinha em que tudo acaba bem ou da forma como desejamos (isto é coisa de novela!), pois sabemos que nem sempre conquistamos o que desejamos! O tarô deve ser visto como um diagrama real da vida, em que há os augúrios bons e os maus... Preparar e orientar de forma positiva o consulente (ou a nós mesmos) tanto em relação ao bem quanto ao mal é um DEVER do tarotista.

7. Durante uma consulta, separe o ego da verdade da vida, pois nem sempre as coisas terminam mal porque o destino assim o escreveu... Muitas vezes, somos responsáveis pelo nosso próprio fracasso.

8. A chave durante um jogo está em classificar a pergunta com a manifestação do arcano. O tarotista deve tomar um cuidado extremo para não misturar os ATRIBUTOS de cada plano. Muitas vezes, um arcano é excelente num plano e mal expressado em outro, como o arcano 18, que é excelente no plano material, mas muito destrutivo no mental e excessivo no sentimental.

9. Se a questão é do plano material (elemento Terra – OBTER, POSSUIR), então explique apenas o plano material do arcano, esqueça o resto!

10. Se a questão é do plano mental (elemento Ar – EXPRESSAR, PLANEJAR), então analise somente o plano mental do arcano, esqueça o resto!

11. Se a questão é do plano sentimental (elemento Água – DESEJAR, SENTIR), então esclareça unicamente o plano sentimental do arcano, esqueça o resto!

12. Se a questão é do plano espiritual (elemento Fogo – EVOLUIR, HARMONIZAR), então revele exclusivamente o plano espiritual do arcano, esqueça o resto!

13. Se a questão é de aconselhamento (comportamento do arcano), então diga apenas o plano orientador, esqueça o resto!

14. Se uma casa se refere ao aspecto negativo do arcano, analise apenas seu significado reverso, esqueça o resto!

---

[7]. Todos os estudos avançados de tarô se encontram em minha trilogia: vol. 1 – *Tarô, ocultismo e simbologia*; vol. 2 – *Tarô, vida e destino*; vol. 3 – *Tarô, oráculo e métodos*.

15. Nenhum arcano é bom ou mau, positivo ou negativo; a pergunta ou a posição da carta num método é que qualifica os atributos e/ou respostas boas ou más.
16. Quanto mais objetivo for, mais chances de uma boa leitura terá.

AULA ELETIVA 9: CARTAS INVERTIDAS

Em muitas reedições de livros antigos de tarô há referências ao uso das cartas invertidas; mas o que são elas? São as cartas abertas de cabeça para baixo no ato da leitura. Isso pode ocorrer por dois motivos: um é pelo modo de embaralhar; as cartas são misturadas de qualquer maneira ou esparramadas, sobre a mesa, para cima e para baixo em forma circular; a segunda, por distração na escolha e no momento da montagem do método. Assim, para um tarotista experiente e atento jamais sairia uma carta invertida na hora da montagem, a menos que ele desejasse. *Não conheço um instrutor eficiente que se utilize das cartas invertidas.* Então, por que são relatadas em tantos livros?

Tudo começou por volta de 1790-1810, com Etteilla, um ocultista parisiense que ensinava o tarô fora dos círculos místicos a qualquer um que desejasse – na época, o esoterismo pertencia somente às sociedades secretas e os jogos de cartas, às mulheres. Ele lançou as técnicas de cartas invertidas em seus livros para identificar quem havia feito o curso pessoalmente e quem apenas lera seus livros – *foi assim que surgiram as cartas invertidas!* Não há nada de "mágico" ou "tradicional" nessa técnica... Logo depois, no final do século 19, a ordem secreta inglesa *Golden Dawn*, fazendo a junção de várias correntes místicas dos séculos anteriores, também adotou esse sistema. É inegável que as obras dos dissidentes daquela ordem – Arthur Waite, Paul Case e Aleister Crowley – mexeram com a imaginação da nova geração de tarólogos e tarotistas do século 20, que estava totalmente livre dos dogmas e doutrinas das sociedades secretas tradicionais. Também é incontestável que suas obras – conceito, estrutura, imagens – foram as mais compiladas no século 20, sem que nunca se tenha meditado a respeito ou avaliado a verdadeira história, prática e símbolos do tarô.

Porém, toda essa literatura antiga não está invalidada, deve ser estudada e entendida apenas em relação aos aspectos reversos do arcano, que poderão ser utilizados nos métodos que contenham uma *casa negativa ou de obstáculo* em sua configuração; contudo, na prática, se ocorrer de uma carta sair invertida num jogo, *desvire-a* e leia de acordo com sua posição no método e em relação à pergunta.

Se desejar empregar as cartas invertidas, elas deverão ser compreendidas como conceitos negativos do arcano, o lado oposto; mas observe a palavra *negativo* sob a condição de *reversão* e não de *ruim* e a palavra *positivo* como *operante* e não *bom*. Assim, o arcano Torre, que no aspecto positivo representa a *dissolução*, pois é seu atributo principal, no negativo simboliza a *construção*, sendo a reversão. Da mesma forma que o arcano Imperatriz tem em seu lado positivo o *desenvolvimento* e no negativo a *estagnação*. Não é difícil entender os aspectos negativos (a reversão) de um arcano quando se conhece bem seus atributos positivos (operantes). Bem, mas como é que fica, então? Na prática, não precisamos empregar as cartas invertidas, e um bom tarotista não faz uso delas, *pois sabe lidar com a dinâmica entre a pergunta, os símbolos do tarô e sua posição no método.*

AULA ELETIVA 10: ALMAS GÊMEAS

Certo dia um cliente chegou ao meu consultório procurando entender o que lhe havia acontecido, pediu-me uma análise cármica de sua vida e uma orientação do tarô; no meio da consulta, sentindo-se mais à vontade e confiante em minha orientação, contou-me a seguinte história (os nomes são fictícios).

Ele havia conhecido Maria num dia chuvoso, ambos se abrigaram da tempestade na mesma marquise. Quando se olharam, fora como uma faísca elétrica, algo havia surgido dentro deles, do nada. Começaram a conversar, falaram tudo sobre suas vidas em apenas duas horas! Que loucura haviam vivenciado! Trocaram telefones. João, muito místico, achou que ela era alguém muito especial de outras vidas. No dia seguinte, fez uma TVP (terapia de vidas passadas) e descobriu que ela havia sido seu esposo numa vida, irmã gêmea em outra, pai, filha, marido, amigo... foram tantas que ficou fascinado. Começou a ligar para ela, sem, contudo, falar sobre a experiência espiritual. Saíram todos os dias, e a cada dia a relação ficava mais intensa, o amor brotava nos olhos de João e a paixão nos de Maria. Aos poucos, ele começou a revelar o lado místico e, por acaso, ela também adorava o esoterismo! Bingo! Que maravilha, tudo o que ambos desejavam para si, uma alma gêmea!

João queria ter absoluta certeza de sua experiência com a TVP, então solicitou que Maria fosse fazer uma regressão, esperando que trouxesse as mesmas informações que havia obtido. Então, escreveu numa carta tudo que havia vivenciado na terapia, lacrou, solicitando que a abrissem após a consulta. Quando Maria chegou ao jardim onde haviam combinado se encontrar, estava radiante pela terapia, mas tensa pelo que poderia estar escrito na carta, por isso ela também resolveu escrever a experiência para que não houvesse dúvida alguma. Quando ambos abriram e leram as cartas ficaram extasiados, era a mesma história com todas as vírgulas e pontos! "Vamos nos casar agora e sermos felizes!" Ambos estavam noivos e comprometidos seriamente com outras pessoas, mas a intensidade emocional, a verdade contida em seus corações e as experiências TVP foram muito mais fortes. Assim, terminaram por largar tudo e foram viver juntos, para sempre. "Dane-se o mundo, queremos ser felizes!" Procuraram astrólogos (descobriram uma sinastria perfeita!), tarotistas (arcanos maravilhosos para a relação!), numerólogos (pináculos fantásticos em suas vidas!), todos confirmaram a ação cármica que envolvia as duas criaturas encarnadas neste planeta de purificação espiritual. Enfim, as *almas gêmeas* se encontraram!

Logo nos primeiros meses de relacionamento começaram a cobrar um do outro os valores contidos nas vidas passadas e os fornecidos nas consultas esotéricas: a *palavra*, a *honra*, a *honestidade*, o *afeto*, a *amizade*, o *compromisso*. O tempo foi passando e nada de esses valores se concretizarem, a não ser a intensidade sexual, a possessividade e o ciúme. O medo de perderem aquilo que julgavam ser um relacionamento perfeito era insuportável e angustiante; afinal, não é todo dia que se encontra uma alma gêmea ou pessoas de outras vidas para compartilhar a rotina. Em exatos seis meses de convivência, Maria sugeriu a separação, para desespero de João. Ele não aceitou, chorou, bateu o pé. Ambos juraram que se entenderiam e fizeram mais algumas promessas de eterno amor. Seis meses depois, era a vez de João pedir a separação. Ela jurou amor incondicional, chorou, bateu o pé. Ambos juraram que se entenderiam e fizeram mais algumas promessas de eterno amor. Continuaram. Brigaram mais ainda. O orgulho e o medo falaram mais alto, continuaram se arrastando, lamentando-se, até não dar mais. Em dois anos estavam se odiando e amaldiçoando um ao outro, e com muito rancor cobravam o dito relacionamento de outras vidas e a harmonia espiritual das almas gêmeas. No terceiro ano se divorciaram, em absoluto litígio, ficando mais três anos nos tribunais se digladiando, dividindo até os talheres da cozinha e jurando vinganças mútuas.

Hoje, moram em cidades diferentes para não terem a mínima possibilidade de saberem um do outro. Não se odeiam mais, todavia querem esquecer tudo que houve, o que trocaram, o que deixaram para trás. Maria tornou-se evangélica, mas João ainda acredita em TVP, astrologia, tarô e numerologia, e tenta identificar o grande erro fatal.

Um dos aspectos principais ao se analisar uma vida passada (seja nesta encarnação ou em outra) é vê-la como algo literalmente do passado e jamais como uma vida presente. Temos emoções, sensações e experiências acumuladas, mas não são mais as mesmas situações, pessoas e fatos. Não podemos nos esquecer de que vivências passadas não são atos lineares com experiências progressivas ou sempre com as mesmas pessoas. Posso ter sido uma pessoa maravilhosa em outra vida e ser terrível na atual. Ou posso ter tido uma alma nobre numa determinada encarnação, vil em outra e espiritual nesta. Todo processo de encarnação e carma está relacionado com as experiências faltantes, com os laços que precisam ser desatados, sem, contudo, precisar ser vivenciados novamente. No caso de João e Maria, ambos se esqueceram de que tinham outras experiências de vidas anteriores que faziam parte de seus seres atuais, e querendo viver somente aquilo que existiu, em particular, com eles próprios, esqueceram-se do que deveriam desenvolver espiritualmente nesta existência atual. O problema não é viver com as pessoas do passado, mas, sim, *reviver* as experiências passadas – isto é abominável e involutivo. Poderemos muitas vezes nos encontrar com nossa "outra" parte, mas não raro estaremos em experiências terrenas diferentes.

Portanto, devemos aprender a aceitar o que somos e não o que desejamos, vivenciar com as pessoas o que elas são e não o que idealizamos. A finalidade de uma consulta de tarô, astrologia, numerologia, quirologia ou regressão é fornecer ao indivíduo o conhecimento de sua missão espiritual nesta atual encarnação, prover subsídios para o melhor entendimento de sua personalidade, bem como sobre o compromisso com as pessoas que o cercam. Saber se vai vender o carro, comprar a casa, melhorar no emprego, unir-se com o grande amor é importante – o tarô responde com maestria –; entretanto, o mais importante, e o que deveria estar em condição primeira, é a *orientação* para essas situações.

Enfim, outra velha e famosa frase minha:

O autoconhecimento é a única evolução!

AULA ELETIVA 11: O TARÔ E A INQUISIÇÃO!

É importante notar que astrólogos, numerólogos, tarólogos, alquimistas nunca foram perseguidos ou queimados vivos durante a Inquisição (Santo Ofício: 1231-1834). Não éramos considerados hereges (bruxos, feiticeiros, idólatras) como atualmente um leigo apregoa. Não éramos estigmatizados pela sociedade europeia. Ninguém foi torturado por estudar/praticar tais atos. Quem afirma isso, desconhece a História. Devemos observar o seguinte: durante a Idade Média e a Renascença, a alquimia e a astrologia eram partes integrantes da sociedade, a tal ponto que Santo Alberto Magno e Santo Tomás de Aquino, por volta de 1250, as colocaram como disciplinas acadêmicas em toda a Europa, e assim permaneceram durante séculos. A medicina hermética e hipocrática – hoje no jargão da medicina holística e vibracional – eram amplamente aceitas desde o início da Era Cristã, afinal só existiam elas. Os maiores médicos de que se têm notícias foram Hipócrates (500 a.C.), Galeno (200 d.C.), Paracelso (1520) e Nicholas Culpeper (1630); todos utilizaram as ervas e minerais numa relação direta com astrologia, alquimia e hermetismo. Todos os tratados herméticos revelam origens e conceitos estoicos[8], septuagintas[9] e coptas[10], totalmente pagão sem relação ao cristianismo atual, sem apor a própria linguagem alquímica visivelmente anticristã para os dogmas da época. Papa Silvestre III, Papa Clemente V, Santo Alberto Magno, Santo Tomás de Aquino, Roger Bacon, Abade John Kremer, Nicolas Flamel, entre tantas outras figuras históricas desse período, desenvolveram estudos alquímicos e mesmo assim permaneceram livres da propalada fogueira. Um fato interessante é que esses conhecimentos foram todos destruídos pelos cientistas na Era do Iluminismo (século 18) e não pelo clero.

Durante a Inquisição, rebatizada de Congregação do Santo Ofício, foram consideradas hereges todas as pessoas que não aceitassem ou proferissem os dogmas da Igreja Católica Apostólica Romana, tais como: *Cristo é o salvador, Deus é onisciente, o Papa é o senhor absoluto, o homem foi criado do barro, a Terra é o centro do Universo, o dízimo é uma indulgência*. Assim, todas as outras religiões e culturas eram satânicas – islamismo, judaísmo, hinduísmo, taoísmo. Segundo estimativas oficiais, nove milhões de pessoas foram condenadas à morte na fogueira, por afogamento ou linchamento, e esse cálculo oficial não

---

8. Filosofia de Zenão de Cicio.
9. Tradução grega da Bíblia hebraica.
10. Cultura egípcia sob dominação romana e cristã.

inclui o número de mortos durante a Guerra Santa (retomada de Jerusalém, de 1096 a 1270). Um fato curioso sobre os réus: 75% eram mulheres viúvas com mais de cinquenta anos; 15%, homens viúvos de qualquer idade; 10%, crianças (todos filhos de pessoas já condenadas), e 5% indefinidos e de outras religiões – em todos os processos, eles eram acusados de práticas sexuais com satã ou de lascívia bestial. Detalhe: quem acusava poderia receber 25% das propriedades do réu caso fosse comprovado o *conjunctus* com o demônio, o restante iria para a Igreja, se não houvesse herdeiros.

Philosophia reformata, 1622
(Museu Britânico)

Raríssimas vezes pessoas importantes foram julgadas pela Inquisição, e estas, em sua maioria absoluta, eram de estirpes não agregadas ao clero e à sociedade local. Podemos afirmar que os mais nobres foram queimados vivos por NÃO aceitarem os dogmas católicos, mas NUNCA por praticarem as artes ditas esotéricas, como Cecco D'Ascolli (1327, astrólogo) e Giordano Bruno (1600, alquímico, astrólogo). Galileu Galilei (1664, cientista, alquímico, astrólogo) não foi queimado, porém recebeu excomunhão por retratar suas teorias científicas. Todos eles diziam que o sistema planetário era heliocêntrico, numa afirmação contrária aos dogmas da Igreja, que o classificava como geocêntrico. Todas as vítimas defendiam um ponto que abalava os dogmas católicos ou o poder monárquico francês ou espanhol.

Quer mais? Inúmeros livros e tratados sobre astrologia, numerologia, alquimia, hermetismo e rituais de magia cabalística foram manuscritos por figuras altamente idôneas e respeitadas pela sociedade europeia como o são até hoje por nós, sendo altamente consumidos por todos na época como acontece hoje. Nas discussões sobre os pontos de vista teológicos só não se aceitavam análises de necromânticas (adivinhação da data da morte, magia negra e/ou culto aos mortos), o resto: *voilà!* São tantos os autores que seria impossível enumerá-los. Todas as igrejas europeias construídas entre os séculos 11 e 16 têm em seus portais de entrada ou nos vitrais interiores símbolos astrológicos, alquímicos, neoplatônicos, gnósticos e até maçônicos. O Zodíaco ou os quatro Elementos em volta de Cristo: representação artística comum em todas (!) as catedrais construídas durante a Idade Média e a Renascença.

E, para terminar, saiba que a imagem do arcano 15, Diabo, nunca foi escondida no baralho desde o surgimento do tarô nos primórdios renascentistas. Nunca foi proibido o jogo de cartas pela Igreja, apenas advertido pelo vício da jogatina. As únicas interdições foram a dos reis que não permitiam o uso das cartas em dias laborativos e outros decretos relacionados à tributos de vendas ou impostos de fabricação.

Assim, o tarô reina soberano desde o século 14 aos nossos dias.

Catedral de Chartres, França
(Foto do autor, 1996).

Temos de entender que esoterismo não é religião e muito menos uma seita, mas, sim, a área que estuda os conceitos divinos, humanos e universais, colocando CONSCIÊNCIA E DIRETRIZ no mundo ontológico, metafísico e logosófico. O esoterismo serve ao autoconhecimento e não a devoções e cultos; para tal, existem religiões e fraternidades. Antigamente, essa premissa era muito mais compreendida que hoje, talvez por isso fôssemos mais aceitos no seio social e religioso. Os esotéricos começaram a perder aceitação apenas na Era do Iluminismo (idade da razão absoluta), por volta de 1700, quando fomos relegados ao misticismo e à superstição pelos cientistas e filósofos cartesianos. Finalmente, rompeu-se a relação RELIGIÃO-CIÊNCIA, com o surgimento de uma casta cada vez maior de pessoas que negavam a existência de Deus e buscavam a supremacia do homem. Afinal, isso era natural, após séculos de dogmatismo e opressão político-religiosa! De qualquer forma, nós, esotéricos, sempre ficamos longe da lama negra da Inquisição e soubemos, mais uma vez, no curso da História, compreender com o amor universal a evolução planetária.

Gabarito das Avaliações

Querido(a) aspirante ao tarô,

Somente leia o gabarito depois de ter respondido a avaliação correspondente, seja seu próprio mestre e obrigue-se a ser o melhor tarotista.

Se houver seguido todos os passos solicitados, sem antecipar ou adiar lição alguma, pesquisa ou aula eletiva, tenho a absoluta certeza de que entendeu e absorveu toda a estrutura do tarô. Assim, saberá responder com maestria a qualquer questão.

A função desta obra é ensinar o que há de mais atual sobre o pensamento do tarô e prepará-lo para continuar seus estudos, ler e utilizar qualquer tipo de cartas.

Desejo todo o sucesso em sua vida.

Nei Naiff

Avaliação 1 – Lições 1, 2 e 3

1	2	3	4	5	6	7	8	9	10	11	12	13	14	15	16	17	18
D	B	C	A	C	D	D	C	C	B	C	C	C	C	A/2 B/3 C/1 D/4	C	B	C

Avaliação 2 – Lições 4 e 5

1	2	3	4	5	6	7	8	9	10	11	12	13	14	15	16	17	18
B	C	B	C	A	C	D	C	C	C	C	A/1 B/3 C/4 D/2	D	B	D	B	A	B

Avaliação 3 – Lições 6 e 7

1	2	3	4	5	6	7	8	9	10	11	12	13	14	15	16	17	18
B	D	C	D	B	D	C	B	C	A/5 B/2 C/4 D/3 E/6 F/1	B	C	D	B	D	A	A/3 B/6 C/1 D/4 E/5 F/2	D

Avaliação 4 – Lições 8 e 9

1	2	3	4	5	6	7	8	9	10	11	12	13	14	15	16	17	18
B	D	C	A/5 B/4 C/1 D/3 E/2	D	D	A/3 B/1 C/4 D/5 E/2	A	C	B	A	D	C	D	C	B	D	B

Avaliação 5 – Lições 10 e 11

1	2	3	4	5	6	7	8	9	10	11	12	13	14	15	16	17	18
C	B	C	C	D	A/3 B/5 C/1 D/6 E/2 F/4	A	C	B	C	A	D	D	D	B	C	B	A/2 B/3 C/4 D/1 E/5

Avaliação 6 – Lições 12 e 13

1	2	3	4	5	6	7	8	9	10	11	12	13	14	15	16	17	18
C	D	D	B	D	A	C	B	B	C	B	C	A	C	D	C	D	A/2 B/1 C/5 D/4 E/3

Avaliação 7 – Lições 14, 15 e 16

1	2	3	4	5	6	7	8	9	10	11	12	13	14	15	16	17	18
A	C	B	A	B	C	A	C	A	C	C	B	C	C	B	B	C	B

Avaliação 8 – Lições 17, 18 e 19

1	2	3	4	5	6	7	8	9	10	11	12	13	14	15	16	17	18
A	C	B	A	D	D	A	A/2 B/1 C/6 D/3 E/7 F/5 G/4	C	D	C	D	D	B	D	A/1 B/2 C/4 D/5 E/6 F/7 G/3	A/3 B/2 C/4 D/1	C

Avaliação 9 – Lições 20 e 21

1	2	3	4	5	6	7	8	9	10	11	12	13	14	15	16	17	18
A/3 B/4 C/7 D/1 E/8 F/6 G/2 H/5	D	B	B	D	A/1 B/2 C/3 D/4 E/5 F/6	A	C	A/1 B/4 C/3 D/2 E/5 F/6	A	B	D	A	C	A	D	D	A

Avaliação 10 – Lições 22, 23, 24 e 25

1	2	3	4	5	6	7	8	9	10	11	12	13	14	15	16	17	18
A	B	B	B	A	D	D	A	A	B	C	B	B	B	C	A	B	C

O Autor

• • • •

Claudinei dos Santos nasceu em 04/11/1958, em Jundiaí/SP, possui o nome espiritual *Nei Naiff*, que significa "o que vence pela verdade e pureza", e destaca-se entre os melhores instrutores de sua área profissional. Conferencista internacional, *tarólogo* – membro da I.T.S. – International Tarot Society (Morton Grove, Illinois, EUA), *astrólogo* – membro do Sindicato dos Astrólogos – SINARJ (Rio de Janeiro, RJ, Brasil), *escritor* – membro do SEERJ – Sindicato dos Escritores (Rio de Janeiro, RJ). Sua experiência com alunos e consulentes, em 40 anos de profissão, possibilitou uma visão ampla da vida e do universo espiritual que serve de base para suas obras ao reconhecer no tarô uma fonte inesgotável.

Teve participação semanal no programa *Rio Mulher*, no quadro Sala Mística, na Rede CNT/Rio (1993), foi comunicador na rádio AM540, no programa *Momento Místico* (1994). Também foi entrevistado em diversos programas: *Globo Repórter*, TV Globo/Rio (1992); *Alternativa: Saúde*, Canal GNT (1996, 2000, 2002 e 2008); *Programa GABI*, Rede TV! (2001); *Sem Censura*, TVE (2001, 2004, 2009); *Entrevista com Gabi*, SBT (2002); entre outros. Seus artigos e entrevistas já foram publicados em jornais – *O Globo, Jornal do Brasil, O Dia, Zero Hora, Serramar, Diário de Petrópolis, Ind. e Comércio de Curitiba, Folha de Londrina, Correio da Bahia, Folha Popular de Garibaldi, O Imparcial*; em periódicos holísticos – *Universus, Ganesha, Quíron, Mahavda*; e em revistas – *IstoÉ, Planeta, Sexto Sentido, Mulher de Hoje, Amaluz, Atrium, Portais*. Administrou o Núcleo de Estudos do Inconsciente e o Instituto Ômega de Terapias Alternativas, no Rio de Janeiro (1991-1992).

Produziu o Simpósio Ecumênico e a Feira do Livro: Araruama (1994, 1995), o Congresso Brasileiro de Tarô e o Simpósio de Tarô: São Paulo (2002, 2007, 2022), o Fórum de Tarô e Simbologia: São Paulo, Rio de Janeiro e Belo Horizonte (2009, 2011, 2013, 2015); o Encontro Nacional de Tarólogos: Campina

Grande/PB (2007, 2009, 2011, 2017, 2020, 2021), o Congresso de Tarólogos: Setúbal-Portugal (2018, 2019, 2020, 2022), a Conferência Internacional On-line: Facebook (2018), o Carnaval On-line do Tarô: Youtube (2021, 2022). Por suas ideias inovadoras e contemporâneas, Nei Naiff foi convidado a se apresentar no 3º Congresso Mundial de Tarô, Chicago-EUA (2001) e no 7º Congresso Internacional de Tarô, Madri-Espanha (2018).

Visite a escola on-line de tarô Nei Naiff, aprenda mais!
Cursos: www.tarotista.com.br
Site Oficial: www.neinaiff.com

Siga Nei Naiff nas redes sociais:
Facebook: www.facebook.com/escritor.nei.naiff
Instagram: www.instagram.com/neinaiff
Pinterest: www.pinterest.com/neinaiff
Youtube: www.youtube.com/neinaiff

Livros publicados em língua portuguesa:

Série "Tarô e Oráculo"
- *Curso completo de Tarô*. São Paulo: Alfabeto, 2017.
- *Tarô, simbologia e ocultismo*. São Paulo: Alfabeto, 2018.
- *Tarô, vida e destino*. São Paulo: Alfabeto, 2019.
- *Tarô, oráculo e métodos*. São Paulo: Alfabeto, 2019.
- *Consulte o Tarô*. São Paulo: Alfabeto, 2022.

Série "Terapia e Autoajuda"
- *Tarô, arte e terapia, colorindo a vida*. São Paulo: Alfabeto, 2015.
- *Curso completo de terapia holística*. São Paulo: Alfabeto, 2018.

Livros publicados em língua espanhola:
- *Curso completo de tarot*. Espanha: Trimagus, 2017.
- *Tarot, simbologia y ocultismo*. Espanha: Trimagus, 2018.
- *Tarot, vida y destino*. Espanha: Trimagus, 2019.
- *Tarot, oráculo y métodos*. Espanha: Trimagus, 2019.

Créditos

O TARÔ CLÁSSICO apresentado neste livro foi ilustrado por Thais de Linhares, sob orientação de Nei Naiff, com reprodução exclusiva autorizada pelo Grupo Editorial Record. As cartas ilustram a didática das Lições 3 a 25. A estrutura dos 78 arcanos se baseia nos tarôs tradicionais que deram origem a todos os tarôs contemporâneos, transculturais e surrealistas (observe as explicações simbólicas para cada arcano oferecidas ao longo das lições). Sua ornamentação foi inspirada nos antigos tarôs produzidos na Europa entre os séculos 16 e 19 (ver relação nas páginas 263, 264). Apesar de se basear nos tarôs antigos ou clássicos, o autor tomou certa liberdade estética para melhor elucidação didática e facilidade no momento da consulta, como, por exemplo, as *cores de fundo* das cartas.

Nos arcanos principais, para compor o Caminho da Vontade (arcanos 1, 2, 3, 4, 5), foi utilizado o *amarelo*, que simboliza o pensamento, a ação e a expressão. No CAMINHO DO LIVRE-ARBÍTRIO (arcano 6) foi empregada a cor *carmim*, que representa a busca da felicidade e da harmonia com o meio ambiente. No CAMINHO DO PRAZER (arcanos 7, 8, 9, 10, 11) usou-se a cor *verde*, que expressa as realizações e o controle sobre os percalços da vida terrena. No CAMINHO DA DOR (arcanos 12, 13, 14, 15, 16) temos a cor *cinza*, que evoca a angústia e o sofrimento pelos desejos não realizados a contento. No CAMINHO DA ESPERANÇA (arcano 17) figura o *azul*, que exprime a fé, a paz interior e a esperança numa nova fase. No CAMINHO DA EVOLUÇÃO (arcanos 18, 19, 20, 21) a cor *violeta*, que significa a transcendência da vida e a busca da prosperidade. Ainda nesse caminho, o arcano sem número possui duas cores: *violeta* e *amarelo*. Isto se fez necessário porque o arcano Louco é o elo entre o passado e o futuro, a busca de um novo ciclo de vida, o início de uma nova etapa.

Os arcanos auxiliares (corte e numerados) tiveram suas cores de fundo escolhidas de acordo com os antigos textos tradicionais dos quatro elementos. O *verde* representa o elemento TERRA (plano material, poder), que se manifesta no naipe de ouros; o *amarelo* simboliza o elemento AR (plano mental, expressão), que se projeta no naipe de espadas; o *azul* significa o elemento ÁGUA (plano sentimental, desejos), que se expressa no naipe de copas; o *vermelho* evoca o elemento FOGO (plano espiritual, transcendência), que se aplica ao naipe de paus.